小手术

解剖鲁迅与许广平的精神世界

端木赐香◎著

中国发展出版社
CHINA DEVELOPMENT PRESS

图书在版编目（CIP）数据

小手术：解剖鲁迅与许广平的精神世界/端木赐香著．—北京：中国发展出版社，2015. 5

ISBN 978-7-5177-0259-7

Ⅰ. ①小… Ⅱ. ①端… Ⅲ. ①鲁迅（1881~1936）—生平事迹 ②许广平（1898~1968）—生平事迹 Ⅳ. ①K825. 6 ②K825. 4

中国版本图书馆 CIP 数据核字（2014）第 234250 号

书　　名：小手术：解剖鲁迅与许广平的精神世界
著作责任者：端木赐香
出版发行：中国发展出版社
（北京市西城区百万庄大街 16 号 8 层　100037）
标准书号：ISBN 978-7-5177-0259-7
经 销 者：各地新华书店
印 刷 者：北京明恒达印务有限公司
开　　本：700mm×1000mm　1/16
印　　张：15. 5
字　　数：240 千字
版　　次：2015 年 5 月第 1 版
印　　次：2015 年 5 月第 1 次印刷
定　　价：36. 00 元

联系电话：（010）88919581　68990692
购书热线：（010）68990682　68990686
网络订购：http：//zgfzcbs. tmall. com//
网购电话：（010）88333349　68990639
本社网址：http：//www. develpress. com. cn
电子邮件：370118561@ qq. com

自 序

报告，又有俩人加塞儿！

我这人研究谁，可能都是一时兴起——当然前提是，他们都在我的预备队里，只不过我的预备队一直在扩大中。除了预备队的扩大，还有一个情况就是，本来排好的队，却总有一些历史人物不断地加塞儿进来。之前，袁世凯是这样，慈禧太后是这样——本来林则徐排在他们前面的，资料全准备好了，自序与目录也都写成了，结果却被他们两位挤得给排到队尾，我都找不着人家了！

现在，又有两位挤到前面了，一个是许广平，一个是鲁迅！

当然，不是人家自己挤，是我——突然被一个灵感击中，就身不由己要跟着感觉走了。

我首先发现，许广平这个人很有意思。所谓的有意思，就是典型的屁股决定脑袋，自打自嘴：在北京女子师范大学做学生时，她是学生运动领袖，学校的一切都让她不满——给女生安排手工课她不满，同学专心学习她不满，运动中发现自己被人利用她不满，甚至连女校长杨荫榆女士穿什么衣服、与什么样的女下属谈话，她都不满，自己被学校开除她更不满；可是待她为了人师，做了广东女子师范学校的训育主任，又变成她看不惯学生了，学生不好好上手工课她看不惯，学生不专心学习她看不惯，她亲自挑拨学生并利用学生运动，国民党右派那边的学生她也是镇压加开除，甚至跟鲁迅发牢骚，说学生喜欢给老师起外号，她也不得不注意衣着了……这一切跟她当学生时的诉求，恰恰形成鲜明的反讽。一句话，做学生时，她觉得人家杨荫榆哪里都不对；可是做了老师，她甚至不如人家杨荫榆呢。

许广平在广东女子师范学校为人师表的生涯很短暂，从1926年9月13日到12月27日，也就一百多天。仅仅通过她致鲁迅的信件，我们就能知道她做教师兼训育主任是多么的失败和不堪了。令人失望和不满的是，她的信中没有片言只语由己及人，进而联想到当年杨荫榆做她们校长时的难处与苦处，当然，更不能指望她能站到鲁迅论敌——“现代评论派”的高度，提倡什么教育独立、学生远离政治漩涡、以学业为重的了；更让人失望和不满的是，许广平晚年回忆录中对杨荫榆的评价，仍然找不到任何反省与悔悟之意。

我辈研究历史，着力点难道不就在此吗？我这人还有个毛病，就是灵感来了怎么也憋不住，于是跟人吹嘘说，我要写本书，书名都起好了，就是《许广平这个小女人》。没承想一个出版社的编辑跟我说：可不敢，许家惹不起，你敢写，出版社还不敢出呢。

我一听，哇，有这么恐怖吗？我写袁世凯，还跟袁家一些后人成了朋友呢。莫不成写了许广平，许家还要揍我一顿吗？我就不信这个邪！于是，在准备挨揍的心理“阴影”下，完成了本书稿的上篇——许广平的华丽转身：从学生中的“害群之马”到教师中的训育主任。敬请读者诸君阅看的过程中，给掂量掂量，我挨揍的可能性到底有几成？

其次，研究许广平的“华丽转身”，肯定要翻《两地书》，翻《两地书》的过程中，第二个灵感又来了——鲁、许两人的恋爱也挺有意思的。

说实话，我对情书本来不感冒的。不只是《两地书》，不知道什么原因，我对名人情书一概不感冒，偶有翻阅，引起的却是反感。比如徐志摩那些情书，我看着它，就会恍然感觉写情书的人是个神经病，得治才行；

比如萧军给王德芬的那些情书，看着更不正常了，得加大药量才行……可能是我太理性，或者是后见之明？不管是理性，还是后见之明吧——中国的历史研究，有些人连后见之明也没有，这才是中国历史及中国当下的真正悲剧——好在我的研究宗旨就是客观、理性、中立，所以，笔锋再带感情，落笔还是要站得稳的！

相形之下，鲁迅与许广平的《两地书》倒是正常多了，不像徐志摩那样高烧，也不像萧军那样发狂，倒好像中国传统买卖——婚姻市场上的两个对手谈生意似的，有进有退，有拉有扯，有谈价有还价，有试探有怂恿，东嗅嗅西凑凑的才弄到了一起。

我对鲁、许弄到一起的过程有了兴趣。总的来讲，我觉得鲁迅是“保卫战”，而许广平是“攻坚战”，如果鲁迅稍微有点怯战的意思了，那么许广平会鼓励对方思想再解放一点、胆子再大一点、步子再快一点——典型的女学渣勾搭人家良家男外教嘛！总之，没有小许同学的鼓励与怂恿，就没有鲁、许的在一起。而且许在这方面还是比较大气的，认为“同居就是同居”，其他都是扯淡。问题是，还真有人扯淡，把许捧为“伟大的第三者”，看了叫人笑煞！

只不过，我之研究历史并不能仅仅停留于此——那是多么无聊的一件事，看一个已婚的中年男人与一个大龄的小女生打情骂俏——我之观察点是，在一起之前，小许同学是个学生运动领袖，鲁老师是个给女生做过“娜拉走后怎样”之演讲的文学革命旗手，那么他俩在一起之后，将是什么情形呢？情形很简单，就是这个学生不再运动，这个“娜拉”也没法出走，鲁老师愣是把一个学生运动中的“害群之马”改造成为家庭里的贤妻良母。即使许广平同学都不知道这种改造是怎么开始，又怎么结束的，她只知道鲁迅的“工作是伟大的”，然而她“不过做了个家庭主妇”，“有时因此悲不自胜”——对于许广平来讲，从鲁迅的学生到鲁迅的同居伴侣，也算是一次“华丽转身”，站在社会的立场，她这是社会进步呢，还是回归妻妾制呢？站在女性的立场，她这是女性解放呢，还是“娜拉”回家呢？这一切思考构成了本书的下篇——小情书：许广平和鲁迅是如何走到一起的。

最后，我对鲁迅这个革命旗手身上的政治涂料产生了兴趣。

众所周知，“革命”在中国一直是个褒义词，但在欧美，特别是在保守主义者与古典自由主义者那里，“革命”不但是个贬义词，而且，革命本身更是“有思想的和善良的人们的最后不得已的办法”。那么，许广平这样的革命小将（国民党左派）与鲁迅这样的革命元老（光复会会员），对革命及革命的应对又是如何呢？

我们可以发现，鲁迅反对许广平上街游行，两人同居后，他更反对她出门参与任何政治，他比许广平老辣的地方在于，他知道革命没有好处，甚至会是“你们来了，还不先杀掉我！”

结果鲁迅没等他们来了，就先死了。这对鲁迅是幸，还是不幸？至少，不管是文学史，还是革命史，都给我们留下一个话题：如果鲁迅还活着，将会怎么样？

问题是，即使鲁迅死了，也没有被放过。毛泽东说：“鲁迅在中国的价值，据我看要算是中国的第一等圣人。孔夫子是封建社会的圣人，鲁迅则是现代中国的圣人。”具有反讽意味的是，1935年鲁迅就写过《在现代中国的孔夫子》，恶心孔子死了之后，“种种的权势者便用种种的白粉给他来化妆，一直抬到吓人的高度”，不但被人戴上“大成至圣文宣王”这种“阔得可怕的头衔”，甚而还有“摩登圣人”的随机使用功能，但终归不过是权势者手中的“敲门砖”。老百姓再傻也知道“这是大人老爷们的物事”，“和民众并无关系”。没想到仅仅过了两年，他本人竟然也被扛到神龛中端坐去了，境遇与孔子不差多少。唯一的区别是，现在的百姓不知道那是大人老爷们的物事，都自作多情地认为是自己的物事！

鲁迅泉下有知，当是何感？特别是当他知道，当年的“害群之马”许广平为了保护他的书稿，给周恩来写求救信，担心措辞与内容，在让友人帮助自己检查信件内容的时候，才心脏病发作不治而亡的，当会何感？要知道，许广平保护鲁迅的书稿，最危险的也就两次，一是珍珠港事件后日本鬼子进了上海的法租界，二是“文化大革命”发生的当年。第一次没要命，生死场上走了一圈，第二次却直接要了命了。

对于许广平来讲，之前做学生运动领袖，心里也是懵懂的；后来在鲁迅的指点下，做大发了，直到做出“三一八”惨案才收手；收手后的她，被鲁迅收到了家中；直到鲁迅去世，她才重新走出家门，再次走进社会，但是这个社会的脉她更摸不住了，单说后面的运动，就比她当年参与并领导的那些运动激烈多了。学生运动？归根结底不过是运动学生，结果必然是死都不知道怎么死的——许广平，这个当年的学生运动领袖，在“文化大革命”运动的开始就结束了——1968 年为保卫鲁迅的手稿，激动过度，心脏病发作，送到北京医院，其医疗权利又与走资派一同被造反派所取消，不治而亡……

所以，“革命”一词及革命本身，直到今天，呈现给我们的还是吊诡与反讽……这一切，构成了本书的中篇——革命与被革命：鲁迅之身前事与身后名。

上、中、下三篇合到一起，我给它们起的名是：《小手术：解剖鲁迅与许广平的精神世界》。之所以起名“小手术”，主要还是在于自己的自知之明——正如我平时所言，我就是掂着小片儿刀四处削人玩的。下手可能猛、准、狠了点，所以这里也有提醒大家的意思，这是解剖，你得有点心理准备。当然也用不着多惊惧，毕竟是小手术。

三盘小菜，辣子可能放多了些，读者诸君阅读的时候，如能有一丝快感，外加一分豁然开朗的感觉，那么我的目标就达到了。谢谢各位赏光，敬请批评指正！

是为序！

端木赐香

2015 年 4 月

目录

许广平的华丽转身：
从学生中的“害群之马”到教师中的训育主任

目录

革命与被革命：
鲁迅之身前事与身后名

目录

小情书：许广平和鲁迅是如何走到一起的

目录

许广平的华丽转身：

从学生中的“害群之马”到教师中的训育主任

1926年8月26日，在北京女师大为期一年驱杨风潮中大显身手的许广平与鲁迅一同离京，前往广州就任广东女子师范学校训育主任。被杨荫榆斥为学生中的“害群之马”的她开始为人师表，但是她的表现跟杨荫榆并无二致，甚至有过之而无不及。做学生，她骂杨荫榆是“恶婆婆”；做老师，她又叹自己乃“童养媳”。观察许广平从学生到教师的心路历程及其角色转换，将是一件很有意思的事情。

学生中的“害群之马”

许广平为什么要反对杨荫榆

1925年3月11日，许广平致鲁迅第一封信，谈到了她对于学校的困惑：

有人以为学校场所，能愈隔离城市的尘纷、政潮的影响，愈是效果佳些，的确！这是否有一部分的理由呢？记得在中学时代，那时也未常不有攻击教员反对校长的事情发生，然而无论反与正的二方面总是偏重在人的方面权衡它，从没遇过在利的方面去取过，先生！这是受都市政潮的影响呢，还是年龄的继续增长戕害了他呢？先生！你请看看吧！现在北京学界中发生了驱逐校长的事，同时反对的、赞成的，立刻就各标旗帜，校长以留学、留堂——毕业留本校任职——谋优良位置为饼饵，学生以权利得失为去取，今日收买一个，明日收买一个……今日被买一个，明日被买一个……在买者蝇营狗苟，凡足以固位恋栈的无所不用其极，有洞皆钻，无门不入。被买者也廉耻丧尽，人格破产。似此情形，出于清洁之教育界人物，有同猪仔行径其尤可愤恨的，这种含多量细菌的空气，乃播于名为受高等教育之女校长女学生身上。做女校长的，如其确有谋该校教育发展的干材的伟大教育高见，及其年来经过成绩，何妨公开的布告，而乃“昏暮乞怜，丑态百出，啧啧在人耳口”。呜呼！中国教育之前途。但是女校长或者因环境种种关系，支配了她不能不如此！而何以校中学生，对于该事乃日见软化，明明今日好好的出席，提出种种反对条件，转眼就掉过头来噤若寒蝉，或者明示其变态行动。呜呼！此中国女子教育之前途！或者此政潮影响教育之前途！情形是一天天的恶化了！五四以后的青年是很可以悲观痛哭的了。①

我们先谈谈这封信的背景。

其一，这是许广平写给教育部佥事、社会教育司第一科科长、女师大兼职教师、中国文化名人鲁迅的第一封信。许广平，笔名景宋，当时为北京女子师范大学（以下简称女师大）文科三年生，女师大学生自治会总干事，是正在进行的女师大风潮——驱杨运动中的领军人物。

按许广平1940年的回忆，当时驱杨比较“慷慨激昂”的，乃是她同班的林君、P君、W君，她们都是学生会会员，有纠察等职务。而她自己“还冷静，私自向同室而又同乡的林君提醒，闹起风潮要当心，不要被人利用。她很聪明地放手，不去过问了。”问题是，自己人可以放手，别的人不可以放手，待听说P君和W君也都放手后，她不愿意了：“虽然直接感觉到讨厌杨荫榆的一些德政，但是阅世不深，惟恐动辄被人利用的观念太牢固地主宰着我，所以不但劝林君置身事外，同时自己也和她取一致的态度。可是，当一个大的浪潮打到涯岸的边缘的时候，是没有一粒沙石能够不被冲击的。在眼看到瘫软下来的一个个激剧变动的人们，比在阳光下消失了的冰雪还要急透，不由得惹起我的反感，内心拨动了应战的火焰。当时就想：‘让我来试试，看有谁会敢来给我发命令！’于是在同班退下来了不过问的低潮中，我挺身而出，以总干事的资格出席去了。”②

这里有一种莫名其妙的情绪在内。你提醒好友林君别被人利用、别闹了，那人家P君和W君就没有好友提醒？事实上，这两个女生乃是女师大附中毕业的，附中主任（许广平专门括注是女的）找她们谈了谈话，之后她们就放手了，而且其他附中女生也不闹了。按许广平的解释，谈话的精神不外是女人当校长应该拥护。

是啊，中国第一位大学女校长，这不正是女权的标志吗？可是总有更激

① 鲁迅、景宋：《两地书·原信：鲁迅与许广平往来书信集》，中国青年版出版社2005年版，第1～2页。

② 许广平：《许广平文集·第二卷》，江苏文艺出版社1998年版，第115页。

进的女生，管她女校长不女校长，反正我们看不惯。看不惯仅是情绪，但这种情绪，恰恰可能被利用。因为另一方面我们不得不承认，五四之后由于新思潮的涌入、政治运动的兴起和政治党派及其意识形态的运作，导致基础太弱、底盘不稳的学生几近忘却学校为何如地、学生为何如人。某些政党给学生灌输的道理不外是“读书即是不革命，不革命即是反革命”[①]，遂致有心人士感叹说：“学校成为党部，学生变作工具，读书求学遂成为反革命”[②]。一句话，学生运动变成了运动学生；自运动变成了被运动，我们都知道当时的兵被骂作丘八，恐怕不知道学生早赢得了“丘九”[③] 之称吧！

这一点，连日本那个策划“九一八”事变的石原莞尔（1889—1949）都看不下去了。从年龄对比，石原莞尔比许广平大九岁，上学时也跟老师搞不好关系（原因据说是太聪明太骄傲了），1918 年毕业于日本陆军大学，1920 年调入华中派遣队司令部，进驻武汉。这家伙早想来中国了，中国辛亥革命的时候，他驻在朝鲜，听说武昌起义成功，中华民国建立，他把自己手上的一小拨兵带到一个山上去对天鸣枪，流泪高呼“中华民国万岁”。这是日本泛亚主义的一种共同情绪，就是中日一体，黄色人种合力抵抗白色人种云云。孙中山身边的那些日本浪人与日本政要，不管真心还是假意，也经常与孙中山如此共鸣，互相感动中。有些可以是真的，有些却是放烟幕弹。石原莞尔当时对中国抱了无限的希望，也是可以有的。但是等他到了中国，考察一年之后，便彻底失望了。用黑龙江社会科学院历史研究所研究员王希亮的话转述，是这样的：“就是这个国家官乃贪官，民乃刁民，兵乃兵痞，然后中国的爱国学生是世界上最乱的，就是他们起哄闹事，把老百姓推到最前线，然后他们转身就走了。总而一句话就是说，中国是一个政治失败的民族。”

王希亮的这番话，见之于凤凰卫视《凤凰大视野》播出节目《日本侵华将领实录——石原莞尔》。看到节目后，我第一反应就是去查资料，想查出石原莞尔完整的中国观，很遗憾，没有。现在的障碍是：第一，咱不懂日文，第二，懂日文的不给咱翻译。就是王希亮先生也忒小气，明明懂日文，却自

---

① 吕芳上：《从学生运动到运动学生》，台湾地区近代史研究所 1994 年版，第 402 页。
② 同上，第 247 页。
③ 同上，第 433 页。

个儿独吞，偏偏不给我们翻译过来！我查找了诸多王老先生的论文与论著，至今还没有发现蛛丝马迹。同志们，我将继续追查。

为嘛我很关注这番话呢？很简单，同是老大学生（石原莞尔陆大毕业时虚岁30，考察中国时虚岁32；许广平闹学潮时虚岁28，1926年女师大毕业时虚岁29），从中日两个大学生的对比中，是不是我们也能发现些什么呢？从石原莞尔对民国学生的评价中，是不是更能发现些什么呢？同志们，也许这就是差距？

其二，被驱之杨即女师大现任校长杨荫榆，是妇女解放的先驱、钱钟书夫人杨绛的三姑妈，出身书香门第，年轻时以激烈行为抗拒包办婚姻，和夫家断绝关系后终身没有再嫁。1907年赴东京高等师范学校学习，毕业回国后受聘于江苏省立第二女子师范学校，担任教务主任，同时兼任生物解剖教师。1914年出任北京女子师范大学学监。1918年赴美国哥伦比亚大学学习，获教育学硕士学位。1924年2月被任命为国立北京女子师范大学校长。这是民国第一位女大学校长。11月因开除三名学生引起了女师大风潮，即驱杨运动（学生称“驱羊”运动）。

其实这仅是导火线，按许广平的回忆，则是这样的：

综合反对杨荫榆者们的心理是很简单的，首先是学业前途的日见黑暗，许多不大必要的课目存留或增添，和不孚众望的教师的延聘，却反而把提高女子教育到北大、师大一样课程的文科教师们，倒坚决地日见有计划的在削减。她们多冒了千辛万苦，经过家庭多少斗争才获准许升学的—群，怎么能够忍受？而且那位校长，在人们的印象中就只见那扎着白头绳的带子的人，穿着黑花缎的旗袍和斗篷，像一个阴影的移来移去。如果有人真个去请教时，据说又有事出去了。否则，她的卧室就在校舍的幽静的一角. 学生们除了去开储藏室的门，是不会听到紧邻的她的房间的叽叽喳喳，低声媚笑的。原来这里集合了一群拥护女人长校，而又以她作轮轴，争相献媚讨好的无耻的一群。为了那娇声戏谑，那酒食熏腾的散播，怕惹是非或稍自爱重的都不大愿意到储藏室去领东西，有时就必定等到两三个人一起才敢走去。这是魔窟，是虐待儿媳妇的参谋大本营！乌烟瘴气，鬼鬼祟祟，许多女教职员们都像贼头鼠眼，怀着鬼胎般向学生探视、侦询，冀有所得，好去报功了。这成了什么样的世界！正本清源，为了女学前途，非扫去这些渣滓不可的感觉弥漫在全校生徒的心中。[①]

我们可以发现，这里面还有诸多莫名其妙的情绪。课程设置及教师聘任，这可以有明确的诉求，更可以和校方商榷；但女校长着何衣服、跟人如何交往、女教职员如何给女校长汇报工作，还真不是你学生能管的。只听说过教授治校，还没听说过学生治校的。只不过那时候新潮，学生就把学生自治扩展为学生治校了，有些学校，校长都是由学生选的。而且光治校还不成，有学生干脆宣布校长制度不合理，需要废除："我们还要宣言，我们是承认校长制度，是不合德谟克拉西时代的组织的，我们理想中的社会，决没有什么'长'的东西。"[②]

其三，1925 年 1 月 18 日，女师大学生自治会召开全体学生紧急会议，决定不再承认杨荫榆为校长——237 名学生，赞同驱杨的 172 人，严守中立的 65 人。[③] 21 日学生自治会四名代表到教育部状告杨任校长以来的二十四条罪状，同时致函杨，并限六小时内答复，告以"学生等为女子教育计、为校长名誉计，特请即日离校，否则将以最后之手段对待。"[④] 杨回复曰，自治会所述是否出自公意难明，要求自治会签名负责。学生认为此乃陷阱，拒签。教育部派人去学校调查，亦无结果。4 月章士钊以司法总长兼任教育总长，力倡整顿学风，自然维护杨荫榆，于是女师大自治会与杨处于相持状态中。

其四，那时的学校条件。据许广平 1948 年的回忆："民国十一年，在天津，初师毕业就投考到北平女高师去了。因为向例师范学校有饭食，有住宿，而且又免收学费，讲义是油印，学校发的，书籍费也不必筹，只要每月有三两块钱够买纸笔，另外偶然添件蓝布大褂，也不过块把钱的经费，还不算难筹，比起现在的读书，那时我们的条件实在太好了。"[⑤] 太好了你们还闹，还

---

① 许广平：《许广平文集·第二卷》，江苏文艺出版社 1998 年版，第 115 ~116 页。
② 吕芳上：《从学生运动到运动学生》，台湾地区近代史研究所 1994 年版，第 145 页。
③ 吴海勇：《时为公务员的鲁迅》，广西师范大学出版社 2005 年版，第 245 页。
④ 吕芳上：《从学生运动到运动学生》，台湾地区近代史研究所 1994 年版，第 224 页。
⑤ 许广平：《许广平文集·第一卷》，江苏文艺出版社 1998 年版，第 197 页。

不好好学习！

接下来我们分析一下许广平信中的教育思想。

第一，她对教育独立是不赞称的，顶多认为部分有理，且用的疑问口气；而对学生干政是完全赞称的，那就是革命有理。

第二，正是由于第一点，所以她对于学生的要求，乃是职业革命家的方向。所以像校长帮助学生找工作、联系职位这种学校本分内应该做的事，在她眼里就都是买通，而学生想找个工作、职位以图谋生，或者不赞称她的革命言行，在她眼里就是革命性不够，且人格破产。

第三，她为中国女子教育的前途和五四以后的青年悲观痛哭。关于五四前后的青年，这里简单说一下。

五四时，学生游行又是殴打又是火烧，已走向暴烈，触及刑法，虽是出于爱国，但无底线无规则，无助于建设；五四之后，这种暴烈行为继续扩展中。如果说有区别的话，那么五四前是学生运动，五四后就是运动学生了。用胡适的话说，那就是五四在政治上的成功，让中国的政党颇受启发，“他们觉察到观念可以变成武器，学生群众可以形成一种政治力量。”① 所以，五四之前的学生还能安心学习，五四之后的学生，学习仅是副业，革命才是主业，学生纷纷走向职业革命的道路，且被政党灌输进“读书即是不革命，不革命即是反革命”的偏执信条。用吕芳上先生的话来讲：“五四之后，学生的气焰骤然增高……对抗，既然变成无上的道德，于是风潮亦无由止息了。”② 用当时的报纸评论来讲：“学生对于校长，自由选举，如会议之推选主席；对于教授，任意黜陟，如宿舍之雇用庖丁。甚者散传单以谩骂，聚群众以殴辱，每有要求，动辄罢课以相挟持。及至年终，且常罢考以作结束”。“五四以来，爱国运动之悲剧，愈演愈烈；而爱国运动之变态，亦愈出愈奇。其始也，孤高纯洁；其终也，苍黄反覆。党派之操纵也，外力之诱致也。明目张胆，公为破坏。且复贾其余勇，迫逐校长，驱禁教员，政府既侧目而怀恨，教师亦束手而无策。”③

---

① 胡适：《胡适口述自传》，华文出版社 1992 年版，第 206 页。

② 吕芳上：《从学生运动到运动学生》，台湾地区近代史研究所 1994 年版，第 74～75 页。

③ 同上，第 100～101 页。

关于中国女子教育的前途。当时的中国，正是新旧思想激烈交锋期，所谓的前途从客观上讲是个不确定性的概念，从主观上讲更是智者见智仁者见仁，就拿许广平与杨荫榆来讲，既同是妇女解放的先驱性人物，又同时是新旧夹缝中的矛盾型人物。许广平呢，在天津读书就俨然社会革命家了，但后来却做了鲁迅的二夫人，相当于古时的妾，人情伦理及道德法律上，存有诸多探讨的空间。杨荫榆呢，在学生眼里，不过是个“循规蹈矩、按部就班、做事认真、严于律己又待人严苛的人”①，此后被鲁迅骂得狗血喷头，臭名远扬，在整个社会的激进情绪及国共两党对于学生运动及舆论的操控下，被迫辞职，回家乡任教。1937 年底，杨荫榆到日本领事馆谴责日寇奸杀行径；1938 年 1 月 1 日被日军报复，射杀而亡，走完了其悲剧性的一生。

驱杨运动的升级

回过头来我们看学潮。许广平写信后的第二天，也就是 1925 年 3 月 12 日，孙中山在北京病逝，北京各界人士决定在中央公园举行公祭。女师大学生自治会前往参加，但为杨荫榆所拒。对于当时的学生来讲，校长不叫干啥，偏要干啥；不叫干啥，就是反动落后无疑。所以学生不但参加了公祭，还公推身为自治会总干事的许广平向杨荫榆提出关于要求她立即去职的决定，驱杨运动升级。

现在的学生若知道，民国时几个学生出面一忽悠，就可以开除校长，他们会多么的神往——那是一个什么样的神奇时代呢？

许广平 3 月 15 日致鲁迅的信中，发泄了对于只知道学习的女生的不满：“归结一个题目，就是文凭好看……中国女子的教育，我干脆请它即日关门大吉。她们配谈什么问题？死捧着线装本竟日假在作缮录员，能够在那里面发明了多少新大陆？愈读愈龙钟曲背、老气横秋。什么时事新闻报纸杂志，都以为是无聊的出产品，何尝觉得它是多少照出当时社会形状的一部分。”②

---

① 吕芳上：《从学生运动到运动学生》，台湾地区近代史研究所 1994 年版，第 223 页。

② 鲁迅、景宋：《两地书·原信：鲁迅与许广平往来书信集》，中国青年版出版社 2005 年版，第 7 页。

鲁迅的回信还比较客观，说：“现在的所谓教育，世界上无论那一国，其实都不过是制造许多适应环境的机器的方法罢了，要适如其分，发展各各的个性，这时候还未到来，也料不定将来究竟可有这样的时候。我疑心将来的黄金世界里，也会有将叛徒处死刑，而大家尚以为是黄金世界的事……在现在，社会上千奇百怪，无所不有；在学校里，只有捧线装书和希望得到文凭者，虽然根柢上不离‘利害’二字，但是还要算好的。”①

鲁迅毕竟做了人师，位置及角色的不同，决定了观点的不同，所以他明确告诉许广平，傻读书的学生还算好的。许广平回信说及自己的个性“天生就一种倔强，落落难与人合”②。个性虽则是天生的，但是这个性的嚣张，又何尝未受到时代的怂恿呢？

许广平 3 月 26 日致鲁迅的信中有几段话值得注意。

第一段：“我以为对校长事主张去留的人，俱不免各有复杂的背景，所以我是袖手作壁上观的态度。开学后，目见拥杨的和杨的本身的行径实在不由得不叫人怒发冲冠，施以总攻击。虽则我一方面不敢否认反杨的绝对没有色彩在内，但是我不妨单独的进行我个人的驱羊运动。”③

许广平这里所谓的“色彩”当然是指学潮背后的党色彩了。当时正是国共两党第一次合作的蜜月期，何况许广平还是持证的“国民党左派”④。所以她个人驱杨云云，纯粹是哄“鲁迅吾师左右”的鬼话。

第二段：“学生历世不久，但南北人士，同学相遇，亦不乏人，求其头脑清醒者有几？明白大势者有几？数人聚首，不是谈衣饰，便谈宴会，谈出入剧场，热心做事的人多半学力差，学粹功深的人，就形如槁木，心似死灰，踢也踢不动，每一问题发生，聚众讨论时，或托故远去，或看人多举手，亦从而举手之赞成反对，意见毫无也，或功则攘诸身，过则诿诸人，真是群居终日言不及义，心死莫大之哀。今日青年，尚复何望？暗沉沉天日无光，惨

---

① 鲁迅、景宋：《两地书·原信：鲁迅与许广平往来书信集》，中国青年版出版社 2005 年版，第 10 页。

② 同上，第 12 页。

③ 同上，第 16 页。

④ 许广平：《许广平文集·第二卷》，江苏文艺出版社 1998 年版，第 262 页。

淡淡神州陆沉。同志同志！天壤何处寻？”[①]

这一段有意思。广平明明是有组织的人了，却还冒充无组织人士来鲁迅这里寻找“同志”，她是想拉鲁迅入伙呢？还是嫌国共两党合力不够？可不可以推测她给鲁迅写信都是组织的安排，奉旨勾搭乎？还有，她也知道学习好的不革命，而革命的都是学习不好的，很不幸，她就是那学力差的学生。

第三段：“我不自量度，才浅力薄，不足与言大事，但愿作个誓死不二的‘马前卒’，忠于一种我以为对的主义之下，不管这团体是直接间接，成立与未？总之建设与努力，学生是十分仰望于先生，尤其愿得作一个‘马前卒’，以冲锋陷阵，小喽啰虽然没大用，也不妨令他摇几下旗子。”[②]

这一段比上一段更进一步，表面上要做鲁迅的马前卒、小喽啰，事实上是统战手腕，要把鲁迅纳入她背后的“联合战线”。与此相反，师兄张耀杰的文章却认定是鲁迅在收编许广平。[③] 我觉得，师兄太低看许广平这种大龄女生了。事实上，鲁迅后来恰好是按照她的统战思想来的，所以，与其说许广平是给鲁迅推车的，倒不如说鲁迅是给许广平拉套的。

许广平 4 月 6 日的信，狠狠地恶心了教务长薛燮元，只因他陪教育部的人视察学校，看见几张驱杨标语，即上前撕毁，捧满双手云云。许广平骂他“傻瓜”、“幼稚”、“卑下”、“狐鼠成群，狼毒成性”[④]。其实，不管是出于职业要求，还是价值偏向，身为教务长的薛燮元自然应站在校长一边，试想世界上哪个正常的教务长可以不抓校纪不抓教学，而是对着学生喊，都上街闹革命、都来开除校长呢？因为撕毁几张标语，就遭遇了学生的谩骂，所以薛燮元发表公开信并提出辞职。许广平们掌控的学生自治会当然不怕教务长辞职，或者说要的就是对方辞职，所以也发出公开信与之对仗。

许广平 4 月 10 日致鲁迅的信再次恶心她们的教务长：“薛先生当日撕下

---

① 鲁迅、景宋：《两地书·原信：鲁迅与许广平往来书信集》，中国青年版出版社 2005 年版，第 17 页。

② 同上，第 18 页。

③ 参见张耀杰：“〈两地书〉中的鲁迅与许广平”，载于《历史背后：政学两界的人和事》，广西师范大学出版社 2006 年版。

④ 鲁迅、景宋：《两地书·原信：鲁迅与许广平往来书信集》，中国青年版出版社 2005 年版，第 21 页。

一大束纸条，满捧在双手中，前有学生，后有教部人，他则介乎二者之间，人物俱在，我想教部人见他这种进退维谷的狼狈景状，着实好看煞人。”对于薛的辞职，她说的是：“固然走得滑稽，但总较不走的算是痛快一点”。不过她在信中也承认：“贴在教务处骂他的条纸，确有点过火……固然写的人欠幽默，可是群众的事，一时未预先防备得到，总不免闹出有失慎重的时候。只怪我们当时没有眼见，不及防事未然。”①

至于薛的辞职信和革命学生的骂功，这里有必要展示一下：“同学诸君，今日部视学来，忽在各墙壁上有匿名揭贴之发现。愚以其迭出轨范，与全校同学名誉大有关系，当即亲手撕去。乃有金涵清、孙觉民、许广平、姜伯谛、刘和珍诸君声言揭贴系出同学公意，不应扯掉，气势汹汹，几不可遏。逾时未久，遂又在教务处门旁贴有此等揭贴：薛先生你真没人格当杨荫榆的走狗还想当我们的教务长吗快滚蛋吧……愚自惭无才，不善应付，已即日引退。”②

还是4月10日的信，我们看看许广平自己的牢骚：“现在所最愁不过的，就是风潮闹了数月，不死不活，又遇着仍抱以女子作女校长为宜的头脑冬烘闭着眼问学生，你们是大多数人反对的人长教育，在此君手里能够得个好校长吗？一蟹不如一蟹，则岂徒无益，而又害之，迁延不决，则恋栈人的手段益完全，学生软化消极的愈多，终至事情无形打消，只落得一场瞎闹，何苦如此的既有今日何必当初呢！无处不是苦闷，苦闷，苦闷，苦闷，苦闷，苦闷……”除此之外，还有对上流女性的不屑：“现时的女性所谓上流人物，挟其末长，目空一切，闻誉则喜，闻责则掩过，而且自私，嫉妒，好高骛远，求名舍实的恶根性一点也没改革清楚，所以不足与言共事。好在小鬼还够不上女性中上流人物。”③

值得注意的是鲁迅4月14日的回信，他给自己的学生汇报曰：“学校的事，也许暂时要不死不活罢。昨天听人说，章太太不来，另荐了两个人，一

① 鲁迅、景宋：《两地书·原信：鲁迅与许广平往来书信集》，中国青年版出版社2005年版，第28～29页。

② 鲁迅、景宋：《两地书全编》，浙江文艺出版社1998年版，第33页。

③ 鲁迅、景宋：《两地书·原信：鲁迅与许广平往来书信集》，中国青年版出版社2005年版，第29、31页。

个也不来，一个是不去请。还有某太太却很想做，而当局似乎不敢请教。听说评议会的挽留倒不算什么，而问题却在不能得人。当局定要在‘太太类’中选择，固然也过于拘执，但别的一时可也没有，此实不死不活之大原因也。”①

这里所谓的“章太太”是指时任司法总长的章士钊太太、老同盟会员吴弱男；某太太是指国民党元老、时任北京大学教授的李石曾太太、著名女强人姚同谊；评议会是女师大评议会，《国立北京女子师范大学组织大纲》第十四条规定：评议会于每学年开始后一月内由全体教授互选之评议员若干人组织之，其名额以全体教授人数三分之一为标准，任期一年，得连任。第十五条规定：评议会议长由校长任之。此处透漏的信息是：学生固然驱杨，但是合适的其他校长并没有。何况一校之长的撤换怎么也轮不到由学生自治会的几个学生来定夺，然则视学校教授互选而组成的评议会为何物？北洋政府统治时期，固然有诸多主客观弊病，但这并不意味着堂堂的大学教育，可以没有制度与规则，任由学生横行。但是不得不承认，闹潮的学生恰恰是横着来的。

许广平 4 月 16 日致鲁迅的信中也表示，现时的太太类没有一个配得上做她们校长的，还说“薛已经厚着面皮回校任事了！”而他们掌控的学生“自治会当即会议是否仍认他为教务长”，但四年级毕业在即，表示留意，他们反薛者成了少数便不能有所动作了。② 看来天天造反的学生，临到毕业时才明白自己的身份与本业。

有意思的是鲁迅的回信：“薛先生已经复职，自然极好，但来来去去，似乎太劳苦一点了。”③ 虽然鲁迅与许广平此时的关系已经很暧昧了，但是鲁迅此处对薛还是很公道的。还是那个原因，同为人师，自然明白为人师的不易与苦衷，特别是管理学生者，自然比纯为人师者更为辛苦！这一点，许广平待自己做了教师兼训育主任后才能明白的。问题是她明白后也没有由此及彼地去体谅曾经的校长与教务长。这才是我最在乎的，且也是触动我写此文的

① 鲁迅、景宋：《两地书·原信：鲁迅与许广平往来书信集》，中国青年版出版社 2005 年版，第 32 页。

② 同上，第 35 ~ 36 页。

③ 同上，第 39 页。

主要原因！

许广平4月20日致鲁迅的信中，谈到了自己的求职意向，让鲁迅帮她打听《民国公报》招考编辑一事。4月25日的信中，她围绕自己的求职谈到：“现社会实在黑暗，女子出来做事实是处处遇到困难。”① 发这些牢骚的时候，不知她脑子里是否想到了同为女子的杨荫榆“出来做事”的难处？

4月30日许广平致鲁迅的信中曰：“缝纫先生当校长，我们可以专攻女红了！（何缩小细菌之多也！）自后描龙绣凤，又是一番美育、德育，但不知这梦做成否，然无论如何，女人长校的观念的成见，是应当飨以毛瑟的，可恶之极！‘何物老妪，生此……’”②

所谓的缝纫先生，是指新任教育总长章士钊为平息女师大风潮，希望聘任其为女师大校长的湖南衡粹女子职业学校校长黄国厚，当时报章报道黄国厚毕业于日本某职业学校，归国后在湖南省各女校教授过缝纫等课。从中我们可以看出许广平的偏见：第一，女子解放首先就是自立，自立当然要学技艺，前面托鲁迅帮自己找工作，这里却对缝纫表现出强烈的偏见；第二，许广平对女人长校特别反感，其妇女解放思想处于二的状态，即只知道男人长女校是解放，却不知道女人做校长更是解放；第三，批判的武器上升为武器的批判，观念不同就叫嚣着“飨以毛瑟”，很有二两红卫兵精神；第四，骂人够恶毒，“何物老妪，生此……”云云，难道想不到这咒骂同样会引用到自己身上？

鲁迅对此的回复是：“缝纫先生听说又不来了，要寻善于缝纫的，北京很多，本不必发电号召，奔波而至，她这回总算聪明。继其后者，据现状以观，总还是太太类罢。其实这倒不成为什么问题，不必定用毛瑟，因为‘女人长女校’，还是社会的公意，想章士钊和社会奋斗，是不会的，否则，也不成其为章士钊了。老爷类也没有什么相宜的人，名人不来，来也未必一定能办好。我想校长之类，最好请无大名而真肯做事的人做。然而，目下无之。”③

鲁迅这是第二次声明：能办好女师大的校长目前还没有。既然如此，许

---

① 鲁迅、景宋：《两地书·原信：鲁迅与许广平往来书信集》，中国青年版出版社2005年版，第45页。

② 同上，第50页。

③ 同上，第52~53页。

广平们的“驱羊”运动不就是为驱逐而驱逐吗？更何况，杨荫榆的前任、鲁迅的终身挚友许寿裳也是因女师大一些师生的不满而辞掉校长职位的。还是那句话，当时的驱杨，既有校长职位之争，更有制造政潮之意。

运动进一步扩大

说话间就到了1925年的5月7日，而“五七国耻”纪念导致女师大风潮进一步扩大。

先说北京，自从1915年5月7日，日本提出最后通牒要求袁世凯接受“二十一条”后，每年北京学界必定于是日集会，举行国耻纪念。5月初，北京警厅照例请教育部通令禁学生集会游行，正在“整顿学风”的教育总长章士钊自然通知各校遵行。但学生还是走出了校门，并集合到了神武门前，一番“打倒”之后直奔章宅，破门入户，捣家毁具，待军警赶到，双方自然发生冲突。学生七人受伤，十八人被捕。两天后学生集会抗议，提出罢免章士钊等条件。

次说女师大。为了配合教育部通知，杨荫榆于5月7日在女师大校内举办纪念国耻演讲会，请李石曾、吴稚晖等国民党骨干前往演讲。但是会议开场前，学生自治会以不承认杨为校长为由拒绝其入场登堂，双方僵持不下，在部分学生的起哄与嘘声中，杨自行退席，在校外租用办公室，召开女师大评议会，商议开除带头闹事的学生。5月9日张榜公布，他们是女师大学生自治会成员：蒲振声、张平江、郑德音、刘和珍、许广平、姜伯谛（刘和珍是学生自治会会长；张平江、许广平是国民党员；蒲振声、郑德音是因为这次闹事表现好，年底被批准正式加入共产党）。

按许广平1940年的回忆：“这一天，全校处在紧张的情绪中，不少的同学气愤到哭起来了。林君问我，应该怎样善后？我说：‘被开除了几个人不要紧，要紧的是请出几位说人话的先生来。’”① 不用说，这所谓的“说人话的先生”首先把鲁迅包括进去了。用女师大另一个参与学潮的共产党

---

① 许广平：《许广平文集·第二卷》，江苏文艺出版社1998年版，第118页。

学生刘亚雄的回忆，鲁迅简直是他们的鼓风机了：“可以说，如果没有鲁迅，单靠学生力量，女师大学生运动是搞不起来的，更不可能搞得这样声势浩大。”①

当天，许广平致信鲁迅说：“生命的牺牲，学业的抛弃，诚然是无可再小的小事，这算什么呢？……当五七那天，在礼堂闹事，杨氏呼唤警察的时候，我心中想，如臭真的捕了去，是为大众请命而被罪……打破的运动，益发令我鼓舞兴起……我是多么荣幸……虽则或者不免于牺牲，然而也不算没趣，现在教育部重要人员处和本校都接连开了火，也许波涛汹涌，也许消防队的力量大能够扑灭这种灾情，但是把戏总是有的，无论成与败。”②

从中，我们可以看出许广平作为学潮领袖，那是只管纵火的，且把这种纵火当作游戏，所以兴致盎然以为荣幸。与此同时，她的统战对象也终于从旁观走向主动出击了——用吴海勇的话说，鲁迅本来是女师大学潮的局外人，但是“与许广平有这层特殊的关系，鲁迅在女师大风潮中再也做不得局外人”③。于是鲁迅于5月10日，也就是许广平被挂牌公示开除的第二天即写了杂文《忽然想到（七）》，发表于5月12日的《京报副刊》，启动了对于杨荫榆的第一轮谩骂。内云：“我还记得中国的女人是怎样被压制……现在托了洋鬼子学说的福，似乎有些解放了。但她一得到可以逞威的地位比如校长之类，不就雇用了‘掠袖擦掌”的打手似的男人，来威吓毫无武力的同性的学生们吗？不是利用了外面正有别的学潮的时候，和一些狐群狗党趁势来开除她私意所不喜的学生们吗？”④

记住这里，许广平做了训育主任也是这样干的。

5月12日，鲁迅还参加了学生自治会的师生联席会议，就是这次会议，让驱杨运动进一步升级：有恃无恐的女师大学生自治会宣布校方开除学生决定无效，而他们开除校长则是有效的，出版《驱杨运动特刊》并派学生轮流

---

① 刘亚雄：“刘亚雄同志谈女师大风潮”，载于《鲁迅研究资料2》，文物出版社1977，第159页。

② 鲁迅、景宋：《两地书·原信：鲁迅与许广平往来书信集》，中国青年版出版社2005年版，第53～54页。

③ 吴海勇：《时为公务员的鲁迅》，广西师范大学出版社2005年版，第245页。

④ 鲁迅：“忽然想到”，载于《鲁迅全集·第三卷》，人民文学出版社2005年版，第64页。

把守校门。杨荫榆身为校长，竟然进不得校门了。至于许广平本人，在大家的推举下，手拿封条亲自封了杨校长办公室的门。鲁迅呢，亲自给许广平拟写呈教育部公文，对杨荫榆进行诸般指控。

也许觉得这些还不够过瘾，所以5月17日许广平致鲁迅的信，又换一副嘴脸了："群众是浮躁急不及待的。……简单头脑的学生，的确敌不过金钱运动背有靠山的'凶兽样的羊'，六人的出校是不足惜的。其如学校前途何？这一回给我的教训，就是群众之不足恃……然而果真驱逐了吗？恐还只有无益的牺牲吧！可诅咒的自身！可诅咒的，万恶的环境。"①

不消说，作为被人怂恿的学潮中的领头人物，被开除了，一时可扬扬得意，可是事后会发现，学生中也没几个真正支持自己的，情绪当然一落千丈，开始埋怨"群众"了，可是却依然打着为"学校前途"的幌子。若真为学校前途，有这样无政府主义般的不负责的闹腾的吗？

群众不可恃，但是正在升级为情人的鲁迅却是可恃的。5月21日鲁迅应自治会要求前往女师大开会，开会回来，晚上写下了《"碰壁"之后》，于6月1日发表于《语丝》周刊。文中说当天开会，听到有教员说学生"你们做事不要碰壁"，有学生回说"杨先生就是壁"——据许广平回忆，这个所谓的"有学生"就是她本人，是她直截了当地如此回复的。②

5月27日《京报》上还出现了鲁迅拟稿并联合周作人、钱玄同等总计七人署名的《对于北京女子师范大学风潮宣言》。于是许广平又有了底气了，正如她5月27日晚上致鲁迅信中所言："可以算是添了军火，加增气力"。除此之外还骂杨氏："以婆婆自居之杨氏，总不甘心几个学生安居校中，必定两败俱伤而后快。此种狠毒自私的心，恐历古以来，不易寻第二人。"③

记住这里，许广平不但骂杨氏为"婆婆"，且认定世界上找不着如此这般的"第二人"，事实上一年之后她做了训育主任就堪称"杨二"了。鲁迅骂

---

① 鲁迅、景宋：《两地书·原信：鲁迅与许广平往来书信集》，中国青年版出版社2005年版，第55页。

② 许广平：《鲁迅回忆录》，作家出版社1961年版，第15页。

③ 鲁迅、景宋：《两地书·原信：鲁迅与许广平往来书信集》，中国青年版出版社2005年版，第57页。

杨荫榆最歹毒的文章乃《寡妇主义》一文，这里有必要重点解析一下。

第一，文中把杨荫榆骂作“寡妇”和“拟寡妇”，并解释曰：“这里所谓‘寡妇’是指和丈夫死别的；所谓‘拟寡妇’，是指和丈夫生离以及不得已而抱独身主义的。”①

鲁迅这样骂，既失厚道，还有为许广平而不惜自戕的劲头。试想杨荫榆若是“寡妇”和“拟寡妇”，你老人家不就顺理成章荣登“鳏夫”和“拟鳏夫”的宝座了？你和杨荫榆本是家庭那个叶蔓下的一对苦果，又何必同类相嘲呢？

第二，文中谈到了杨荫榆这种“寡妇”和“拟寡妇”的性压抑及其后果：“至于因为不得已而过着独身生活者，则无论男女，精神上常不免发生变化，有着执拗猜疑阴险的性质者居多。……生活既不合自然，心状也就大变，觉得世事都无味，人物都可憎，看见有些天真欢乐的人，便生恨恶。尤其是因为压抑性欲之故。”②

各位看官，你们说这文字是说杨荫榆的，还是鲁迅大师的自画状呢？杨荫榆压抑性欲，个性变态，大师的性欲释放给谁了呢？朱安终身是你婚姻的陪葬品，未拆封的礼物；你和许广平这个时候，一个是45岁的“鳏夫”教师，一个是28岁的在读剩女，双方即使性了，也是刚刚的事！怎么好意思骂别人？

第三，关于教育理念，鲁迅痛骂杨荫榆想把女生们教育成“未字先寡”的人，所以他很担心这些女生自立之后，“又转而凌虐还未自立的人，正如童养媳一做婆婆，也就像她的恶姑一样毒辣。”③ 这个更是自打自嘴，因为他的“广平兄”日后恰恰就是这种转向。

5月30日鲁迅的回信中，第一次称许广平为“害群之马”——因许广平等六人被开除时校方布告中有“开除学籍，即令出校，以免害群”之语。④ 从此这称号成了鲁迅对她的爱称之一，当然也成了许广平引以为傲的

① 鲁迅：《鲁迅全集·第一卷》，人民文学出版社2005年版，第279页。
② 同上，第280页。
③ 同上，第282页。
④ 鲁迅：《鲁迅全集·第十一卷》，人民文学出版社2005年版，第82页。

自称。

6月3日，许广平的《六个学生该死》在《京报副刊》发表。文中把杨荫榆恶心为“专制时代的君上权威”、“哥伦比亚教育家”、“‘国民之母之母’之婆”和“鼓掌狂笑”的“悍姑”，而六个学生，当然就是被休的可怜兮兮的“媳”了。①

6月5日早上许广平致鲁迅的信中，谈及一个有意思的问题：上海五卅运动的波浪传到北京，北京游行队伍在天安门差点肉搏起来，“说是什么北大、师大的人争做主席，争做总指挥”。于是许广平“废然”“返校”，“所可稍快心意的，就是走至某一大街时，迎头看见杨婆子笑眯眯地瞅着我们大队时，我登即无名火起转口高喊打倒杨荫榆，打倒杨荫榆，驱逐杨荫榆，同侪闻声响应，直喊至杨车离开了我们。这虽则似乎因公济私，公私混淆，而当时迎头一击的痛快，比游过‘午门’的高兴，快活，可算是过之无不及。先生！您看这匹害群之马，简直不羁至不可收拾了呀！这可怎么办?”②

许广平当然知道自己这样搞形同泼皮无赖，但又为这种泼皮无赖的精神自豪且以撒娇的方式炫耀给鲁迅。总之，有鲁迅这样的文化名人撑腰，许广平的精气神儿自然旺盛许多。6月17日致鲁迅的信中表示，为了把杨婆子干掉，哪怕被人利用也不管了：

即如我校风潮，寒假时的确不敢说办事的人没色彩，所以我不敢做，不过袖手旁观，现在也不敢说她们没色彩，但是对方也太不像样了！忍无可忍，先做第一步攻击，再设法第二步建设的防备，这是我个人的自我见解，但是攻击已成俘虏之势，建设不敢言矣，所以我的目标是不满于杨，但也许第三者因我们的行为而收渔人之利，不劳而获，那么我的行动，也甚似被人“利用”，这是世界的黑暗，傻子的结果，可见事情还是不要“有点不平，反抗，改良的意思”，免得自己吃苦，而且公举你出来做事时，个个都说做后盾，个个都在你面前塞火药，等你灌足了，火线点起了！他们就远远的赶快跳跑，

---

① 许广平：《许广平文集·第一卷》，江苏文艺出版社1998年版，第229、230页。

② 鲁迅、景宋：《两地书·原信：鲁迅与许广平往来书信集》，中国青年版出版社2005年版，第64、65页。

结果你不过做一个炸弹壳，五花粉碎。①

到底啥色彩，又被谁利用呢？且看许广平1946年的回忆文章：

有一句话时常萦绕在我的脑际，已经二十年了，还是像刚听到过的一样新鲜，因为那句话给我的印象太深刻了。那时是“三一八”惨案的前一年，我还是学生，为了寻求光明，向各个敬仰的革命领袖请教，遇到一位党国伟人，他说：“你们尽管去（请愿）好了，就是有些牺牲，打什么紧？你看黄花岗上有你们没有？”惭愧，的确没有。而末了一句的沉重有力，就如同石工把铁器敲到石头上那么响亮深刻，至今也还是在我心的深处敲下一道创痕。有的人倒不一定为了想睡到黄花岗上而努力的，像我就是极好的例子，所以至今没有死掉。②

但是按许广平晚年回忆，说辞又变：

我们无所惧怕，因为一九二一年中国共产党成立以后，一切群众运动都有党的领导，我们的学生运动也成了这个群众革命运动中的一部分。……也有国民党的短视者。我和刘和珍去请教他时，他却这样“鼓励”我们：“你们干，放胆地干好了！你们看，黄花岗有没有你们妇女在内？”我当时即想：原来他认为我们闹革命是为了要在黄花岗上争一席之地！从此，我们对这位先生再不去请教了。③

一会儿说人家“党国伟人”，一会儿又说人家“短视者”；一会儿说是共产党领导，一会儿又说是国民党怂恿，不管如何说吧，这个时候的鲁迅，倒更像是许广平的炸弹壳。两人的信件中，鲁迅信尾落款的老师，加上了引号；

---

① 鲁迅、景宋：《两地书·原信：鲁迅与许广平往来书信集》，中国青年版出版社2005年版，第72页。

② 许广平：《许广平文集·第一卷》，江苏文艺出版社1998年版，第154页。

③ 许广平：《许广平文集·第二卷》，江苏文艺出版社1998年版，第213页。

许广平的抬头，已称鲁迅为“嫩弟”“嫩棣棣”，这叫革命调情两不误！

7月31日，许广平还在《莽原》上发文埋怨：“谁都知道某校风潮发生了半年多，而大家不管。这是中国人不负责任，互相推诿的一件最好不过的证据。”①

确实是中国人不负责任，有那想负的，也要被你们打倒，再踏上几只脚了。

这个时候，杨荫榆已呈请教育部决定解散女师大学潮中最坚定的四个班。8月1日即率军警入校宣布执行，校内这时留有三四十个学生坚决不走，双方自然又是一番冲突。用刘亚雄的回忆，是北京学联组织北京各校进步学生前来支援，“他们募集了一筐筐面包和西瓜从墙上扔过去，终于挫败了杨荫榆的阴谋”②。

看到这里，你不得不承认北洋政府军警的窝囊，就几个丫头片子，扔几个西瓜、面包，你们就顶不住了。

按学生自治会负责人之一、许广平同桌、同为国民党员的吕云章的回忆，她们上面有人：“我们虽然仅二三十人，但是支持我们的后台却都很重要，八大学的联合会、舆论界和国民党”③。这个自然，国共两党正蜜月中，舆论界和学生联合会也由他们操纵。其他不说，只说吕云章对学生联合会评价曰：“学生联合会，一方面是主持正义，一方面也是交女朋友的好机会。我们虽然没有伙食，但是慰问我们的人太多了，各大学都送来礼品、面包、水果毫不缺乏。可是一听到警察来了，这些同学都逾墙而逃，也很可笑。”确实可笑，吕云章和张平江两个国民党籍的学生去党部接受指示，江绍模跟她们说：“听说杨荫榆又要带军警到学校去，你们要鼓动同学往前冲，制造惨案”。吕云章说张平江当场答应了，但她认为不妥：“造血案固然可以把事件扩大，但是死亡的同学也不得不顾及”。商量许久，江绍模取消了这个办法。

事后这帮同学开会，商量出这么一个馊得不能再馊的主意：“如果警察来

---

① 许广平：《许广平文集·第二卷》，江苏文艺出版社1998年版，第241页。

② 刘亚雄：“刘亚雄同志谈女师大风潮”，载于《鲁迅研究资料2》，文物出版社1977年版，第159页。

③ 吕云章：《吕云章回忆录》，龙文出版社1990年版，第32页。

捕我们，我们二三十人就集合在一个小楼上集体自杀。其实所准备的药都是假的。”①

看到这里我笑了，杨荫榆女士，你都面对的什么人呢？趁早歇了吧，你玩不过她们的。

8 月 2 日，杨荫榆下令女师大全体教职员工离校，学校瘫痪；8 月 3 日，杨荫榆在报上发布《致各界声明书》。激进的支持学潮的社会舆论自然占上风，杨荫榆决定辞职；8 月 4 日的《晨报》上，杨荫榆发表了辞职感言，从此在人们视线中消失。其实杨荫榆在一般学生眼旦，不过是个“循规蹈矩、按部就班、做事认真、严于律己又待人严苛的人”。② 可惜，她与那个亢奋的时代太不相合了。

最后的烂摊子

杨消失了，章士钊还在收拾烂摊子。8 月 10 日，教育部正式下令停办女师大，另成立国立女子大学。舆论自然还在造反学生一面，且驱杨运动改为“驱章”运动。8 月 19 日，教育司司长刘百昭亲自带领军警前来接收女师大，结果“坚守学校的学生把他团团围住，骂他，唾他，把他的绸大褂撕得稀巴烂，使他当场出丑，不得不狼狈逃窜。”③ 嗯，战斗力依然惊人。

8 月 22 日，教育司司长刘百昭又来了，这次除了军警，还雇来百来个三河县老妈子（女仆）。堂堂的教育司司长同志终于知道，要跟女生打仗，他们男人打不过，只能上老妈子才行，而且是四个老妈子拖一个女生——据说老妈子们的武器是马桶刷子。④ 这个自然比女生们的面包、西瓜强悍多了，就这样连挟带拖，终于把刘和珍等 13 人弄出校门（许广平跑去找北平学联了），塞进一辆一辆汽车里，给扔到了报子胡同 69 号女师大附设的补习学校的宿舍

① 吕云章：《吕云章回忆录》，龙文出版社 1990 年版，第 31 ~ 32 页。

② 吕芳上：《从学生运动到运动学生》，台湾地区近代史研究所 1994 年版，第 223 页。

③ 刘亚雄：“刘亚雄同志谈女师大风潮”，载于《鲁迅研究资料 2》，文物出版社 1977 年版，第 159 页。

④ 吕芳上：《从学生运动到运动学生》，台湾地区近代史研究所 1994 年版，第 229 页。

里。由于背后有国共两党的联手支撑，女师大造反师生就在西城南小街宗帽胡同另寻住址，自行设校开课。这边三十四个学生，那边三百多个学生，但这边底气更足似的。为了表示跟政府脱离关系，他们把“国立北京女子师范大学”中的“国立”二字去掉。据刘亚雄说，还新招学生三十多人，“录取标准主要看政治态度，并不拘泥于考试分数”[①]。这个不新鲜，后来文化大革命时期闹出的工农兵大学生，就是只看政治态度不看考试分数的，交白卷更好！

对抗的结果是：章士钊成鳖了。9 月 11 日，许广平在《莽原》发表《反抗下去》，先是大骂曰：“鳖子脸的元帅好不威风，纠纠桓桓的率领十吊钱雇来的捡煤球的女丐和虾兵蟹将打进女师大，杀退‘毛丫头’：把好好的学校抢夺过来”。后是得意扬扬曰：“女师大尽管有中立的系和通敌的走狗，然而杨婆子终于下台……而且三十多个‘毛丫头’，居然抵抗了这些时候，闯出那大乱子。”[②]

以后乱子更大了。先是 10 月，直系孙传芳发动反奉战争，另一直系将领吴佩孚通电响应；后是 11 月下旬，被苏联统战后的冯玉祥率领国民军攻占北京，以李大钊为首的中国共产党北方区委和国民党左派趁机按苏联的指示，于 28 日发动所谓的“首都革命”，以图推翻亲日的段祺瑞政府，建立亲苏的国民政府——当时的段祺瑞政府是奉军张作霖支持下的，而不管段，还是张，都算亲日。这直接影响了苏联在东北、甚至在整个中国的利益。所以李大钊领着学生、群众游行，并走在队伍的最前面，所喊口号明显都是苏联的意思，“打倒奉军军阀”、“打倒段祺瑞卖国政府”、“建设国民政府”云云——诉求不是具体事项，全是推翻重来，确实够意思。他们先是包围了执政府，赶跑了警察总监，占领了警察局和邮政局。后来甚至想打到段祺瑞家里，但由于没有得到冯玉祥及其国民军的支持，未成。[③]

---

① 刘亚雄：“刘亚雄同志谈女师大风潮”，载于《鲁迅研究资料 2》，文物出版社 1977 年版，第 159 页。

② 许广平：《许广平文集·第一卷》，江苏文艺出版社 1998 年版，第 243 ~ 244 页。

③ 参见张卫东：“1925 年版苏联推翻北京政府计划的提出及实施”，载于《北京党史研究》1998 年第 1 期；

29 日，革命群众继续召开大会并在会后游行，由于国民党内部反共派与亲共派的内讧，及国民军的反制，游行半途而废。但一部分游行群众则拐向了晨报馆，放火把它烧掉了。为嘛独烧晨报馆？当时一说是同业竞争，一说是党派倾轧（《晨报》被视为梁启超为首的研究系的机关报），一说是《晨报》反共。[①] 其实现在看来就一条，从背景上看，《晨报副刊》于 1925 年 10 月 1 日由徐志摩接编后，即呈现欧美自由主义之倾向，对于苏俄之本质，比亢奋激进的一般民众提前看透，认为苏俄不但是中国的敌人，还是比帝国主义更厉害的敌人，这种仇苏反苏的倾向自然让正联手合作的国共两党同时看不惯；从具体上来看，晨报馆不支持学生闹事，希望他们好好学习，别给党派做炮灰。可学生第一看不见背后那些“看不见的手”，第二能看见也认为乃革命手段，第三，青春苦闷，谁不愿意上街撒欢儿？总之，女师大学生也参加了这次狂欢。

刘亚雄回忆说：我们先是游行，后来打到北洋军阀政府教育部，因为学生最恨教育部。愤怒的群众还打到章士钊、梁士诒、朱深、刘百昭等人家里，撕毁了他们的衣服，砸碎了他们的坛坛罐罐，还火烧了晨报馆。这一天直到深夜十二点我们才回学校。段祺瑞一伙见势不妙，纷纷逃出北京。女师大学生抓住这个有利时机，举行了复校运动。十一月三十日傍晚，女师大学生举着大旗，斗志昂扬，返回学校。当时学校大门口还有军警守卫，不让学生进去，门口还横挂着“国立北京女子大学”的校牌。同学们就把扫帚捆在竹竿上，蘸上墨汁，把这个校牌涂掉，军警过来干涉，学生就用墨汁在他们身上洒，吓得军警张惶躲闪，窘态百出。学生们乘势将北京女子师范大学的牌子挂上，然后闯进了学校。[②]

看样子，不但军警抵抗不过女师大的革命学生，就是女大也不行，虽然她们有二三百学生——按女大的学生宣言，女师大旧学生不满二百人，结果一百八十人转入女大。不管多少人，完全是多数输给了少数，不得不另迁它址，给人家女师大的几十名造反师生让出了地盘（第二年八月两校才又合并）。

---

① 吕芳上：《从学生运动到运动学生》，台湾地区近代史研究所 1994 年版，第 244 页。

② 刘亚雄：“刘亚雄同志谈女师大风潮”，载于《鲁迅研究资料 2》，文物出版社 1977 年版，第 160 页。

直接建立政府的目标虽然没有达到，但是渗透政府的目标还是实现了一些。12月初，国民党骨干易培基先是做了教育总长，并力主恢复女师大，后更以教育总长亲兼女师大校长，鲁迅挚友许寿裳回女师大做了教务长。这下可好，革命党占领了女师大，女师大自然要做革命的急先锋，按许广平女师大四年之同桌吕云章的回忆，国民党要人甚至鼓动学生“制造惨案”呢。①于是第二年，也就是1926年，“三一八”惨案发生！许广平的革命战友、鲁迅的好学生刘和珍君牺牲了，女师大同死的学生，还有杨德群，两人携手一扫黄花岗没有妇女的空白！但据许广平1963年发表的文章，“三一八”也是由“李大钊同志直接领导”②，所以这些女烈士的名字将写在何处，则还是有所疑问的。

至于许广平本人，倒是好好的。据她自己交代，“三一八”这天，她去看“嫩棣棣”，并说了游行的事；“嫩棣棣”不让她去，所以刘和珍挨弹的时候，她这个“愚兄”正在“嫩棣棣”家里给其抄书呢！③ 另一个风云人物吕云章也好好的，跟她后来的丈夫周书舲在北海游玩了一天，傍晚又到东安市场吃饭，顺路去照相馆洗自己玩耍的照片，才发现照相馆正忙着洗惨案照片呢。④

吕云章的回忆里，还有一个细节特别有趣，就是她们同学在学校悼念刘和珍，“刘和珍的未婚夫也来了，放一张两人合照的相片在棺材里，他哭了一会，就偷偷看我们同学，本来大家都很沉痛，叫他这一来，把我们弄得都可笑了。后来我们议论，‘和珍幸亏是死了，不然也不会幸福。’”⑤

太可乐了！这一节让我想起了“庄子试妻”的典故，吕云章这一说，可以命名为“刘和珍试夫”了！

许广平1940年的回忆文章里，谈到了鲁迅为什么掺和女师大学潮的事儿：“他太热情太老实了，有时老实到根据某些理由，即使明知要受苦或来不及细察也会始终参加进去的。即如女师大问题，许多教授、名流看作‘臭茅

---

① 吕芳上：《从学生运动到运动学生》，台湾地区近代史研究所1994年版，第234页。

② 许广平：《许广平文集·第一卷》，江苏文艺出版社1998年版，第398页。

③ 许广平：《鲁迅回忆录》，作家出版社1961年版，第17～18页。

④ 吕云章：《吕云章回忆录》，龙文出版社1990年版，第27页。

⑤ 同上，第28页。

厕’了，一些在教育部任职的教师们不是跟着教育部长走，就是远远躲起来了，而他却以皇皇部员，参加学校的反对部长举动，直至被免职、受谣言诬陷，仍然毫不动摇他的意见。”[①] 1961 年的回忆文章里，更是说鲁迅的《华盖集》正续篇，至少有四分之三的内容是用来抨击杨荫榆之流，“用力气不可谓不大”，“鲁迅在这一次，打了一个漂亮的胜仗，使敌人望风披靡，弃甲曳兵而走，至今在历史上还翻不过身来。”[②]

是的，杨荫榆女士直到今天还没翻过来。新中国成立后许广平有时出席会议，恰好与章士钊同坐一处，也称起师尊来了。估计章老头也只能打哈哈了，这可是鲁迅同志的夫人，惹不起啊！

所以我一直认为，不管是女师大学潮，还是“三一八”惨案，都是许广平个人的大胜利。第一，出尽了风头，把校长、教育部长相继掀翻在地；第二，拿下了鲁迅，鲁迅不但为许广平的学潮累得吐血，连人也成了她的了。在许广平的爱情宣言里，她先握住了鲁迅的手，而鲁迅对她缴械曰：“你战胜了”[③]。所以鲁迅不是什么太热情太老实，而是，学潮领袖是自己的亲爱的，茅厕再臭也得捏着鼻子往里跳的，否则怎么赢得这大龄女生的芳心与欢心？

“三一八”惨案发生后，鲁迅与国共两党的李石曾、易培基、李大钊、丁惟汾、徐谦等人一同被段祺瑞政府列入黑名单，东躲西藏了一阵子——4 月 9 日的《京报》刊出一篇《三一八惨案之内幕种种》，文末附有一份 48 人的黑名单，鲁迅列名第 21。[④] 事实上前面那几个头头是公开通缉的，鲁迅等人的名单则更像谣传。加以与许广平的恋情在老娘和朱安的四只眼睛底下也不是一回事，所以他应林语堂的邀请决定到厦门大学任国文系教授。“害群之马”许广平经表叔陈向庭推荐，出任广东女子师范学校训育主任一职（校长是廖仲恺之妹廖冰筠）。1926 年 8 月 26 日，鲁与许同车离京赴沪；又于 9 月 1 日，同天分登开往厦门和广州的轮船，他们南下了。我们的主人公要做老师了！

---

① 许广平：《许广平文集·第二卷》，江苏文艺出版社 1998 年版，第 183 页。

② 许广平：《鲁迅回忆录》，作家出版社 1961 年版，第 6 页。

③ 许广平：《许广平文集·第一卷》，江苏文艺出版社 1998 年版，第 105 页。

④ 吴海勇：《时为公务员的鲁迅》，广西师范大学出版社 2005 年版，第 268 页。

教师中的训育主任

还没上岗，就对学生看不惯了

许广平9月12日晚写给鲁迅的信中曰："本校八号正式上课，校长特许休息几日，所以明天（十三日，星期一）再起首教课及办公……这个学校的学生是右倾，而且盲动，好起风潮，我教八班，每班每周一小时三民主义，然而恐怕她们了解我就容易反对，现时在小心中。"①

你瞧，还没上岗呢，对学生的恶评就出来了。不知她写这些话的时候，是否想起女师大及自己的特性？还有，是否想起杨荫榆做校长的难处与小心？

许广平9月17日致鲁迅的信中说："这校有三数学生是邹鲁西山会议派，大多数是盲从，外似右实则被利用于人。"②

这个更让人哑然失笑了，先前你明知女师大的学潮有党派色彩，且自己有被利用的可能，可是为了撵走杨婆子，不是照样做了"炸弹壳"？难道只许自己做，就不许别的同学做？

许广平9月18日致鲁迅的信："我校从十三日起我即授课办公，教课似乎还过得去（察情形），至于训育，真是难堪，包括学监舍监，从八时至下午五时在办事处或查堂，回来食晚饭后又要查学生自习及注意起居饮食……总之无一时是我自己的时间，更有课外会议，各种领导事业及自己预备教材……弄得精疲力竭，应接不暇。明日是星期，下午一时还要开训育会议，回想做学生真快活也。"③

---

① 鲁迅、景宋：《两地书·原信：鲁迅与许广平往来书信集》，中国青年版出版社2005年版，第101页。

② 同上，第106页。

③ 同上，第107～108页。

嗯，我们也知道你做学生快活，除了造校长和教务长的反，还能勾搭男教师，并通过他的笔和嘴，大骂各种反对你们闹潮、要求你们好好读书的各色人等。甚至一些中间派人士，比如李四光先生，也被你们骂成了杨校长的“三勇士之一”。

9 月 23 日许广平致鲁迅信，首先说忙——忘了她自己说杨校长啥也不干了。其次说对付学生不易，不行就溜：“我之职务是要图，图即反抗群众，早晚犯众怒而遭攻击，现时她们幸未窥破我底细，我又固示沉默，渐以图之，如能潜移默化，有回天之力，匝政府与学校之福，否则自然是我三十六着走为上着。”第三说本校女生个个都是杨校长：“学生时时蠢蠢欲动，多方探听我色彩。女子本无高见，加以外诱，更兼顽强，个个如杨荫榆之遗风，亦大可叹也。”第四说溜也不怕，有何香凝的腿抱着呢：“好在只要我自己努力，得到信仰，或不至失败，即失败亦不愁没地方去，现时广东女子地位与男子等，新近何香凝为公益厅长，与实业、教育……等厅平等，因此我们即便离开学校，尚有别机关可去。”①

9 月 28 日许广平致鲁迅信，说自己搬了住处，与三个小学教员为邻，再次感叹做老师不好：“该三人为小学教员，胸襟狭窄……但因不是做学生，总得将就，忍下去了。次早见面，我还陪笑脸招呼，这真是做先生的苦处。”除此之外，还感叹做训育主任不易，因为训育主任直接由校长领导，“而此校学生正因向日一部分领袖者曾起风潮反对校长，现在虽然平压下去，但愤愤不平之气，每寻瑕找隙，与办事人为难。”②

9 月 30 日的信比较有意思，革命小将连穿衣打扮都扭捏起来了：“广东不似外省随便，女人穿衣，三二月一个尺寸花头，高低大小，千变万化，学生又好起人外号，所以我带回来的衣服都打算给嫂妹穿，自己从新做，不是名流，未能免俗。”③ 这里，她也忘了她对杨荫榆着装的描写了。

10 月 4 日的信：“从前是气冲斗牛的害马，现在变成童养媳一般，逢学生都是婆婆小姑，都要看她们脸色做事，如此那有自我的个性原来面目，然而

---

① 鲁迅、景宋：《两地书·原信：鲁迅与许广平往来书信集》，中国青年版出版社 2005 年版，第 112～113 页。

② 同上，120 页。

③ 同上，第 123～124 页。

回心一想，社会就是这样，我从前太任性了。”①

终于对从前有了一丝丝的反省，但是，还没有由此及彼，反省到杨荫榆校长那里去。

10月7日的信：“整天对学生钩心斗角，不是推诚相与（学生视学校如敌人，此少数人把持所致）所以觉得实在没趣。”②

这里更有趣，鲁迅的论敌，现代评论派，那些留学欧美的真正的自由主义者当初对女师大学潮的评论，也有许广平括号里的那些话！

10月10日的信：“四年级师范生快毕业了，初做几何，手工、豆工折纸俱极粗劣。此处学生就轻视手工、缝纫、图画等，也许是受革命影响，人心浮动之故罢。”③ 她忘了她与鲁迅如何恶心那个未上任的缝纫校长的。

10月14日的信，许广平谈到了她的母校，北京国立女师大的改组，把那些教职员工名字列举后，说出了如下话语：“这些东西我多不认识，管他妈的，横竖武昌攻下了，早晚打到北京，赏他们屁滚屎流。”④

母校的老师在她笔下全成了“东西”，这些东西她多不认识，就打到北京去，活捉各老师？还有，她倒是在革命的大本营广州教书，一百天之后不照样屁滚屎流？骂别人时，是否需要给自己留个面子与退路呢？

开始挑拨学生闹事

10月30日的信，许广平跟自己的情人交代，为了跟右派把持的学生会斗争，她开始挑拨学生闹事了：“本校学生会召集大会，手续时间都不合，我开始限制并设法引导别的学生起首反抗，自后或引起风潮……总之有文章做。马又到省立女师害群了，可惜只有一匹在这里，没有助手，哈！哈！这回做事外面也有帮助。”⑤

---

① 鲁迅、景宋：《两地书·原信：鲁迅与许广平往来书信集》，中国青年版出版社2005年版，第132页。

② 同上，第134页。

③ 同上，第139页。

④ 同上，第142页。

⑤ 同上，第167页。

这一段，小人之性状毕露无遗！外面有人，里面尽管闹！

11月4日的信，许广平兴奋地向鲁迅汇报，她们左派终于赢了右派：学校组织特别裁判委员会，把学生会主席李秀梅开除了，理由是违犯校章；还开除一个蒋仲篪，因为她说校长反革命，所以谓其侮辱师长，且立即布告云云。① 整个信中洋溢着一种“与人斗，其乐无穷”的情绪，不知她是否想起自己当年被开除之事？

11月7日的信，有关本校学潮，她又谈了许多。第一，右派们惨了：“我校把持学生会的分子，实在命在垂危，无多大力量”。第二，当年与杨荫榆对仗，自称“毛丫头”，现在轮到她看不起这些毛丫头了：“不过我觉女子总是比较和黑暗接近，判断力薄弱，所以学校现象，中立一部分，反对一部分，而反动者占势力，中立者为学校所压，不敢动，而心则同情于反动，谓学校开除为太忍，而尤可笑者，她们因学校禁止其一切集会，昨日乃在校之四周标贴开会解决，请求学校收回开革二生，否则（行）第二策（罢课）再否则行第三策（十二个B队署名，即十二响驳壳枪对待也）”。第三，虽然学生都讨厌我，但是捱不住我背后有人：“自从学潮起后，那些学生（多数）以为我袒护一方，或从中主持，而且我地位是训育，直接禁罚她们，所以众矢之的，她们以前见我十分客气，表示欢笑的，现时或勉强招呼，或强作不见，或怒目而视，总之感情破裂，难以维持……如她们闹得太凶，没法处理，则打算照中大办法，重新考试，总之，我们是具十二分坚决心，校长教职员，有力者都是左的，事甚好做。”第四，与人斗，其乐无穷：“我身体好，日来每饭三碗，因为害马又害起群来了，心中高兴，不觉多食些。现时背后有国民政府，自己是有权有势，处置一些反动学生，实在易如反掌，猫和耗子玩，终久是吞下去的，你可知其得意了。”②

这吃相很不好看嘛。杨荫榆看了也会自叹不如的吧？只是不知鲁迅看了何感？这学生比她当初的校长，恶毒多了吧？

11月11日的信，更有意思了。第一，炫耀学潮中自己的作用为“我不过

---

① 鲁迅、景宋：《两地书·原信：鲁迅与许广平往来书信集》，中国青年版出版社2005年版，第174页。

② 同上，第175、176、177页。

主使发动耳”，并声言自己背后有政府、中央至省、市三青年部长（专管学界）至省教育厅所组织之学潮委员会等的支持。第二，训练学生做党争工具：“校中主持之人，除我向有五六位先生，专暗中指挥革命学生，天天晚上开会训练她们，白天又上课，有必要又出席学校会议，裁判学生”。第三，承认与学生斗得伤感情，教课没意思，“两位很出力的先生提出辞职，一个要去俄国，一个要去黄埔做教官”，一小撮遂秘密会议，商量由校长辞职，他们几个幕后黑手也去职，另换同派人前来治校，“如此换汤不换药，既可减学生目标，也可谋学校发展”。第四，至于许广平本人，有人提议她去“汕头做市妇女部长，但尚未一定”。第五，明日为庆祝孙中山诞日，她要陪学生去巡行，“好在我在北京巡行惯，而且我也好动的，自己去没味，带住学生又可看热闹，又可出风头，你羡慕否？”①

11 月 13 日再次提到自己因搅动学潮而胃口大开：“又我初回来时，广州虽然食物佳，但每顿饭菜我也不觉得有什么可口，随随便便食两碗，不多不少，近来却是胃口开，总食完就想添饭，每食总在三碗，想因学校有风潮罢！”②

11 月 15 日，许广平谈到两处关键点：第一，“现时国民党中有共、左、右三者，共与左合，不难打倒右”；第二，联手镇压了学校中的右，为了对付学生的反感，他们再次商议，让校长辞职，甚至有人提出让许广平接任，但是她“无论如何坚决不干”③。

她当然知道做校长不是好活。我们常说屁股决定脑袋，其实打破这种定式也很简单，那就是换位思考。为什么中国人都不呢？为什么都是你死我活的两极对立呢？

11 月 16 日信中曰：“校事似乎没有什么了，然而潜伏着是有问题的，在被革除的反动派，心中不服，日前恐吓无效，现时极力酝酿罢课，今日要求开全体大会，我以校长不在校没法批准来推辞她们，但一旦大会开会，压制

① 鲁迅、景宋：《两地书·原信：鲁迅与许广平往来书信集》，中国青年版出版社 2005 年版，第 167 页，第 183～185 页。

② 同上，第 193 页。

③ 同上，第 198 页。

起来，群众盲从，恐怕就又闹起来了。”还说：“我回来两足月，造了两件（参与而已）快意事，从这方面看，可以说回来无效果吗？我自然知道去汕头薪水劳苦都比这里好，但我到此校两月就把反动生开除两个，给她们反革命的学生一个打击，在我未来以前呢？她们猖獗到目无师长，口口声声打倒校长，实行反革命而没奈何。又说到县立学校的事，那天县知事要因反动派而停止开会了，我起来力争，继续开会，后来大家要将捣乱的登报写出名字来声罪致讨，有些胆怯的，就不敢附议，力争取消，我又起来坚持，卒之如愿，结果这会完满成功。这两件事，我觉得抵得过我回来在学校捱的苦处”①。

值得注意的是鲁迅对她这些活动以及想去汕头做妇女部长的评价：“校事已见头绪，很好，总算结束了一件事。至于你此后所去的地方，却叫我很难下批评。你脾气喜欢动动，又初出来办事，向各处看看，办几年事，历练历练，本来也很好的，但于自己，却恐怕没有好处，结果变成政客之流。”② 鲁迅察人甚深，唯独对自己的“害马”察入不够——她做学生时是闹潮骨干；做教师时以党争为重；尔死过之后，没人拦了，她政客就做定了。

许广平 11 月 21 日写信向鲁迅报告说，学校快维持不下去了：“更兼反动学生，因开除二人后，总百端设法罢课等事，与其由她们罢，何如由我们自己停，于是校长打消候至本月卅再去之议，而即于十七早决然离校”，“现时我最感无味的，就是校长未去，还可向校长辞职，此时校长去了，无处可辞，而学校此时又不能立刻摆脱舍而之他，坐看学生状况实在无味也。”③

这个跟当年她在女师大闹学潮一样的情境，只不过角色变了，她自己的角色，有点类司于女师大的教务长薛燮元了。

鲁迅 25 日的回信说：“本校学生民党不过三十左右，其中不少是新加入者，昨夜开会，我觉他们都不经训练，不深沉，甚至于连暗暗取得学生会以供我用的事情都不知道，真是奈何奈何。”④ 看鲁迅的意思，新加入国民党的

---

① 鲁迅、景宋：《两地书·原信：鲁迅与许广平往来书信集》，中国青年版出版社 2005 年版，第 201、203 页。

② 同上，第 204 页。

③ 同上，第 209、210 页。

④ 同上，第 215 页。

学生太傻了，不知道控制学生会为己所用。我倒觉得，不是学生傻，而是学生没遇上许广平这样的训育主任。

许广平 11 月 27 日的回信，首先谈到了鲁迅担心她做政客的问题。她的意思是：书籍，研究，教人，学校职员，她都不行；“五光十色”的“政界”和“党”，她又不适。总之干嘛都不行，但是已被人公认为“共产人”了。其次谈到了学校现状，有可能让廖冰筠重新回校，重新整顿，但“反动学生乘机欢送校长，又举出好招牌，请宋庆龄为校长，预料宋必不肯，则有第二等人物推出，她们计策如此，届时如校长回，她们必拒绝或有事发生，则我们当乘机彻底整顿一下”[①]。

许广平 11 月 30 日的信除了说学校欠薪、其他工作不易找之外，还说了她与学生关系的恶化：“学生已破面，冷面相面，训育是以德感，以情维系的，如此何能继续下去”[②]。

不知她能否想起当年她们咋骂女师大教务长薛燮元的？

12 月 6 日的信：“全校仍未上课，将俟积欠有着，校长回校，当有一番整顿与淘汰，今日反动学生无聊，向总务与我攻击，但也无效”。鲁迅当天晚上回信，打得比方真好：“你们的学校，真是好像‘湿手捏了干面粉’，粘缠极了。”[③] 这话薛燮元、杨荫榆、章士钊听了应该深有同感。

12 月 7 日下午许广平致信鲁迅，汇报说，欠薪发了八成五，“而最令人发指的，就是那八十多（个）反动学生，昨日列队到省政府、教厅、财厅，都说学校不是经费问题，是校长问题，只要宋庆龄长校，便万事解决云，你看她们居心破坏学校，不惜牺牲学校，这种态度，可恶之极。”“这几天经费未解决总坚持不上课，经费解决则须革新一次，革后自己再走，也是痛快，如果经费不解决而教厅换人，或解决而另换人，那我们可不管了”[④]。

她忘了她当年咋破坏学校、不惜牺牲学校的。

---

① 鲁迅、景宋：《两地书·原信：鲁迅与许广平往来书信集》，中国青年版出版社 2005 年版，第 216～217 页。

② 同上，第 222 页。

③ 同上，第 230、231 页。

④ 同上，第 232、233 页。

12月7日晚上许广平致信鲁迅：“我想没有被人打倒，或自己倒下之前，教书是好的，倒下后则创作似乎闭户可做，但中国人心理，倒下后的著作，是否还一样保持原有地位？也很难说。对付社会一般人，要用一般方法，过于自我，就受攻击，真是讨厌的事，但党内似乎好些，我想如国民党不容，则跑到俄国去，在广东，去俄很容易设法得政府一笔款，挟着什么名目，领着公费就可去，但这自然要改变教书生涯，才易活动，你看郭沫若有什么，现时是政治主任，又改为……了。人一迫就可以转行，你说是不是？”①

这里亮了，第一，随便编一个名目，就可以骗得国民党政府的公费去俄国留学；第二，点名指出一个投机分子了，咱也可以学学他。嗯哼？

实在干不下去了

12月12日的信，说“明天（十三）起上课了”，但她好“恐惧”，一怕校长不回任，叫她继任，那太“吃苦”。“此校如此复杂，旧教员不易去，在校占大部分势力，实无法整顿，且经此一事，甚澈底之人多去，留我受苦甚不上算，但此校习惯女校长，旧校长去，一时无相当人物，则怕我当殃，推却自然爽快，但一纸公文压下来时，任你如何推托，也不成功，现时我只有设法劝校长早日回校，以免殃及我自身。而且校长薪水与主任同，不过少八时教课，但出席外面会议太多，一经做起此职，辞职即不容易，我愿意做点易来易去，不受人注意的小事，所谓‘长’，实在令人闻之不寒而栗。”② 是啊，这话更像是替杨荫榆说的。

12月15日的信，说及学校的总务辞职了，教务也另有他就，“庶务员就取笑我，连校长及三主任，四职集于一身了！我才恍然大悟于造傻子，人偷偷地找好事情就溜之大吉了，而我还打算有交代再走，将来岂非人都走光，校长也不回来，只有我一个光杆受学生凌辱，教职员催迫吗？”到底什么凌辱呢？“反动生口出不逊，在我后面说某某走狗。我回头，她们不说了，再前

---

① 鲁迅、景宋：《两地书·原信：鲁迅与许广平往来书信集》，中国青年版出版社2005年版，第237页。

② 同上，第240页。

走，她们说，哈哈！还回头看啊！你看这多么可恶，总而言之反动学生太猖獗，好的学生太老实而胆小，教了也不敢做，真没奈何。"[①] 最后她的招数是装病请假回家云云。

看到这里特想笑，你当年既不"老实"又不"胆小"，肯定不是好学生了，而且又是谁教的呢？除了"鲁迅吾师左右"还有哪些有"色彩"的人呢？章士钊与杨荫榆当年，不就是希望教育独立、学生安心学习吗？是你们非得把学校当作党化教育与政治斗争的地盘，现在领教了这邪气的反噬之痛了吧？

许广平 12 月 19 日的信说：校长的确不干了，教务、总务也换新人。闻听校长推荐了她和一个姓李的右派女人，但她自己决计是不干的云云。[②]

12 月 23 日的信，有几件重要事项。第一，"日前有天津同学邓颖超，她说中大附中有机会做训育员问我愿意不？我姑且先答应她愿意，但能否实现也不可知，训育的味道我尝过了，不愿再尝，但目前也只可用骑马找马之法。"第二，不用担心做校长了，因为她的"厅长"哥哥告诉前校长，自己妹妹继任不大好，又新回来，情形不大熟识；学生又反对，不如那个姓李的，也就是陈公博夫人李励庄继任校长的好。[③] 有意思的是，删节版的两地书中，第二件事没有了，第一件事呢，把"邓颖超"、"训育主任"等字眼都删掉了。[④]

12 月 27 日的信，向鲁迅报告：第一，把自己在学校的东西全搬回家了，以示决绝。第二，原先共事的一些"激烈"同事，"说我是共，有许多反对我的话，说我以为他们是同志，引为同调，现时我看清了他们不是，他们也知我是共云。你看多么可怕，一向努力共同工作的人，现时是这样说我；固然我之非共，你所深知，即对于国民党，我也不过承认为比较的，非绝对的，而且即便是要我献身于党，效死于党，现在尚非其时，我之入党，也有几分预备无聊时消遣自身，而现在则绝对不是时候。"[⑤] 删节版的两地书中，更是

---

① 鲁迅、景宋：《两地书·原信：鲁迅与许广平往来书信集》，中国青年版出版社 2005 年版，第 245、246 页。

② 同上，第 251 页。

③ 同上，第 254 页。

④ 参见《鲁迅全集·第十一卷》，人民文学出版社 2005 年版，第 103 号信件。

⑤ 鲁迅、景宋：《两地书·原信：鲁迅与许广平往来书信集》，中国青年版出版社 2005 年版，第 260～261 页。

把这些内容删改得一塌糊涂。[①] 幸亏现在的原信出版了，我们才能知道，她之当年参加国民党，是为预备无聊消遣的。然则她在北京做学生，在广州做老师，又是预备干吗呢？

许广平在广东女子师范学校为人师表的生涯就这样结束了。从1926年9月13日到12月27日，也就一百多天的日子。仅仅通过她致鲁迅的信件，我们就可知道她做教师兼训育主任是多么失败和不堪了。令人失望和不满的是，从她的信中，没有片言只语由己及人，想到当年杨荫榆做她们校长时的难处，当然，更不能指望她能站到鲁迅论敌——现代评论派的高度，提倡什么教育独立、学生远离政治漩涡、以学业为重的了。更让人失望和不满的是，许广平晚年回忆录中对杨荫榆的评价，仍然找不到任何反省与悔悟之意：

关于她的德政，零碎的听来，就是办事认真，朴实。至于学识方面，并未听到过分的推许或攻击，论资格，总算够当校长了，而且又是破天荒的第一次的女子做大学校长。是多么荣耀呀！在女子方面，我想，这是中国人“重女”的好表示，一个劳什子的杨荫榆，便以为了不得的大人物，终之闹出大大一场把戏，然后下台，这是女界之荣，还是辱？杨荫榆做校长以后怎样呢？她整天的披起钟式斗篷，从大清早出门四处奔走，不知干出什么事体以外，回到校里，不是干涉一下子今天用几多煤，明天撤换什么教员，一屁股往卧室一躺，自然有一大群丫头，寡妇，名为什么校中职员的，实则女仆之不如……学生迫得没法，由各班推举代表亲自见她要求她自行辞职。她起头就叫人在门外干等，末后见面了，又一一问你们姓甚名谁，你们是否真是代表，我有什么错？你告诉我好改，又说我待你们并不坏，支支节节的一大套，到底还是没改良，这样，凭良心，如果没有利诱威迫，丧失人格的外交政策，我敢决个个都是反杨的，我，自然不在话下了。[②]

当然不在话下，所以费了我一年的时间去考证此人的心路历程。行文即

① 参见《鲁迅全集·第十一卷》，人民文学出版社2005年版，第106号信件。
② 许广平：《许广平文集·第一卷》，江苏文艺出版社1998年版，第101页。

将结束之际，作为一个师范大学的教师，作为一个历史学人，我觉得不管从哪方面来讲，我都有必要倡议一下。

第一，不管什么时候、什么时代，我们对于自己的师尊、自己的母校，都应该怀有朴素的感恩之心和情怯之意。

第二，不管什么时候、什么时代，我们都有必要反省自己的历史、民族的历史。

前面说过，日本那个策划“九一八”事变的石原莞尔曾说过中国“官乃贪官，民乃刁民，兵乃兵痞，然后中国的爱国学生是世界上最乱的”，事实上这种观点并不是唯一的，诸多日本人都有这种看法。这里可以再举一个，国民党元老级人物雷震在日本留学时，曾看到一个名叫大谷光瑞的日本和尚，写了一本《对支那议》，书中声称中国有五匪：土匪、学匪、兵匪、官匪、政匪。气得雷震骂他，你才是匪和尚呢。①

骂归骂，但骂过之后是否需要反省一下呢？

许广平终身没有反省，可能是时代的局限和她个人的不悟吧。相形之下，倒是另外一个人让我眼睛一亮，这个人就是国民党元老雷震。雷震 1927 年做过中学校长，但他当时就发现，政治组织渗透学校，忽悠年轻不懂事的学生造反，“其结果则是损毁了整个的教育。将来撰写中国教育史的人们，当然不会忽视这一政策——党化教育——对于中国实际教育之恶劣影响”②。

正是由于有这么一种反省，所以若干年后，雷震才会在台湾地区的国民党中央会议上提出“在学校废除三民主义课程以及军队撤销其党部”等主张。台湾地区学者吕芳上写作出版了《从学生运动到运动学生》，对那个时代的学生运动作了冷静客观的反思与梳理。这让我欣慰，这个民族，总还有那么一些让我仰望的人物，总还有那么一些亮点，让我们心生希望！

参考文献：

[1] 鲁迅，景宋．两地书·原信：鲁迅与许广平往来书信集．北京：中国青年出版社，2005

---

① 范泓：《雷震传：民主在风雨中前行》，广西师范大学出版社 2003 年版，第 76 页。
② 同上，第 43 ~ 44 页。

[2] 许广平．许广平文集·第二卷．南京：江苏文艺出版社，1998

[3] 吕芳上．从学生运动到运动学生．台北：台湾地区近代史研究所，1994

[4] 许广平．许广平文集·第一卷．南京：江苏文艺出版社，1998

[5] 唐德刚．胡适口述自传．北京：华文出版社，1992

[6] 张耀杰．历史背后：政学两界的人和事．桂林：广西师范大学出版社，2006

[7] 鲁迅，景宋．两地书全编．杭州：浙江文艺出版社，1998

[8] 鲁迅研究室．鲁迅研究资料 2. 北京：文物出版社，1977

[9] 鲁迅．鲁迅全集·第三卷．北京：人民文学出版社，2005

[10] 许广平．鲁迅回忆录．北京：作家出版社，1961

[11] 鲁迅．鲁迅全集·第一卷．北京：人民文学出版社，2005

[12] 鲁迅．鲁迅全集·第十一卷．北京：人民文学出版社，2005

[13] 吕云章．吕云章回忆录．上海：龙文出版社，1990

[14] 范泓．雷震传：民主在风雨中前行．桂林：广西师范大学出钣社，2003

[15] 吴海勇．时为公务员的鲁迅．桂林：广西师范大学出版社，2005

[16] 张卫东．1925 年苏联推翻北京政府计划的提出及实施．北京党史研究，1998 年第 1 期

革命与被革命：
鲁迅之身前事与身后名

梳理鲁迅之身前事

天上人间：鲁迅的童年与少年

鲁迅的童年与少年，就是一个从天上到人间的跌落过程。对此鲁迅自述曰："我幼小时候，家里还有四五十亩水田，并不很愁生计。但到我十三岁时，我家忽而遭了一场很大的变故，几乎什么也没有了；我寄住在一个亲戚家，有时还被称为乞食者。我于是决心回家，而我的父亲又生了重病，约有一年多，死去了。"①

这段文字看起来简单。事实上，正是这段生活成就了后来的鲁迅——他性格中的冷峻与多疑，他对世道人心的洞透与深刻，都与这段生活脱不了干系！

1881 年，鲁迅出生于浙江省绍兴府会稽县东昌坊口新台门的周家。这可是当地的大家。

第一，周家七世祖的时候定居东昌坊口的老台门，六世祖的时候中举发达，跃进士大夫阶层。

第二，老台门的周氏家族原先分作三房：致（长房）、中（次房）、和（小房）；后来因生齿日繁，人丁渐增，致房又析为智、仁、勇三个分支，中房也析作恕、慎、裕三个分支；老台门房子不够用，就在不远处新建两处住

---

① 鲁迅："集外集拾遗补编·鲁迅自传"，载于《鲁迅全集·第八卷》，人民文学出版社 2005 年版，第 342 页。

所，一处叫新台门，由致房的智、仁两个分支迁入，一处叫过桥台门，由中房的恕、慎两个分支迁入，其他仍留居在老台门。

第三，老台门旧时曾挂着鲁迅祖父周福清托人写的一幅匾额，上书“巡抚浙江等处地方提督军务节制水陆各镇兼管两浙盐政杨昌浚为钦点翰林院庶吉士周福清立”。拽吧，这个姓杨的，身兼数任，略相当于现在的浙江省长、浙江军区海陆军总司令兼浙江盐政厅厅长，政权、军权、财权全拿。至于主人，也就是鲁迅的祖父周福清（号介孚），进士出身，殿试三甲钦点翰林院庶吉士，身价也不低。万恶的旧社会就这点不好，上面有人，朝中有官，都在大院门口高高亮明……所以我估摸着百姓家的狗从此路过，都不敢叫唤一声的！

第四，移居到新台门的智房，以后分支为兴、立、诚（成）三房（鲁迅家属于致房下的兴房），仁房以后分支为礼、义、信三房，所以新台门居住着周氏六房人口。1919 年六房联手出售新台门时，全部房屋面积合计 1125 平方米，确实是个聚族而居的大庭园。

鲁迅一出生，位置就很优越：体面的大少爷，长门长房长孙！这一切，决定了鲁迅童年的幸福！连鲁迅自己都说：“我生在周氏是长男，‘物以稀为贵’，父亲怕我有出息，因此养不大，不到一岁，便领到长庆寺里去，拜了一个和尚为师了。”① 幸福的日子就这样开始了。

这孩子不缺爱。父母、祖父母，甚至曾祖母也还健在，他们对鲁迅都很疼爱。

曾祖母年事已高，端坐在房门口那把石硬的太师椅上，一副严肃的样子。二三岁的鲁迅便很会“调戏”这老人家了，他从门前走过，假装不小心跌倒在地，曾祖母看见，便会吃惊地大叫：“啊呀，阿宝，衣服弄脏了呀！”鲁迅爬起，过些时候再去玩假跌。② 真是坑他奶坑得不亦乐乎。

祖父周福清，翰林院庶吉士，三年后散馆，选授江西金溪知县。按那时的官场规矩，翰林外放知县，俗称“老虎班”，不但得缺容易，就是上司也礼

---

① 鲁迅：“且介亭杂文末编 · 我的第一个师父”，载于《鲁迅全集 · 第六卷》，人民文学出版社 2005 年版，第 596 页。

② 朱惜等：《鲁迅在绍兴》，浙江人民出版社 1981 年版，第 40 页。

让几分，因为是大翰林下放嘛。加之这人素来自负，据说平时只夸一个人，这个人就是他爹，连慈禧与光绪都被他骂作昏太后与呆皇帝，其他就甭提了。不过这人做官也没啥政绩可言，两江总督沈葆桢参奏他“办事颟顸”，最后的结果是革职改任教职，他不愿意，且吏部也没给批下来，等于退职了。于是在官场同人的指点下上京捐纳，最后捐到手一个内阁中书——国务院科级小秘书。陪他在北京的是姨太太潘氏和潘氏生的小儿子凤升，所得不多，自然给家寄钱有限，搞得鲁迅的曾祖母都嫌这儿子不地道。好在这个喜欢骂人的爷爷轻易不在家，偶尔在家大伙也都躲他。鲁迅出生后他很高兴，给鲁迅起名“樟寿”，字“豫山”。后来鲁迅嫌不好听，又给改为“豫亭”，再改为“豫才”，总之希望这孩子成才的意思。

鲁迅的祖母蒋氏（亲祖母孙氏生下鲁迅父亲后不久就死了），乃周福清续娶的继室。这个蒋奶奶曾落到过太平军手中，意味着贞操有失，所以常被鲁迅祖父骂作“长毛嫂嫂”，但她说话诙谐幽默，对鲁迅兄弟几个也特别宠爱，不容任何人欺负。夏天的晚上，鲁迅躺在祖母身边，祖母摇着扇子，给孙儿们讲不完的长毛太平军，还有水漫金山的故事。

父亲周用吉（原名凤仪，号伯宜）是县学生员，相当于秀才，正奔走在传统的科举之道上，为了一个举人的头衔屡败屡战。他对孩子们还比较和善宽容。鲁迅的万花筒就是父亲送的玩具，被好奇的鲁迅拆得七零八落，终至无法复原。

母亲鲁瑞，举人家的女儿，据鲁迅说，她以自修得到能够看书的学力，为人做事比较开明大气。

除此之外，鲁迅还有一位特别的亲人，那就是他的文章中曾多次出现过的、他的保姆“长妈妈”。这个长妈妈不但给鲁迅讲了很多的长毛太平军故事，还给鲁迅搞来了“最初得到，最为心爱的宝书”——绘图版的《山海经》，激动得这孩子“似乎遇着了一个霹雳，全体都震悚起来”①。

这孩子有玩耍的乐园——新台门后园，也就是鲁迅文章中的百草园。那

① 鲁迅：“朝花夕拾·阿长与〈山海经〉”，载于《鲁迅全集·第二卷》，人民文学出版社 2005 年版，第 255、254 页。

是怎样的一个世界呢？鲁迅在自己的《从百草园到三味书屋》中有童话世界般的描述：

> 不必说碧绿的菜畦，光滑的石井栏，高大的皂荚树，紫红的桑葚；也不必说鸣蝉在树叶里长吟，肥胖的黄蜂伏在菜花上，轻捷的叫天子（云雀）忽然从草间直窜向云霄里去了。单是周围的短短的泥墙根一带，就有无限趣味。油蛉在这里低唱，蟋蟀们在这里弹琴。翻开断砖来，有时会遇见蜈蚣；还有斑蝥，倘若用手指按住它的脊梁，便会“啪”的一声，从后窍喷出一阵烟雾。何首乌藤和木莲藤缠络着，木莲有莲房一般的果实，何首乌有臃肿的根。有人说，何首乌根是有像人形的，吃了便可以成仙，我于是常常拔它起来，牵连不断地拔起来，也曾因此弄坏了泥墙，却从来没有见过有一块根像人样。如果不怕刺，还可以摘到覆盆子，像小珊瑚珠攒成的小球，又酸又甜，色味都比桑葚要好得远。[①]

到了冬天，如果下有积雪，就可捕鸟了，这技术还是鲁迅小说《故乡》中的闰土（原型叫章闰水）教的：下了雪，扫出一块空地来，用短棒支起一个大竹匾来，撒些秕谷，看鸟雀来吃时，远远地将缚在棒上的绳子只一拉，那鸟雀就罩在竹匾下了。

这孩子也读书。1887 年，七岁的鲁迅开始读书了，读的是私塾，塾师乃远房叔祖周玉田，小名蓝。他很喜欢孩子，孩子们都叫他“蓝爷爷”。就是在他的影响下，鲁迅才知道世界上有一套很有意思的绘图书名叫《山海经》，从此他开始用自己的零用钱收集购买各种绘图版书籍，沉浸于收藏与阅读的乐趣中。1891 年，鲁迅又跟着周玉田的哥哥周花塍读了三个月的书。之后，鲁迅又改从另一个远房叔祖周子京读书，周子京小名阿明，所以孩子们都称他“明爷爷”。1892 年，鲁迅进了绍兴城内有名的书塾——三味书屋。塾师寿镜吾，博学严格，为人正直，但很少体罚学生，对聪明好学的鲁迅也极重视，

① 鲁迅：“朝花夕拾 · 从百草园到三味书屋”，载于《鲁迅全集 · 第二卷》，人民文学出版社 2005 年版，第 287 页。

师生之间情谊深重。至于读书的情境，在《从百草园到三味书屋》中也有极有趣的描写，本是老师让孩子们读书，但老师往往比孩子们读得更陶醉更沉入，于是孩子们在下面大玩纸糊的盔甲游戏，鲁迅呢，干脆描图绘画了。

这孩子在家，除了看闲书，描图绘画，还跟兄弟们玩戏剧，比如在床上和弟弟演兄弟分散而沿路寻找的故事，双方嘴里不断地喊着“大哥呀、贤弟呀”，直到喊得很凄苦了，这才罢休。去安桥头的外婆家做客，白天跟农村的孩子掘蚯蚓、钓虾、放牛，晚上在村头听大人聊天讲故事，至于邻村上演社戏，那更得去凑个热闹了，回来时在岸边摘罗汉豆，在船上煮了吃。对此，鲁迅的《社戏》中也有精彩的描写。后来他回忆说，再也没有看过那么好看的戏、吃过那么好吃的豆了！

怎么说呢？如果央视记者采访鲁迅，你幸福吗？我猜他的回答也将是：我姓曾！因为这一切的幸福，都在1893年戛然而止。

1893年，鲁迅曾祖母去世，周福清回家奔丧丁忧。因明年乃慈禧太后六十岁“万寿”，所以光绪皇帝颁旨在全国各省举行“恩科”试，按例乡试就得在1893年举行，来年再举行会试、殿试。打听到浙江的乡试主考殷如璋乃周福清的同科进士，也不知谁挑的头，当地五家有考生的望族亲友就凑了一万两洋银，央求周福清去买通主考，赚取举人。当时见个乡试主考官，跟现在见个省高招办主任一样，没有门道，你连人家影儿都找不着。即使是同年，如果主考官进了杭州，周福清也是见不得的。所以他就带了跟班，去苏州截人去了。他给殷如璋写了一封信，除了那五个亲友的子弟，还把自己儿子，也就是鲁迅父亲周用吉的名字附了上去，试卷上的识别暗号也一一写明，并将一张“凭票洋银一万元”的字条附入封套，差人递了上去。递的时候，恰恰副主考周锡恩也在船上，殷如璋当然知道信里有文章，所以并未拆阅，而是放在了茶几上。周锡恩呢，不知是装傻，还是故意，就是不走，所以殷如璋继续与周锡恩闲谈，未承想差人在外等急了，大声嚷嚷：一万两的银信呢，为嘛不给个回条？事儿就这样让猪脑子的差人给踢爆了。主考不得不让副主考同志拆阅，并上报地方政府，啧，有人想贿赂我呢……

周福清先是潜逃，后是投案自首。这期间鲁迅被母亲送到大舅父处寄养了一段时间。常言说树倒猢狲散，这猢狲当然也包括外家——见外的外，一边叫外公外婆，一边称外甥，反正有些见外。鲁迅又是个聪慧敏感的少年，所以亲戚嘀咕一句“要饭的”，让他的心灵备受伤害。不知这亲戚是外家何人，但是直到今天，在乡下，我们还可以发现，外家不待见外甥还是一大传统，民间更是产生诸多外甥受气歌，什么“拉大锯，扯大锯，姥姥门前唱大戏。请闺女，叫女婿，小外甥，也要去，一巴掌，打回去”；什么“黑老鸹，胖墩墩，俺去婆家住一春。外婆看见怪喜欢，妗子看见瞅两眼。妗子妗子你别瞅，豌豆开花俺就走！”就是鲁迅的外婆家，也流行同样性质的儿歌：“车，车，车，车到外婆家，外婆留吃茶，舅母懒烧茶。”瞧，又是妗子！据我的经验，最不待见外甥的应该是妗子，而且她可以理直气壮地赶外甥走，并且待外甥吃饭时半玩笑半当真地说一些“回家背粮食去”之类的风凉话。所以民间还有“外甥哭妗子，想起来一阵子”的谚语。

这是外家，在自家就不受伤害吗？非也。周福清投案后，地方官府不管是出于私谊，还是出于官官相护，甚至为地方脸面与政绩，也都有意替他开脱，何况高考舞弊，社会常态，大家都心知肚明，只不过你倒霉事发而已。先是地方官说他原来患过神经病，因为丧母的刺激再次错乱，导致犯罪。但是周福清不领这个情，不但不承认自己神经有毛病，反而振振有词地列举出历届疏通关节而中举的人名，试图说明，大家都是这么来的，为嘛就治我？这一点冤屈心理，现在的事发贪官都有：明明大家都贪，为嘛就反到我头上？他们假装不知道，确实是大家都贪，不是你用力不慎，把那层薄膜给捅破了吗？不治你治谁呢？净给大家丢人。后是刑部上报，说什么“拟以斩决，未免过严”，应请于“斩罪上量减一等，拟杖一百，流三千里”[①]。可是咱们的好皇帝光绪同志不愿意，高考舞弊越来越严重，不严惩一下，如何给全国人民一个交代？何况高考舞弊咱历来严惩，严重者立斩呢。那啥，“周福清著改为斩监候，秋后处决，以肃法纪，而儆效尤。”[②] 斩监候，就是死缓。这缓的过程中，周家就缓不过气来了：之前，四五十亩水田已变卖了一半；现在，

---

① 松溎：“奏报刑部遵旨议结周福清贿赂案事折”，载于《清代档案史料丛编·第九辑》，中华书局1983年版，第272页。

② “谕著周福清斩监候秋后处决”，载于《清代档案史料丛编·第九辑》，中华书局1983年版，第272页。

每年秋天都得打点，否则说不定哪个秋后人就真被斩了，这样监候下来，居然是七年的时间。鲁迅的父亲受其父牵连，不但没有中了举，连原先的生员资格都被革了。从此脾气变坏，一病不起，还染上了大烟瘾。而体面的大少爷鲁迅的主要业务就是出入于当铺与药店之间了。1896年，鲁迅父亲去世，剩下的一半水田又全部卖了。周家这一支彻底破产。

鲁迅自称"破落户子弟"，他说："我的祖父是做官的，到父亲才穷下来，所以我其实是'破落户子弟"，不过我很感谢我父亲的穷下来（他不会赚钱)，使我因此明白了许多事情。"①

明白哪些事情呢？人情冷暖世道人心呗。他说："有谁从小康人家而坠入困顿的吗，我以为在这途路中，大概可以看见世人的真面目"②。这世人，除了前面我说的外家，居然也包括自家。其一，鲁迅父亲一过世，族中的长辈就开会商议房屋分配之事，想把最差最小的房子分给他家，让这个十几岁的小小少年备受伤害！其二，族中一位叔祖母告诉鲁迅，想花钱太容易，你娘有恁多首饰呢。事后却又放出飞短流长，说鲁迅偷了他娘的首饰，把小小的鲁迅给气坏了。

外家、自家都这样了，那周遭的人呢？大家可以联想一下药家鑫案子、李天一案子、雷政富案子，不管啥案子，只要你沾一点传说中的官气，然后突然栽了，世人呈现给你的，只能是人民群众的批斗与狂欢。其他不说，只说一个版本，鲁迅去"恒济当"当狐皮袍子，那里的夏老板还是鲁迅祖父的旧交呢，可是"当他从账房先生手中接过典当来的钱时，夏老板捧着白铜水烟袋踱出来了，一看，神采飞扬地叫了起来：'唉！又是周大少爷。尊府真不愧为翰林府，拖到如今，还有狐皮袍子让我们开眼界……哈哈……哈哈……'"③

这就是人间世，中国版的。所以我一直认为，鲁迅的性格，鲁迅的洞透与深刻，大大得益于他这次从天上到人间的跌落。没有这次跌落，鲁迅也将不成其为鲁迅。以后，不管是文学中的解剖，还是现实中的观察，鲁迅都没有寄希望于革命的发生和制度的改变，他的靶子，永远是世道人心。世道人

---

① 鲁迅："书信·致萧军"，载于《鲁迅全集·第十三卷》，人民文学出版社2005年版，第528页。
② 鲁迅："呐喊·自序"，载于《鲁迅全集·第一卷》，人民文学出版社2005年版，第437页。
③ 曾智中：《三人行：鲁迅与许广平、朱安》，中国青年出版社1990年版，第11页。

心不改，任何革命、任何制度都会被异化。或者说，人就是制度，制度就是人。这是鲁迅的高超之处，也是我最佩服他的地方！因为他以文学的手法，给严、梁等启蒙大家的新民理论——“民智、民德、民力”三者的不可缺一做了最好的注解！

鲁迅要逃亡。他不想做幕友（尽管没做这一行，但方家认为，他的性格与文字还真是继承了法家刑名的理智冷峻及绍兴师爷的刀笔吏风格），也不想做商人（这个也得有后援才行），这是当地破落户子弟所常走的两条路，而他只想继续上学。所以母亲给他筹办了一点旅费，叫他去寻无需学费的学校去。1898 年，18 岁的鲁迅逃离故乡，这意味着，鲁迅的少年时代结束，开始步入了他的青年时代。用他的说法是：“走异路，逃异地，去寻求别样的人们”①，因为“S 城人的脸早经看熟，如此而已，连心肝也似乎有些了然。总得寻别一类人们去，去寻为 S 城人所诟病的人们，无论其为畜生或魔鬼。”②

走异路，逃异地，寻求别样的人们

1898 年，虚岁 18 的浙江绍兴官二代子弟鲁迅抱着“走异路，逃异地，去寻求别样的人们”的宗旨报考了南京水师学堂。之所以报考这学堂，一是鲁迅的堂叔祖周椒生在这里教汉文兼管轮堂监督；二是这学堂是公费，每月能发少量的赡银。不过，由于周椒生认为本族子弟进学堂当兵不大好，至少不宜用本名，所以给他改名周树人。

鲁迅 5 月入学，经过三个月的试读后补为正式生，分在管轮班。但不到半年他就不满意了：对师资不满；对学校的氛围不满；对学校的地域歧视不满——“暗暗限制某些人永远不能升学舱面上驾驶之类的工作；而有些人则像天之骄子似地必然一来就学驾驶。③ 于是鲁迅选择了弃学，改投江南陆师学堂新附设的矿务铁路学堂（简称矿路学堂），于 10 月考入。

与此同时，鲁迅还脚踩了另一只船，也就是传统的科举考试。12 月，由

① 鲁迅：“呐喊·自序”，载于《鲁迅全集·第一卷》，人民文学出版社 2005 年版，第 437 页。
② 鲁迅：“朝花夕拾·琐记”，载于《鲁迅全集·第二卷》，人民文学出版社 2005 年版，第 303 页。
③ 许广平：“鲁迅先生的学习精神”，载于《欣慰的纪念》，人民出版社 1981 年版，第 105 页。

于矿路学堂推迟入学时间，待在家乡等候入学的鲁迅参加了会稽县考。县考初试后还有三次复试——周作人在另一处又说是四次，不管几次吧，有意思的是，周作人说他大哥根本没参加复试，初考后因四弟之丧无心复试，且之后就匆匆奔赴南京上学去了。但次年发布的县考大案上，鲁迅居然榜上有名。之后府考，鲁迅依然榜上有名。不用说，有人替考了。周作人说，这是母亲在亲友的怂恿下找了一个枪手代鲁迅参考，争取保留一个资格，以备日后再应院试，博得一个秀才名位什么的。① 鲁迅毕竟是官宦之家，祖父前面闹个著名的科场贿考，让家族败落；母亲依然不弱，还能用出替考这种招儿来。周作人没有交代清楚，县试中那三四次的复试，鲁迅咋过来的，只交代府试是他娘托人替考的，花费也就是两三块钱。② 只不过鲁迅读的洋学堂，后来没用到这条船而已。

矿路学堂于 1899 年 2 月开学。洋务派开办这学校的主要目的是采煤，所以学校的功课以矿务为主，鲁迅感到非常新鲜。虽然生理学并不教，但鲁迅却看到些木版的《全体新论》和《化学卫生论》之类，和先前父亲生病时医生的议论和方药比较起来，“便渐渐的悟得中医不过是一种有意的或无意的骗子，同时又很起了对于被骗的病人和他的家族的同情；而且从译出的历史上，又知道了日本维新是大半发端于西方医学的事实。”③ 这一切影响了鲁迅后来的发展路径。

1902 年 1 月，鲁迅以优异的成绩毕业于矿路学堂。鲁迅事后回忆说：“毕业，自然大家都盼望的，但一到毕业，却又有些爽然若失。爬了几次桅，不消说不配做半个水兵；听了几年讲，下了几回矿洞，就能掘出金银铜铁锡来吗？实在连自己也茫无把握，没有做《工欲善其事，必先利其器论》的那么容易。爬上天空二十丈和钻下地面二十丈，结果还是一无所能，学问是‘上穷碧落下黄泉，两处茫茫皆不见’了。所余的还只有一条路：到外国去。”④

1902 年 3 月，在矿路学堂总办俞明震的带领下，鲁迅以“南京矿路学堂

---

① 周作人：《鲁迅小说里的人物》，河北教育出版社 2002 年版，第 284 ~ 285 页。
② 周作人：《知堂回想录》，三育图书有限公司 1980 年版，第 51 页。
③ 鲁迅：“呐喊·自序”，载于《鲁迅全集·第一卷》，人民文学出版社 2005 年版，第 438 页。
④ 鲁迅：“朝花夕拾·琐记”，载于《鲁迅全集·第二卷》，人民文学出版社 2005 年版，第 307 页。

毕业奏奖五品顶戴”的官费资格东渡日本留学。在写给弟弟周作人的信中，他说自己要入读成城学校——日本为留学生开设的一所陆军士官预备学校。当时凡进成城学校的留学生，均由中国留学生陆军监督审批，所以鲁迅未能进入——说实话，真想不出鲁迅学军事会是个什么样子，正如以后让他掂着手术刀做医生我也不敢相信一样，最后他入读的是东京弘文学院（日本专为中国留学生创办的速成性质的学院，普通科二至三年，速成科有六个月、八个月、一年、一年半不等），入编江南班（班次以学生省籍编排）。鲁迅后来回忆说，在入学不久的一天，学监居然集合他们，说：你们都是孔子之徒，所以今天到孔庙里去行礼罢！这让鲁迅大吃一惊，正因为绝望于孔夫子和他的之徒，才到日本来的，怎么到了日本还要拜？①

确实要拜，日本这个民族喜新不厌旧，可以一手搂着日本传统文化，一手搂着中国儒家文化，同时还能伸出第三只手去拥抱欧美文化。总之，要传统有传统，要现代有现代，没有为了现代，一脚把传统踩地上，或者像中国那样，不是东风压倒西风就是西风压倒东风。

8月，鲁迅遇上了学潮。当时由于留日学生激增，清政府由驻日公使蔡钧出面与日本政府议定，对中国留学生入军事学校加以限制：非官费生不得入日本士官学校；非由驻日使臣签发证件不许入士官学校。带领广东留学生住在东京的广东大学堂教师、同时也在弘文学院自费读书的吴稚晖替读不上军校的同学抱不平，和孙叔方等二十六名留学生大闹使馆。蔡钧邀来日本警察帮忙驱散，并将吴、孙二人拘捕，由日本内务部下令将二人解送回国。押送途中，吴稚晖跳河自杀，迅即被日本警察捞出来了——这次行为艺术被章太炎骂作“欲诈为自杀以就名，不投大壑而投阳沟，面目上露”②。留学生会馆为此召开大会，决定各校一律停止上课以待交涉；弘文学院的自费生也不断申请退学，院方遂决定停课一周以待缓和。

有意思的是，鲁迅对国民党元老吴稚晖的第一印象也不好。鲁迅这个时候虽然没有上了革命的道儿，但也没落革命的场，课余时间经常赴会馆、跑

① 鲁迅：“且介亭杂文二集·在现代中国的孔夫子”，载于《鲁迅全集·第六卷》，人民文学出版社2005年版，第326页。

② 章太炎：“复吴敬恒书”，载于《章太炎政论选集·上册》，中华书局1977年版，第380页。

书店、往集会、听讲演，就跟吴稚晖遭遇上了。他说："我第一次所经历的是在一个忘了名目的会场上，看见一位头包白纱布，用无锡腔讲演排满的英勇的青年，不觉肃然起敬。但听下去，到得他说'我在这里骂老太婆，老太婆一定也在那里骂吴稚晖'，听讲者一阵大笑的时候，就感到没趣，觉得留学生好像也不外乎嬉皮笑脸。'老太婆'者，指清朝的西太后。吴稚晖在东京开会骂西太后，是眼前的事实无疑，但要说这时西太后也正在北京开会骂吴稚晖，我可不相信。讲演固然不妨夹着笑骂，但无聊的打诨，是非徒无益，而且有害的。"①

我最欣赏的就是鲁迅这一点，在革命的传销会场上，仍不失独特的冷静与清醒、洞透与深刻。那么鲁迅不革命吗？不，鲁迅当然革命，只不过，他的革命是自主的、鲁式的，基本不受外人的裹挟，有自己的理念与方式。这年9月，鲁迅认识了后来的终身好友、弘文学院浙江班的许寿裳，两个人大谈中国人命太不值钱，越谈越投机，越谈越凄然，以后见面也是每谈中国民族性的缺点，两人归结为中国人太缺少诚和爱，而两次异族统治让中国人做了奴隶，诚和爱更无从谈起，而唯一的救济方法，乃是革命。②

直到今天，我觉得诚和爱仍是中国民族性里最缺少的两根弦儿。但是跟异族统治扯不上干系，本族统治，中国人就有诚和爱了吗？远的不说，只说前面有大明统治，清朝后期差点换上洪秀全统治，诚和爱在哪儿呢？何况历史书上歌颂的远古的汤武革命，哪个又不是异族驾临呢？

11月，鲁迅与许寿裳、陶成章等浙江籍留日学生在东京组织浙江同乡会，会上决定出版的月刊《浙江潮》，成为留日学界宣传革命的重要刊物之一。鲁迅从创刊时起，就订购保存并积极撰稿支持。所撰稿子除了翻译各种欧美小说，还有矿物地质论文等。有那眼明心亮的学者，从他发表的小说与论文的字缝里读出，鲁迅是反对康有为君主立宪、提倡革命共和的。给人的感觉，生怕鲁迅革命精神不够似的，生拉硬拽也得往革命方向扯一把。这一切决定了我写此文的线索有两条，一是鲁迅当时到底有多革命；一是鲁迅后世如何

---

① 鲁迅："且介亭杂文末编·因太炎先生而想起的二三事"，载于《鲁迅全集·第六卷》，人民文学出版社2005年版，第578页。

② 许寿裳："回忆鲁迅"，载于《我所认识的鲁迅》，人民文学出版社1952年版，第59～60页。

被革命。

1903年3月，由于对学校的诸多规章制度不满，鲁迅又和同学参加一次退学罢课活动，最后以校方妥协而告终。值得一提的是，鲁迅还是江南班中第一个剪掉辫子的，虽然受到头顶盘辫如富士山的同学的耻笑，更受到学生监督（官费生每省有监督一人）的斥责，扬言要取消他的官费并把他送回国去，但是鲁迅还是胜了。事后他说："假如有人要我颂革命功德，以舒愤懑，那么，我首先要说的就是剪辫子。"①

在这里，不得不指明的是，后来的新文化运动旗手、中国反传统文化的激进主义者鲁迅，并不比辜鸿铭高超。据沈从文回忆，他在北大做旁听生时，当辜老师神气地走向讲台时，台下学生一阵哄笑，老辜却从容不迫地跟学生说："你们不要笑我这条小小尾巴，我留下这并不重要，剪下它极容易。至于你们精神上那根辫子，据我看，想去掉可很不容易。"② 于是，少数人继续发笑，多数人都沉默了。幸亏是民国，若是20世纪60年代的北大讲台，学生不把老辜当反革命学术权威打死才怪呢！

11月，鲁迅参加了鼓吹革命的"浙学会"。此会乃"光复会"的肇始。当时日俄战争即将爆发，大家认为战争势必延长，正是回国搞革命的绝好时机。也不知是鲁迅表现得确实激进，还是20世纪60年代的回忆者故意为之涂饰——鲁迅弘文学院的同学、光复会骨干沈瓞民1961年回忆说，那时候的鲁迅革命意志坚决，认为改良必败，誓做"革命之骁将"，"战斗精神""光芒四射"③ 云云。这就又有些被革命的嫌疑了。我们看到的结果是，鲁迅并未回家搞革命，他在继续求学中。

1904年2月，日俄两国正式宣战，清政府划分辽河以东大片疆土为交战区，并宣布严守中立。有日本人讥笑鲁迅："为什么不回去流血，还在这里读书做什么？"④ 注意，日本人如此讥笑，是觉得中国人不可思议，居然容忍两

① 鲁迅："且介亭杂文·病后杂谈之余"，载于《鲁迅全集·第六卷》，人民文学出版社2005年版，第195页。

② 凌宇：《沈从文传》，北京十月文艺出版社2003年版，第154页。

③ 鲁迅博物馆、鲁迅研究室：《鲁迅年谱·第一卷》（增订本），人民出版社2000年版，第114页。

④ 周建人：《回忆大哥鲁迅》，上海教育出版社2001年版，第67页。

个强盗在自己家打架，而不是叫他们回家，乘政府焦头烂额之际，在背后猛踹一脚搞什么幺蛾子革命！

4月，鲁迅从弘文学院结业（费时两年），拿到一张“日本语及普通速成科”文凭。按清政府的规定，鲁迅这个时候应该升入东京帝国大学工科所属的采矿冶金科学习，但鲁迅不干了，他想学医。理由大致是：第一，西医对日本的维新有助力；第二，预备毕业回国救治像他父亲那样被误治的病人的痛苦，一面也可以促进国人对于维新的信仰；第三，牙疼，鲁迅自幼牙齿不好，学医也算有切肤之痛吧。不知是没有回家搞革命不好意思，还是鲁迅看不惯一些留日学生的吃喝玩乐，所以他选择了远离东京、地处东北的偏僻小城镇的仙台医学专门学校。中国驻日公使兼留学生监督杨枢向该校校长发出照会，介绍鲁迅入校。那边热烈欢迎，鲁迅成了该校第一个中国留学生。

9月，鲁迅入学仙台医专，学制四年。学校不但不收他的学费，几个职员还为他的食宿操心，高兴得鲁迅马上用省下来的钱买了一块表。就是在这里，鲁迅认识了他的“藤野先生”。虽然藤野先生对鲁迅很偏爱，且鲁迅的功课大都能及格，但鲁迅还是对于医专生活产生了不满，第一是死记硬背太烦人：“校中功课，只求记忆，不须思索，修习未久，脑力顿锢。四年而后，恐如木偶人矣。”第二是上课太多，没有闲暇时间搞自己所爱好的译述活动：“而今而后，只能修死学问，不能旁及矣，恨事！恨事！”① 说实在的，上大学想旁及其他事或者偷懒翘课，那绝对不能选择医学的，至少要选文科，比如我们历史系。我四年大学下来，好多老师我都不认识的。教育系一个哥们儿说，他们一个同学去交作业，楼道里碰见一个正在炒菜的老师，遂问曰：我找某某某老师。那炒菜的老师回曰：我就是！

11月，蔡元培、陶成章等人在上海成立光复会。12月，陶成章在日本成立光复会东京分部，浙学会的老同志纷纷加入，鲁迅应该也是第一批加入的。具体时间应该是寒假期间，1904年年底或者1905年年初。

1905年8月上旬，在东京过暑假的鲁迅参加了留学生为孙中山组织的欢迎大会。孙中山在会上做长篇演说，批判改良派“中国今日只可为君主立宪，

① 鲁迅博物馆、鲁迅研究室：《鲁迅年谱·第一卷》（增订本），人民出版社2000年版，第143页。

不能为共和”的观点，指出“言中国不可共和是诬中国人”。据说“鲁迅对孙中山的革命活动十分敬仰”[1]，当然，孙中山的同盟会8月中旬才由兴中会、华兴会、光复会合组而成，而鲁迅所在的光复会还没跟同盟会闹矛盾呢；等闹了矛盾，特别是同盟会刺杀了陶成章之后，鲁迅内心里是否还敬仰中山先生，就需要打个问号了。何况光复会的章太炎、徐锡麟都对老孙很不屑的。章太炎人称章疯子，不但骂孙中山还骂袁世凯。徐锡麟也牛，刺杀安徽巡抚恩铭被逮后，清府讯问他：“受孙文教令耶？”徐回说：“孙文何等鲰生，能令我哉？”被捕时还有口供曰：“我与孙文宗旨不同，他亦不配使我行刺。”[2] 鲰生，小鱼。古代一用以骂人，指短小愚陋之人；二是自谦词，相当于鄙人吧。鄙人很喜欢小徐这神气劲儿，他那些话翻译成普通话，就这么一句：孙文算什么东西。

1905年冬，鲁迅与光复会同志一起前往横滨迎接新来日本留学的同乡徐锡麟（光复会骨干）、范爱农（徐锡麟学生）、龚宝铨（光复会创始人之一，章太炎女婿）等十余人。其中有两个细节，让鲁迅很是摇头：第一，关吏在一行人的箱子里发现一双绣花的弓鞋，便放下公事，拿着仔细地看，这让鲁迅很不满地摇头了：“这些鸟男人，怎么带这东西来呢？”第二，待上了火车，“不料这一群读书人又在客车上让起座位来了，甲要乙坐在这位上，乙要丙去坐，揖让未终，火车已开，车身一摇，即刻跌倒了三四个。”鲁迅更不满地摇头了：“连火车上的座位，他们也要分出尊卑来！”就这样在摇头中把他们一并运入东京了。[3] 有意思的是，鲁迅的摇头叫范爱农等人看在眼里记在心头，后来干脆告诉鲁迅，我们都对你不满，居然看不起我们，大摇你的头！哼！

这一年年底，鲁迅照例在东京过寒假，正赶上东京留学生抗议《清国留学生取缔规则》——日本文部省应清政府之请颁发的，主要目的无非是让留学生好好学习，约束和限制他们利用留学搞革命或者混文凭——用鲁迅弟弟

---

① 鲁迅博物馆、鲁迅研究室：《鲁迅年谱·第一卷》（增订本），人民出版社2000年版，第150页。

② 陶成章：“浙案纪略”，载于《辛亥革命·三》，上海人民出版社2000年版，第58、81页。

③ 鲁迅：“朝花夕拾·范爱农”，载于《鲁迅全集·第二卷》，人民文学出版社2005年版，第323～324页。

周作人的话来讲，找他大哥闲扯淡的，不是亡命者，就是懒得上学的人，他们什么时候都是空闲的，也没啥星期天不星期天。[①] 对这种鸟规定，留学生当然要反对啦，八千多人卷入罢课风潮。12 月 5 日的抗议大会，鲁迅和许寿裳一起参加了，会上成立了中国留学生联合会作为罢课活动的领导机构，为保证罢课的顺利进行还成立纠察队作为罢课活动的监视机构。正在实践女校读书的鲁迅老乡秋瑾在大会上发言，她和吴弱男一起被推举为联合会女生代表，并选为纠察队分区小队长。问题是会上分成了两派，一派主张坚持罢课，并立即退学回国以示抗议，这一派谓之联合会派，也称激进派，秋瑾当然属于这一派。另一派不主张长时间罢课，不主张退学回国，这一派主要是官费生和老生，有许寿裳、陈叔通、汪精卫、胡汉民、朱执信、鲁迅等。他们有的认为半途放弃学业可惜；有的认为“取缔”二字的内容不过是管理的意思，并无什么不好；有的认为此乃日本立法，中国留学生无权过问。这派人成立“东京维持学界同志会”，谓之“维持会派”。鲁迅还认捐一元钱作为组织的活动经费，表示支持。

12 月中旬，联合会派的留学生纷纷退学回国。12 月底秋瑾也决定退学回国，浙江留学生同乡会为她召开送行会。会上她激昂地说：“归国后，若有人投降满虏，欺压汉人，吃我一刀!”[②] 声音刚出，只见她从靴筒中抽出一把短刀，啪的一声插在讲演台上。鲁迅也参加了这个会，按周作人的回忆，是这个味儿的：“秋瑾与鲁迅同时在日本留学，取缔规则发表后，留学生大起反对，秋瑾为首，主张全体回国，老学生多不赞成，因为知道取缔二字的意义并不怎么不好，因此这些人被秋瑾在留学生会馆宣告了死刑，有鲁迅、许寿裳在内，鲁迅还看见她将一把小刀抛在桌上，以示威吓”[③]。“以前她在东京，在留学生中间有很大的威信。日本政府发表取缔规则，这里当然也有中国公使馆的阴谋在内，留学生大起反对，主张全体归国，这个运动是由秋瑾为首主持的。但老学生多不赞成，以为‘管束’（取缔）的意思虽不很好，但并不限定只用于流氓私娼等，从这文字上去反对是不成的，也别无全体归国之

① 周遐寿：《鲁迅的故家》，上海出版公司 1952 年版，第 334 页。
② 徐双韵：“记秋瑾”，载于《秋瑾史料》，湖南人民出版社 1981 年版，第 28 页。
③ 周遐寿：《鲁迅的故家》，上海出版公司 1952 年版，第 298 页。

必要。这些人里边有鲁迅和许寿裳诸人在内，结果被大会认为反动，给判处死刑，大会主席就是秋瑾。据鲁迅说她还将一把小刀抛在桌上，以示威吓。”①之后秋瑾逢机会就骂维持派无心无肝，形同死人云云。

革命确实不是请客吃饭，激进者向来理直气壮地抨击不跟他们一块激进的。革命的吊诡由此出现，革命的目的本是自由，但在革命的过程中，革命者自己并不遵守自由之底线——消极自由，别人没有说不的自由，否则以反革命论处，所以，革命的悲剧苗头，在革命的过程中就可以发现的。可惜中国的主流话语系统，事后还坚持发现不了这一点。

需要说明的是，退学回国的那些人，也并不都是革命去了，相反，清政府为他们开特科考试，有些人又考上清政府的公务员了，比如章宗祥、曹汝霖等。至于取缔规则，日本政府也并没有实行。反正人家收了你学费，你爱干嘛干嘛。所以，日本当时专为中国留学生开办的各种培训班、速成班被人称作野鸡大学，也就可以理解了——1906 年，清廷举行首次留学生归国考试，结果名列前茅者都是欧美留学生，应试的留日生集体性地名落孙山。②

1906 年 1 月，鲁迅又回他的医专学习去了。老师课余放些日俄战争的幻灯片，里面除了日本战胜俄国，还有傻不拉叽的中国人，给俄国人做侦探，被日本人逮了，要枪毙了，围观的也是一群傻不拉叽的中国人，这让鲁迅深受刺激。与此同时，身旁的日本学生拍掌欢呼，又让鲁迅多一重刺激。他明白了，“医学并非一件紧要事，凡是愚弱的国民，即使体格如何健全，如何茁壮，也只能做毫无意义的示众的材料和看客，病死多少是不必以为不幸的。所以我们的第一要著，是在改变他们的精神，而善于改变精神的是，我那时以为当然要推文艺。”③ 他决定弃医从文。

伟大的拐点：弃医从文

1906 年 3 月，大二医专学生鲁迅退学了。许寿裳问他为嘛退学，他回的

① 周作人：《知堂回想录》，三育图书有限公司 1980 年版，第 145 页。
② 吴海勇：《时为公务员的鲁迅》，广西师范大学出版社 2005 年版，第 12 页。
③ 鲁迅：“呐喊 · 自序”，载于《鲁迅全集 · 第一卷》，人民文学出版社 2005 年版，第 439 页。

是："我决计要学文艺了，中国的呆子，坏呆子岂是医学所能治疗的吗？"①两个人相视苦笑！

这是一个伟大的拐点！鲁迅，拐了！

鲁迅从仙台医专退学之后，又回到了东京。

6月，他把学籍列入东京独逸语学会的德语学校，但仅是在那儿挂个名，平时根本不去学校，完全自修中，搜集、阅读、翻译各种外国作品。这是他最喜欢干的事。估计正因为干着这样的事，所以对一般的留学生也就不大看得起，在他的眼里，那些学法政、铁路以至速成师范的，不都是为了升官发财的吗？

7月，鲁迅在母亲的召唤下，回家与朱安女士完婚。也不知道鲁迅母亲怎么想的，早在1901年就背着儿子给他定了亲。其时鲁迅还在矿路学堂读书，等1902年鲁迅到了日本，母亲才写信告诉他，那个，给你定下媳妇了啊。鲁迅回信说定下可以，但前提是放脚，还有，叫她到学堂读书去。问题是两个条件对方一条也不愿执行，于是鲁迅说，那就退婚吧。老太太说退不得，一是没法向朱家启口；二是对周、朱两家声誉都不好；三是本来就没有人娶朱姑娘，再一退更没人娶了。鲁迅一听，对方是碰瓷呢？还是我方是废品收购站呢？也罢，反正我身体不好，可能活不长；还有，革命时代，生死也无常。那我就废物利用一回，从了你们吧。老太太不愧是给儿子找过枪手的，前面强攻，后面又玩诈和——听人说鲁迅在日本拐了个日本媳妇，孩子都有了云云，于是赶紧给儿子发个"母病速归"的电报。待鲁迅速归后，才发现是娘给自己娶媳妇儿呢。总之，革命精神斗志强的革命青年鲁迅，面对母亲的专制独裁，那是无从反抗的。婚礼上，亲友们还以为这个学了新学、剪了辫子的革命青年，能给大家闹些好戏看呢，结果他们很失望，鲁迅跟个木偶似的，叫干啥就干啥，乖乖地完成婚礼了。

这一年，鲁迅虚岁26。在那个时代，这确实算剩男了。所以鲁迅也不能怪自己的娘，你要是在东京给娘拐个革命妞，哪怕就是拐个日本妞，生米做成熟饭，也不至于沦落到这种拉郎配的地步！

婚后四天，鲁迅就带着也考了官费留学的弟弟周作人回东京了。还是东京

---

① 许寿裳：《我所认识的鲁迅》，人民文学出版社1952年版，第7页。

好，按周作人的回忆，鲁迅每天早上10时睡醒，睡醒后，趴在枕头上抽一两支烟才起床。这样的留学生活确实惬意。至于官费，周作人说，鲁迅那时是年额四百元，每月能领到三十三元。[①] 按鲁迅自己的说法，则是每月三十六元。[②] 不管三十三，还是三十六，反正只够衣食学费，不足之数就需要自己来挣了，特别是买书，鲁迅是个书痴，不买几本书，很觉得怀里空虚。于是他们筹办《新生》杂志，流产；后又翻译出版《域外小说集》，在东京和上海寄售，结果没卖出几本。鲁迅可能很疑惑，咋大家都不像我这样嗜书呢？疑惑对了，在中国，不是"刘项原来不读书"，而是中国人民都不读书。N年了，糊涂我的理想就是在安阳开个小书吧，可是每次提起都会被老公敲打一番：别做梦了，安阳没几个看书的，特别是你挑出来的，到时候你会饿毙在你的书吧里！

吓死我了，俺的中国梦是如此的不经敲打！

鲁迅结婚前，有一个人来到了东京，他就是因"苏报案"刚出狱的大名鼎鼎的章太炎，章不但加入了同盟会，还担任同盟会机关报《民报》主笔。这个时候，革命派与改良派之间的骂战空前热闹中。不消说，改良派肯定骂不过革命派。道理很简单，在中国这块神奇的土地上，稳健派永远不会战胜激进派，理性更战胜不了肾上腺素。就是鲁迅，也对《民报》上章氏那些所向披靡的战斗文字很是神往。除此之外，鲁迅还发现，有些革命小青年起名"扑满"、"打清"，"算是英雄"[③]。看来，后世的"跃进"、"红卫"、"要武"并不是始作俑者，前辈不少了。

鲁迅呢，还是每天跟光复会的那帮同志亲近，用周作人的话来讲，与他大哥接触的人，"不是亡命者，便是懒得去上学的人"[④]，太炎更是戏称陶成章（字焕卿）为"焕皇帝"、"焕强盗"。而"焕皇帝"、"焕强盗"每次来拜访鲁迅，就是给他们讲，不久某地可以"动"云云。[⑤] 确实在动。1907年7

① 周遐寿：《鲁迅的故家》，上海出版公司1952年版，第338页。

② 鲁迅："华盖集续编·杂论管闲事·做学问·灰色等"，载于《鲁迅全集·第三卷》，人民文学出版社2005年版，第200页。

③ 鲁迅："坟·杂忆"，载于《鲁迅全集·第一卷》，人民文学出版社2005年版，第234页。

④ 周遐寿：《鲁迅的故家》，上海出版公司1952年版，第334页。

⑤ 周作人："关于鲁迅之二"，载于《苦雨斋文丛·周作人卷》，辽宁人民出版社2009年版，第288页。

月，光复会出了一件惊天动地的大事，先是会员徐锡麟刺杀安微巡抚恩铭，被恩铭的亲兵剜腹剖心；后是会员秋瑾响应徐锡麟起义不成，就义于绍兴轩亭口。这里就出现与鲁迅有关的一桩公案，一般的说法是，消息传到东京，光复会会员群情激愤，鲁迅也在集会上慷慨陈词。再后光复会分配鲁迅回国，像徐锡麟那样刺杀清廷要员去。他接受了，可是临动身前又去找领导：我死了，我娘咋办？谁负责？领导一看他这样，那你别去了，算了。

这里我能找到的资料，只有日人增田涉的回忆。他说，有一次鲁迅曾跟他说过："我从事反清革命运动的时候，曾经被命令去暗杀。但是我说，我可以去，也可能会死，死后丢下母亲，我问母亲怎么处置。他们说担心死后的事可不行，你不用去了。"①

由增田涉的回忆，可以发现这事的具体年月并不可考。但是，鲁迅的革命态度与宗旨却是可考的。第一，他本来就不赞称许褚式的光着膀子闹革命；第二，鲁迅是个比较靠谱的自由主义者，和革命组织的那种黑社会方式格格不入；第三，革命党还不如黑社会，黑社会都知道告诉会员，掂着脑袋只管往前冲了，死了不用担心老婆、孩子和娘亲，他们会是我们所有成员的老婆、孩子和娘亲，总之，有组织在，就有他们的一切，兄弟你就放心地赶死去吧！所以鲁迅能拒绝他们，让我很欣慰。也许正是由于这一点，鲁迅并不承认自己是革命者。

许广平回忆说，鲁迅曾跟她说过："革命者叫你去做，你只得遵命，不许问的，我却要问，要估量这事的价值，所以我不能做革命者。"在《两地书》中鲁迅也跟她说过："凡做领导的人，一须勇猛，而我看事情太仔细，一仔细，即多疑虑，不易勇往直前，二须不惜用牺牲，而我最不愿使别人做牺牲。"② 鲁迅这些话，也是我欣赏的。第一凡事要估量，不做二杆子；第二，自己不做牺牲，更不怂恿别人牺牲。

许广平还说到秋瑾："秋瑾女士，是同时的留学生，又是同乡，所以也时常来访。她的脾气是豪直的，来到也许会当面给人过不去，大家对她来，都

---

① ［日］增田涉："鲁迅与光复会"，载于《鲁迅研究资料2》，文物出版社1977年版，第340页。

② 许广平："民元前的鲁迅先生"，载于《许广平文集·第二卷》，江苏文艺出版社1998年版，第443页。

有点惴惴欲遁。但是假使赶快款待餐饭，也会风平浪静地化险为夷。那时女留学生实在少，所以每有聚会，一定请她登台说话，一定拼命拍手。不幸遇害了。先生说‘秋瑾是被人拍手拍死的，其实她并没有做什么。’”①

鲁迅的《而已集》里有一段自述，也很有意思：“我到中山大学的本意，原不过是教书。然而有些青年大开其欢迎会。我知道不妙，所以首先第一回演说，就声明我不是什么‘战士’、‘革命家’”。不料实际主持校务的中山大学委员会委员、国民党政客朱家骅接着说，鲁迅太谦虚，就鲁迅过去的事实看来，确是一个战斗者、革命者。“于是礼堂上劈劈拍拍一阵拍手，我的‘战士’便做定了。拍手之后，大家都已走散，再向谁去推辞？我只好咬着牙关，背了‘战士’的招牌走进房里去，想到敝同乡秋瑾姑娘，就是被这种劈劈拍拍的拍手拍死的。我莫非也非‘阵亡’不可吗？没有法子，姑且由它去罢。”②

从这些文字里，我们大致可以看出鲁迅的革命宗旨了，倾向革命，但对暴动、暗杀、无谓的牺牲等方式并不认同。

值得注意的是，按鲁迅的说法，徐锡麟与秋瑾牺牲了，同乡们在东京无非是“照例还有一个同乡会，吊烈士，骂满洲”。这个时候，正与梁启超发动组织政闻社、改走君主立宪的蒋智由建议，给清政府发个电报，要求他们以后不要滥杀党人。徐锡麟的学生范爱农说：“杀的杀掉了，死的死掉了，还发什么屁电报呢”。鲁迅本来不赞同发电报，看范这么可恶，转而改支持拍发电报了。可是支持吧，蒋智由这边说得更难听了：“猪被杀也要叫几声”，还以狗叫为例云云。鲁迅又嫌这姓蒋的说话不好听，说：“猪才只好叫叫，人不能只是这样便罢。”吵了一通的结果是这样的：第一，最后不知道谁负责拍发电报骂清政府去了；第二，鲁迅与蒋智由断交了，道不同，不相为谋也——按许寿裳的回忆，蒋智由就说了一句清朝的红缨帽有威仪，自己戴的西式礼帽无威仪，他们两人就把人家当怪物看了③，可见当时的政治激进情绪甚至渗透

① 许广平：“民元前的鲁迅先生”，载于《许广平文集·第二卷》，江苏文艺出版社 1998 年版，第 443 页。

② 鲁迅：“而已集·通信”，载于《鲁迅全集·第三卷》，人民文学出版社 2005 年版，第 465 页。

③ 许寿裳：《亡友鲁迅印象记》，人民文学出版社 1953 年版，第 10 ~ 11 页。

到纯审美层面了；第三，鲁迅觉得范爱农很可恶，说：“天下可恶的人，当初以为是满人，这时才知道还在其次；第一倒是范爱农。中国不革命则已，要革命，首先就必须将范爱农除去。”①

问题是回国之后，两个人又成了酒友，一度还成了同事。

1908 年，鲁迅又成了章太炎的学生。业余时间和几个同人组成小班，听章氏给他们讲国学。鲁迅明言，自己神往章氏，“并非因为他是学者，却为了他是有学问的革命家，所以直到现在，先生的音容笑貌，还在目前，而所讲的《说文解字》却一句也不记得了”。鲁迅认为章太炎的业绩“留在革命史上的，实在比在学术史上还要大”②。那么，鲁迅本人呢？

就在这一年，鲁迅发表了他的《文化偏至论》。可以说，鲁迅之前翻译著述了诸多东西，但是唯有这一篇，是我比较看好的。当然，这文章很不好看，疙里疙瘩的。

第一，这个时候鲁迅写文，还不是后来他倡导的白话文，乃是文言古体，且是鲁迅式的文言古体，我看得头大。

第二，那个时候人们翻译外国人名，跟现在通行的不一个味儿。比如尼采，鲁迅翻译为“尼佉”；叔本华翻译为“勖宾霍尔”；易卜生译为“显理伊勃生”；苏格拉底译为“梭格拉第”；最绕的是恺撒，被译为“布鲁多既杀该撒”……光看这些人名，我就绕晕了。

第三，鲁迅讲述的是他理解的西方文化，本来中西之间诸多文化概念就不通，再加上文化本身的丰富与复杂，这一切会导致阅读与理解的多重障碍。

为嘛独看好这一篇呢？革命主流语话系统认定的鲁迅的局限性，恰恰是我认为的鲁迅的高超之处。

第一，鲁迅接受尼采的个人主义和超人观点，认为群众乃阻碍进步的低劣的庸众。别的不说，单说鲁迅那些代表性的小说《阿 Q 正传》《孔乙己》《祝福》《药》等，哪个不是杀戮民众的？杀人好看的阿 Q、给儿子吃人血馒

---

① 鲁迅：“朝花夕拾·范爱农”，载于《鲁迅全集·第二卷》，人民文学出版社 2005 年版，第 321～322 页；周作人：《知堂回想录》，三育图书有限公司 1980 年版，第 201 页。

② 鲁迅：“且介亭杂文末编·关于太炎先生二三事”，载于《鲁迅全集·第六卷》，人民文学出版社 2005 年版，第 566、565 页。

头的华老栓、被愚昧和传统严重裹挟和伤害的祥林嫂、半吊子知识分子孔乙己……这些人直到今天还可担任中国人民的形象代表。

第二，鲁迅既有感于留学异域者的浅薄：“近不知中国之情，远复不察欧美之实”，“言非同西方之理弗道，事非同西方之术弗行”；更有感于庸众的不可靠：“是非不可公于众，公之则果不诚；政事不可公于众，公之则治不郅。”①

所以他始终是个没有脱离地气的思想者。所以，辛亥革命的皮毛共和忽悠不了他，后来苏俄传来的民粹思想更裹挟不了他，他基本保持了思想者的独立境界！是年，鲁迅虚岁 28。常言说，三十而立，我觉得，鲁迅至此已经完全立起来了！

寻求一圈，还是跌回了故乡

1909 年，鲁迅本想去德国，但最后还是回到了中国。原因不外是“母亲和几个别的人”希望他有经济上的帮助。也许所谓的立，第一位就是挣钱，第二位才是思想吧。这一年，鲁迅 29 岁了，也该给家庭挣钱了。只是不知“几个别的人”中是否包含朱安，但是包含作人和他的日本媳妇儿则是一定的。正如许寿裳所说，“几个别人者，作人和羽大信子也。”②

8 月，鲁迅回到故乡绍兴。七年半的日本留学史宣告终结。工作好找——清政府学部于 1907 年规定官费留学生回国后必须担任专门教员五年，1909 年 4 月回国的许寿裳在杭州、浙江两级师范学堂做教务长，这是浙江省的最高学府，薪水在浙江也是最高。许寿裳向学堂的新任监督沈钧儒推荐鲁迅，一荐而中。但麻烦的是辫子，鲁迅没有辫子，就装了个假的。不久又不想装了，于是去掉。这一来麻烦了，走在路上，回头率奇高：“最好的是呆看，但大抵是冷笑，恶骂。小则说是偷了人家的女人……大则指为‘里通外国’，就是现在之所谓‘汉奸’。”③

---

① 鲁迅：“文化偏至论”，载于《鲁迅全集·第一卷》，人民文学出版社 2005 年版，第 46、45、53 页。

② 许寿裳：“关于〈弟兄〉”，载于《我所认识的鲁迅》，人民文学出版社 1952 年版，第 52 页。

③ 鲁迅：“且介亭杂文·病后杂谈之余”，载于《鲁迅全集·第六卷》，人民文学出版社 2005 年版，第 194 页。

看来，在外国待得久了，容易成外宾，文化上先就水土不服了。而百姓更奇怪，满人入关后，百姓哭爹叫娘不愿剃发，现在可以不拖那个猪尾巴了，又哭爹叫娘的不愿剪掉，别人剪掉都不能容忍！

9月，鲁迅到校上课，任日语翻译和化学、生理教员，月薪30块银元。12月，参与针对新任旧派监督夏震武的罢课和罢教风潮。由于鲁迅给人取个外号叫“夏木瓜”，所以这次学潮人称“木瓜之役”。教职员们除了互称“木瓜”以取乐外，鲁迅本人还以态度强硬而赢得“拼命三郎”的诨号。1910年1月，“木瓜之役”以鲁迅一方胜利而告终。但胜利者纷纷辞职走了——不走不行啊，不说以留日学生为主的教职员工的激进倾向了，只说夏震武在去职前后两度函请浙抚调查师校所谓“腐败问题”就让人招架不住。所以许寿裳立即辞职走了，鲁迅待到学期结束，7月才辞职回家。8月，他给许寿裳写信，说自己准备去绍兴府中学堂担任生物教员，但是“所入甚微，不足自养”，请好友代为留意，“他处有可容足者不?”①

鲁迅一进府中，就遭遇了学潮。8月下旬，新任代理监督杜海生说学生在原来的考试中有舞弊行为，全体学生重新考试编级。学生当然不愿意，光顾着革命和娱乐了，哪有心情学习，谁愿意重考啊！于是抗议杜海生出任府中监督。据说鲁迅很同情学生的闹事。

这一同情不好了。9月，杜海生辞职，鲁迅在日本的同学陈子英出任监督，鲁迅则作了学监（也就是教务长）。那么，甄别考试就得你来主持了吧，绍兴府教育当局命令，还得按杜海生的那套，重新举行编级考试。据说学生很害怕鲁迅，一是鲁迅性格本就严厉；二是学生背后猜他是革命党，跟那个徐锡麟一伙，嘘……但即使这样，学生还是第二次展开了抗议编级考试的学潮。11月，鲁迅在致许寿裳的信中说：“今已下令全体解散，去其谋主，若胁从者，则许复归。计尚有百余人，十八日可以开校。此次荡涤，邪秽略尽，厥后倘有能者治理，可望复兴。学生与仆，尚无间言；顾身为屠伯，为受斥者设身处地思之，不能无恻然。颇拟决去府校，而尚无可之之地也。”②

① 鲁迅：《鲁迅自传》，江苏文艺出版社1997年版，第81页。

② 同上，第82页。

鲁迅这话跟后来许广平式的难题一样，许广平做学生时，可着劲儿的闹学潮，可是毕业之后，自己做了训育主任，学生依然闹潮，你咋办？鲁迅也是，不做学生管理工作时，可以支持学生闹潮，但是待你做了管理者，你又如何对待？不照样做屠伯？

1911 年，鲁迅继续在绍兴府中做自己的学监。暑假时，他终于辞职了。那时的海归也不好找工作——何况他是留日的，行情与口碑要远差于留学欧美的，而且他留日也没拿到什么像样的文凭，留日七年半，弘文学院学习日语两年，仙台医专学医两年，之后就是在“东京独逸语协会”所设德语学校里挂名了——他给许寿裳写信，想到一个书店做编译员，却被人拒绝了。

十月革命一声炮响，武昌起义了，辛亥革命了，府中学堂瘫痪了。10 月中下旬，在学生代表的邀请下，鲁迅和陈子英回来了。

11 月，上街参加群众大会并游行。听说杭州光复了，据说最先冲进杭州城的就是光复会会员、绿林大盗王金发。绍兴也人心惶惶，有人就建议去杭州把王金发的革命队伍带过来。带过来之前，鲁迅还领着本校学生上街武装巡行。8 日晚上，和学生、群众一起去西门迎接王金发和他的军队，等到半夜不见人影，得知军队还没有开拔。9 日晚上，再次去迎接王金发，这回终于等到了，大家高喊“革命胜利”、“中国万岁”，绍兴就光复了。

王金发就任绍兴军政分府都督，还接见了日本时就相识的光复会战友鲁迅同志。之后，接受王金发委托，鲁迅做了浙江山会初级师范学堂监督，也就是校长，鲁迅赶紧请那个落魄到近似乞丐的“可恶的”酒友范爱农做了监学，也就是教务长。

问题是时间不长，鲁迅就发现，革命不过如此，新政府也不过如此。王金发和他身边的人都变得和旧政府的官僚一模一样了。鲁迅讥讽地说：“他进来以后，也就被许多闲汉和新进的革命党所包围，大做王都督。在衙门里的人物，穿布衣来的，不上十天也大概换上皮袍子了，天气还并不冷。”① 于是当地越社的负责人、鲁迅的学生来找鲁迅，希望借用鲁迅的名目办《越铎日

① 鲁迅：“朝花夕拾·范爱农”，载于《鲁迅全集·第二卷》，人民文学出版社 2005 年版，第 325 页。

报》，以监督当地政府。鲁迅答应了，并担任荣誉总编辑。

1912 年 1 月，《越铎日报》创刊了。2 月，鲁迅便与报社人员有矛盾了。原来日报开首便骂军政府和那里面的人员，此后是骂都督、都督的亲戚、同乡、姨太太……骂了十多天，王金发便叫人送给报馆五百元。鲁迅不同意收，却遭到了报馆中一些人的反对。这时，又传说王金发要杀死鲁迅。但鲁迅心里有底，毕竟都是光复会的同党，所以依然写信去要经费，又要了二百元。但王金发仿佛有些怒意，传令道：再来要，没有了。

不是王金发着急，而是直到今天，我还没发现一个中国的革命党，革命成功之后，让舆论随便骂的。你发现没？发现了告我一声儿。

谋上了教育部的公务员饭碗

就在鲁迅左右难为的时候，许寿裳去信，叫鲁迅赶快去南京，他在临时政府的教育部给鲁迅谋了公务员饭碗——教育部普通教育司科员。这一年，鲁迅虚岁 32。

1912 年 2 月，鲁迅到南京上任。众所周知，以孙文为首的南京临时政府并不被列强看好，四处转圈儿也借不到钱，所以部里仅供给鲁迅他们膳宿，每人月支 30 元由财政部临时发行的“军用券”以作零用。①

期间，鲁迅差点被山西老表、教育次长景耀月除名。一般的说法是，鲁迅强项硬气，得罪了次长景耀月，所以乘教育总长蔡元培北上迎袁世凯之机把鲁迅名字除掉了，幸亏蔡总长回来又给补上了。许寿裳也说景耀月“只知扩充自己势力，引用私人”② 云云。可是，蔡元培、鲁迅、许寿裳，这仨人名字往那一排，谁都能看出，他们都是同乡——浙江绍兴人，还都是同党——光复会的……所以，做人不能这么倒打耙子嘛。

5 月，教育部随政府迁往北京，这是袁世凯的天下，工资马上见涨。由于教育部尚未有正式任命，鲁迅 5 月至 7 月每月临时津贴 60 元。8 月，由于蔡

① 吴海勇：《时为公务员的鲁迅》，广西师范大学出版社 2005 年版，第 29 页。
② 许寿裳：《亡友鲁迅印象记》，人民文学出版社 1953 年版，第 33 页。

元培的提携，正式任命下达，鲁迅先是被临时大总统袁世凯“钦定”为佥事，后是被任命为社会教育司第一科科长——吴海勇分析，这两个官衔不是一回事，前者约相当于现在公务员制度中的职级，后者是职务；两者虽然都算是正处，但前者乃“钦定”，撤换权限不在教育部，级别要比后者略高。[①] 8 月至10 月领取的都是半薪125 元，11 月领取足额月俸220 元，1913 年2 月增为240 元，1914 年7 月增为280 元，1916 年3 月达到300 元。后袁世凯时代，也就是1917 年才不时地有所谓的欠薪与半薪[②]——要知道，1919 年北大图书馆助理员毛泽东月薪才8 元，[③] 所以鲁迅成了民国先富起来的人，是可以肯定的。比起那个落魄到掉河里淹死的“可恶的”范爱农同学，鲁迅运气够好了——鲁迅赴京不久就听说了范爱农的噩耗，他说范的水性极好，可能是自己不想活了。又听人说，他走后范爱农还经常给人嘀咕：说不定哪天鲁迅就来信叫我去呢。可是他先去彼岸世界了。

富了且不说，鲁迅还当上他当初最讨厌的官员了，成了自己在东京时就咒骂的“升官发财”之类，而且这工作一方面可说无聊至极，另一方面却是舒服至极，每天除签到外基本上无公可办。用鲁迅日记里的话来讲，是“晨九时至下午四时半至教育部视事，枯坐终日，极无聊赖”[④]。按同事冀贡泉回忆：“人们好几天才有一件公事办。我们两个并不是闲的，没公事办，有私事办。恰好我们两个人都喜欢读书，我们每天对面坐下各读各的书。”[⑤] 按周作人说，鲁迅一般是早上10 时前起床，洗脸、喝茶之后再往部里去（鲁迅坐人力车上下班，他当时所住的绍兴会馆离教育部三里地左右），他在那里办的也只是例行公事。只有一次是见到中华书局送来一本《欧美小说丛刊》，鲁迅大为高兴，特地拟了一个很好的评语，用部里的名义发了出去。周作人说：“据我所知道，似乎此外还没有第二件。他曾参与整理那内阁大库的有名的八千麻袋废纸的事，却不记得他讲过其中的什么故事。”[⑥] 但这已是1918 年的事

---

① 吴海勇：《时为公务员的鲁迅》，广西师范大学出版社2005 年版，第37 页。
② 同上，第71、239 页。
③ 马嘶：《百年冷暖：20 世纪中国知识分子生活状况》，北京图书馆出版社2003 年版，第26 页。
④ 鲁迅：“壬子日记”，载于《鲁迅全集·第十五卷》，人民文学出版社2005 年版，第1 页。
⑤ 冀贡泉：“我对鲁迅壮年的几点印象”，载于《光明日报》1959 年12 月23 日6 版。
⑥ 周遐寿：《鲁迅的故家》，上海出版公司1952 年版，第422 ~423 页。

了。而且鲁迅虽没给兄弟们讲过，事后却给读者讲过，说“中国公共的东西，实在不容易保存。如果当局者是外行，他便将东西糟完；倘是内行，他便将东西偷完”[1]。有意思的是，就是鲁迅自己，也从里面拿东西，只不过自己不说，别人说出了而已——他从里面拿出了教育部同事钱稻荪祖父的殿试卷，送给了钱稻荪。[2] 至于拿了其他没有，就不得而知了。总之都是不拿白不拿，都是玩完。这个现象，倒是可从中国近代一直延伸到中国当代，二杆子闹革命，向来如此；二杆子执政，也是如此。最后周作人还记起一个，就是部中常收到乡间呈文，要求旌表母亲节孝的，但旌表却给写成了旅表云云。这是鲁迅做公务员的大致情形吧。这么没意思的工作，他能一做 14 年，也挺不容易的。

可以说，从 1912 年到 1926 年，辛亥革命后的中国一直处于严重的碎片化状态中，袁世凯称帝的本意可能是瞄准了德皇式的威权政治，因为他和大公子克定都特别羡慕富国强兵的君主制德国，但是盘子没扎稳，跌到地上更碎了。之后中国就乱套了，张勋复辟、北京政府参战、新文化运动、五四运动、中国共产党建立、国民党建立广州政府、国共合作、北伐……这期间，北洋政府的教育总长与次长走马灯似的换人，更换过 38 次教育总长、24 次教育次长，其中范源濂做总长最短的一期只有 9 天，易培基 14 天，马君武 20 天。[3] 鲁迅说他们不是来办教育的，都是来做官的——教育总长官俸很高的，月薪 1000 元，而北大校长是 600 元。[4] 鲁迅自己呢，虽然部里曾经三次大裁员，每次都闹得人心惶惶，但鲁迅坐得很稳，十几年没动窝，直到与许广平携手南下好几个月之后，教育部才宣布辞了他的职。有心人发现，鲁迅一直称袁世凯为“袁总统”、“总统”，1916 年袁世凯死后，开始称他为“袁项城”，1925 年才直接称“袁世凯”。[5]

这期间也有值得一提的事，那就是 1916 年秋天，蔡元培做了北大校长。

---

① 鲁迅：“而已集 · 谈所谓‘大内档案’”，载于《鲁迅全集 · 第三卷》，人民文学出版社 2005 年版，第 594 页。

② 吴海勇：《时为公务员的鲁迅》，广西师范大学出版社 2005 年版，第 100 页。

③ 同上，第 139 页。

④ 同上，第 68、69 页。

⑤ 同上，第 108 页。

当时的北大已经很出名了，与国会同名。民国的国会议员吃花酒、捧戏子、哄抬妓女价格，早已是北京一景。北大师生也没闲着，同样听戏、捧角、逛胡同，与参、众两院齐名，所以民间有所谓“两院一堂”之说。①

文学也可革命？

鲁迅做公务员有的是时间与金钱（民国的教育部也确实宽松，平时上班几近半天制，还没啥管理，晚到或不到，事后在签到簿上补签个名就成），但他没有“两院一堂”的雅兴，买古书、抄古碑，寂寞中忙个不亦乐乎，直到1917年8月，鲁迅在东京随章太炎读国学时的同门、《新青年》编委钱玄同的来访，打破了这种寂寞。彼时，《新青年》刚刚扯起文学革命的大旗。先是1917年1月发表了胡适的《文学改良刍议》；后是1917年2月发表了陈独秀的《文学革命论》。前者提出文学改良，后者提出文学革命，但并没有打开局面（随后十月革命一声炮响，打晕了李大钊与陈独秀等人）。所以钱玄同希望鲁迅出手。鲁迅有些犹豫：假如一间铁屋子，是绝无窗户而万难破毁的，里面有许多沉睡的人们，不久都要闷死了。然而从昏睡进入死灭，却也并不感到就死的悲哀。现在你大嚷起来，惊醒了少数的几个人，让他们承受无可挽救的临终的苦楚，你倒以为对得起他们吗？钱说：然而几个既然起来，你不能说决没有毁坏这铁屋的希望。②

周作人评价说：“鲁迅对于简单的文学革命不感多大兴趣”，“他的动手写小说，并不是来推进白话文运动，其主要目的还是在要推倒封建社会与其道德……他对于文学革命赞成是不成问题的。只觉得这如不与思想革命结合，便无多大意义。”③

1918年5月，鲁迅的《狂人日记》由《新青年》推出，从此一发不可收拾，《孔乙己》《药》《阿Q正传》相继出炉……一位文化巨匠横空出世！

有人说，鲁迅借《药》讽刺秋瑾呢。这是太不了解鲁迅了。鲁迅不讽刺

---

① 杨晦：“五四杂忆”，载于《五四运动回忆录》，中华书局1959年版，第71页。

② 鲁迅：“呐喊·自序”，载于《鲁迅全集·第一卷》，人民文学出版社2005年版，第441页。

③ 周作人：《鲁迅小说里的人物》，河北教育出版社2002年版，第14页。

秋瑾，他讽喻国民呢。事实上我一直认为，鲁迅虽然扛了文学革命的大旗，但他的所作所为，却是改良派严、梁的路数，且比严、梁对于国民性、民族性更有通透的认识，何况他还深受尼采影响呢？所以他的白话小说，杀戮的不外是庸众愚民，呼唤的不外是民智、民力与民德！鲁迅自己是这样说的："我的作品在《新青年》上，步调是和大家大概一致的，所以我想，这些确可以算作那时的'革命文学'"。"这些也可以说，是'遵命文学'。不过我所遵奉的，是那时革命的前驱者的命令，也就是我自己所愿意遵奉的命令。"①

我同意"革命文学"之说，因为革的是国民之灵魂，人心里扔炸弹，可谓深度革命——我向来认为制度革命是第一层面，文化革命是第二层面，灵魂革命是第三层面。鲁迅的文学与呐喊，怎么着也是第二与第三层面的东西。

1919 年 5 月，激情燃烧的岁月。"五四"游行那天，有人打出的标幅是挽联，上写："卖国求荣，早知曹瞒遗种碑无字；倾心媚外，不期章惇余孽死有头。"旁边署的是"北京学界泪挽卖国贼曹汝霖、陆宗舆、章宗祥遗臭千古"。② 学生闯到曹宅，找不着曹，就把章宗祥痛打一顿；之后捣毁曹宅又放了一把火，是为伟大运动的开端。作为教育部科长佥事，鲁迅与此没啥关系。他这个北漂要在北京买房，并将母亲、二弟、三弟及其家眷全部接到北京来。他从二月份就开始看房了，一直看到 7 月才定下来。除了看房，他主要在发表文章，比如《自言自语》《我们现在怎样做父亲》等。

7 月，陈独秀被"国安"约走喝茶了，随后，李大钊也躲老家去了，他们 1918 年开办的纯政论性的《每周评论》由胡适接手。老好人胡适一接手，就刊出他的《多研究些问题，少谈些"主义"》，很有先见之明地提出偏向纸上的主义"很容易被无耻政客利用来做种种害人的事"③，奈何那个时候的中国人都没主意，所以对主义特别迷信。另一个与陈独秀同名的大愤青李大钊与胡适对上仗了，说，中国必须有一个"根本解决"，你瞧人家苏俄，一革

---

① 鲁迅："南腔北调集·〈自选集〉自序"，载于《鲁迅全集·第四卷》，人民文学出版社 2005 年版，第 468、469 页。

② 北京大学校史资料室："五四爱国运动北京资料选录"，载于《五四爱国运动·上》，中国社会科学出版社 1979 年版，第 506 页。

③ 胡适："多研究些问题，少谈些'主义'"，载于《容忍比自由更重要：胡适与他的论敌·上》，时事出版社 1999 年版，第 82 页。

命，啥都解决了。[①] 可以说直到今天，中国的网络上还有诸多李大钊的传人，叫唤根本性解决，希望天上掉下个好制度，一口吃成个大胖子，也不想想制度他娘——文化是啥人。鲁迅毕竟是鲁迅，用他自己的话来讲，对当时的十月革命，有些冷淡，有些怀疑。[②] 他怀疑得有理。彼时，他另有事要忙，7 月买定房子，然后就是装修。据马嘶推算，鲁迅将八道湾 11 号那套三进的大院子买下并重新修缮，前后花了 4335 元；[③] 吴海勇推算的则是 3990.1 元。[④] 据许寿裳说，这院子不但房间多，而且空地极大。鲁迅对许寿裳说，自己就是相中其空地大，宜于儿童游玩了。许的回答是：“诚然，简直可以开运动会。”[⑤] 由此可见，做了教育部七年小公务员，平时还要给弟媳妇儿羽太信子的日本娘家寄钱的鲁迅，经济实力还是不错的。

虽然对十月革命不感冒，但还有人给他邮寄《共产党宣言》。1920 年 6 月，陈望道把自己翻译的《共产党宣言》寄赠给了鲁迅。鲁迅可能泛泛地读了读。据周作人回忆，鲁迅在接到书后当天就翻阅了一遍，并称赞“这个工作做得很好，现在大家都在议论什么‘过激主义’来了，但就没有人切切实实地把这个‘主义’真正介绍到国内来，其实这倒是当前最要紧的工作。望道在杭州大闹了一阵之后，这次埋头苦干，把这本书翻译出来，对中国做了一件好事。我看望道这个人就比北京那些吃五四饭的人要强很多，他是真正肯为大家着想的。”[⑥]

二弟周作人在北大教书（1917 年鲁迅给北大校长蔡元培推荐的，1919 年蔡元培辞去北大校长之职后，于 1920 年又创办了中法大学，鲁迅又给蔡元培推荐三弟建人去中法大学任非教科之事务，蔡校长抹了他的脸，没给办），经二弟推荐，1920 年 8 月起鲁迅接受北大国文系兼职聘书（本来是周作人接的

---

① 李大钊：“再论问题与主义”，载于《容忍比自由更重要：胡适与他的论敌·上》，时事出版社 1999 年版，第 99 页。

② 鲁迅：“且介亭杂文·答国际文学社问”，载于《鲁迅全集·第六卷》，人民文学出版社 2005 年版，第 19 页。

③ 马嘶：《百年冷暖：20 世纪中国知识分子生活状况》，北京图书馆出版社 2003 年版，第 31 页。

④ 吴海勇：《时为公务员的鲁迅》，广西师范大学出版社 2005 年版，第 74 页。

⑤ 许寿裳：《亡友鲁迅印象记》，人民文学出版社 1953 年版，第 58 页。

⑥ 余延石：“鲁迅和〈共产党宣言〉”，载于《鲁迅研究资料 1》，文物出版社 1976 年版，第 300 页。

小说史课，回来后发觉自己没有大哥玩得好，就让给大哥了，北大国文系系主任马幼渔也同意了）。之后，还在女师大、北师大、世界语专门学校、中国大学等处兼职，女师大月薪 13.5 元，世界语学校月薪 15 元，北京大学月薪 18 元，北师大月薪 18 元。① 别小看这些零碎，加到一起超过八个毛泽东的收入！

1920 年 9 月，《新青年》编辑部迁往上海，从此成了共产党上海发起组的机关刊物。1921 年，胡适想把《新青年》从色彩鲜明的苏俄轨道上拉回，未成；同年，中国共产党正式建党。1922 年，《新青年》停刊，传统的说法是陈、李向左转；胡适等人向右转——其实胡适没转，只是陈、李太左，拥抱苏俄去了，气得胡适不跟他们玩了，赌气说要去整理国故，衬得向右了而已。鲁迅也还是鲁迅，没怎么转，但左看右看，同人都失散了，战友没了，阵也布不成了——用朱正的说法，中国共产党的早期领袖陈独秀、李大钊与鲁迅都有良好的个人关系，但“鲁迅也没有有意识地和共产党建立更密切、更直接、更自觉的联系。”②

鲁迅再次走向孤独。那就过自己的家庭日子吧。奈何家庭日子也过不好，要失散了。1923 年 7 月，鲁迅与二弟周作人失和（失和原因直到今天还是个谜），先是租房住，后是买了西三条胡同 21 号住宅，将原有陈年旧屋六间，改造成南屋三间、北屋三间、东西厢房各两间的四合院。这次连买带修，马嘶推算共花去 2000 多元，③ 吴海勇推算是 1354.5 元。④

同年 11 月，鲁迅发表《教育部拍卖问题的真相》的谈话。谈话中恶心了一些教育部同事，因为欠薪而装成了革命家：“真要革命就得到民间去宣传革命，依靠人民的力量来反对政府。依然留在当官的地位，因为领不到薪水便变了革命家，实在太滑稽了。这些人只要把薪水十足领到，他就可以当官，并不是什么革命家。……不管哪个国家也找不到官吏兼革命家的人物，身为官吏，口谈

---

① 马嘶：《百年冷暖：20 世纪中国知识分子生活状况》，北京图书馆出版社 2003 年版，第 31 页。

② 朱正：《鲁迅传略》，人民文学出版社 1982 年版，第 184 页。

③ 马嘶：《百年冷暖：20 世纪中国知识分子生活状况》，北京图书馆出版社 2003 年版，第 33 页。

④ 吴海勇：《时为公务员的鲁迅》，广西师范大学出版社 2005 年版，第 75 元。

革命，既为官吏又兼革命家的人，也只有我国才有。”① 由鲁迅这番谈话，我们也可以从侧面判断，身为教育部官吏的鲁迅是不屑于什么革命及革命家的。

1923 年 12 月和 1924 年 6 月，鲁迅在北大的讲义《中国小说史略》分为上下两卷出版。朱正评价曰：“这还不是一部马克思主义的著作。”② 看到这种评价我就想笑，想到中国总有这么一种人，别人强奸，他在旁边帮别人摁脚、掰腿！

1925 年鲁迅发了一个著名牢骚：“我觉得仿佛久没有所谓中华民国。我觉得革命以前，我是做奴隶；革命以后不多久，就受了奴隶的骗，变成他们的奴隶了。我觉得有许多民国国民而是民国的敌人。……我觉得许多烈士的血都被人民踏灭了，然而又不是故意的。”③

这牢骚发得很好。中国人在历史的三岔口特喜欢做那朝三暮四的猴，被表面的说法所迷惑，实质问题却不计较，被骗也就是宿命啦！

这一年，鲁迅个人还是很有收获的——女师大学生许广平闯进了他的生活。两个人是以写信开始的，写着写着，口气、称呼就都变了。单说许广平一个月之后的落款就变成小鬼了——其实彼时许广平虚岁 28，很大龄的剩女了，叫老鬼还差不多，而且她是女师大风潮中的领军人物，杨荫榆开除她时称她为“害群之马”，不久这“害群之马”给鲁迅的信，就落款为“你的害马”了。这意味着，鲁迅家里也要闹革命了。

外面的革命闹得正欢。

其一，联俄、联共、扶助农工的孙中山去世，遗嘱“革命尚未成功，同志仍需努力”。梁启超为首的研究系批评孙“恃红党宣传费以生活”、“蹂躏人民自由十倍亍军阀”、“专以大言欺世盗名”、“政治不满人望”、“党同伐异，轻举妄动，以图一逞”、倒行逆施提倡不合今日国情之共产主义、为目的而不择手段勾结军阀、只见其手段未见其实现本来目的云云。④ 于是鲁迅写

---

① 鲁迅：“教育部拍卖问题的真相”，载于《鲁迅研究资 3》，文物出版社 1979 年版，第 53 页。

② 朱正：《鲁迅传略》，人民文学出版社 1982 年版，第 133 页。

③ 鲁迅：“华盖集 · 忽然想到 · 三”，载于《鲁迅全集 · 第三卷》，人民文学出版社 2005 年版，第 16 页。

④ 黄裔：“〈战士和苍蝇〉考辨”，载于《梅溪集》，香港天马图书有限公司 2003 年版，第 117 页。

《战士和苍蝇》攻击梁启超等人为苍蝇，褒奖孙中山等革命党为战士。

其二，鲁迅先是替许广平大骂女师大的女校长杨荫榆——鲁迅自己一直鳏居，却一点不避嫌，骂杨女士为“寡妇主义”；后是以许广平的同学刘和珍为主角，闹出了著名的“三一八”惨案，鲁迅又写了《纪念刘和珍君》。这事的直接后果是北洋中最敦厚实干的段祺瑞执政从此彻底告别政治舞台。至于鲁迅个人，1925 年 8 月教育总长兼司法总长章士钊以鲁迅参加女师大校务维持委员会对抗教育部为由而免去他的教育部公职。民国好就好在这里，鲁迅根本不服教育总长兼司法总长，立马到平政院起诉章士钊了——章士钊 5 月辞职未成，12 月终于辞成了。之后，国民党的易培基做了女师大校长兼教育总长，鲁迅的官司也于 1926 年 1 月初步胜诉；“三一八”之后彻底胜诉。只不过，他的论敌——胡适、陈源为代表的现代评论派、梁启超为首的研究系派，在跟鲁迅笔战女师大学潮的时候，也不忘顺便讥讽下鲁迅搂着公务员饭碗恋恋不舍的吃相，典型代表应该是现代评论派的陈源，说鲁迅平时做出“那种一见官僚便回头欲呕的神情”，“可是他现任教育部的佥事。据他自己的自传，他从民国元年便做了教育部的官，从没脱离过，所以袁世凯称帝，他在教育部，曹锟贿选，他在教育部，‘代表无耻的彭永彝’做总长，他也在教育部，甚而至于‘代表无耻的章士钊’免了他的职后，他还大嚷‘佥事这一个官儿倒也并不算怎样的区区’！”[①] 可把鲁迅恶心得够呛，以至于鲁迅不得不自我调侃“祖宗没有遗产，老婆没有奁田，文章又不值钱，只好以此暂且糊口”[②]。

其三，“五卅惨案”发生。西方称学生为“暴动学生”，惊呼“中国国民已与俄国同其赤化”，鲁迅对此表示不满：“我不解为什么中国人如果真使中国赤化，真在中国暴动，就得听英捕来处死刑?”[③] 不得不承认，五四之前，中国的大学生已经被社会娇宠得不像话了，据 1917 年暑假考入北大哲学系的

① 陈源：“闲话的闲话之闲话引出来的几封信”，载于《围剿集》，河北教育出版社 2000 年版，第 5 页。

② 鲁迅：“华盖集续编 · 不是信”，载于《鲁迅全集 · 第三卷》，人民文学出版社 2005 年版，第 243 页。

③ 鲁迅：“华盖集 · 忽然想到十”，载于《鲁迅全集 · 第三卷》，人民文学出版社 2005 年版，第 94 页。

杨晦回忆，那时的北大学生已经自由到“谁也不管，谁也管不了”的地步，“巡警见了北京大学几个字，连忙离得远远的，不敢惹”[①]。五四之后由于新思潮的涌入、政治运动的兴起和政治党派及意识形态的运作，更是导致基础太弱、底盘不稳的学生几近忘却学校为何如地、学生为何如人，以至有心人士感叹说：“学校成为党部，学生变作工具，读书求学遂成为反革命”[②]。大家都知道当时的兵被骂作丘八，可是鲜有人知，学生也有不亚于丘八的诨名——丘九！[③]

鲁迅也要走了。外面的革命好闹——事实上也就国共两党的李石曾、易培基、李大钊、丁惟汾、徐谦等五个所谓“暴徒首领”曾是政府公开通缉的，鲁迅等人上黑名单则仅限于报纸谣传，且不久人家老段就下台了，鲁迅恢复了教育部公务员职位，啥事没有；但家庭的革命不好闹——娘亲大人与原配朱安四只眼皮底下，鲁迅与许广平的婚外恋确实无处安插。

带着亲爱的学生，私奔！

1926年8月，鲁迅与许广平同时南下。在北京女师大为期一年驱杨风潮中大显身手的许广平前往广州就任广东女子师范学校训育主任，鲁迅则到厦门大学任教，月薪400元，路费100元。

两人本来商量“分头苦干两年”再说呢，[④] 但是没苦干多长时间，鲁迅就苦不下去了。跟许寿裳写信说：“无人可谈，寂寞极矣。为求生活之费，仆仆奔波，在北京固无费，尚有生活，今乃有费而失了生活，亦殊无聊。或者在此至多不过一年可敷衍欤？”[⑤] 所谓的“无聊”与“失了生活”，一是眼里容不下同在厦大教书做事的胡适的信徒顾颉刚和陈源的信徒黄坚等人，众所周知，凡是鲁迅论敌的朋友，就都免不了是鲁迅的敌人了。用钱玄同的说法，

---

① 杨晦：“五四杂忆”，载于《五四运动回忆录》，中华书局1959年版，第71页。

② 吕芳上：《从学生运动到运动学生》，台湾地区近代史研究所1994年版，第247页。

③ 同上，第433页。

④ 许广平：“欣慰的纪念”，载于《许广平文集·第二卷》，江苏文艺出版社1998年版，第17页。

⑤ 李何林：《鲁迅年谱·增订本·第二卷》，人民文学出版社2000年版，第327页。

就是“迁怒”：“譬如说，他本善甲而恶乙，但因甲与乙善，遂迁怒于甲而并恶之。”① 何况顾颉刚还公开宣称只佩服胡适与陈源，在北京时更是与陈源背后嘀咕鲁迅的《中国小说史略》参考日本学者著作而未注明，有抄袭之嫌云云，天天跟他们共事，鲁迅受不了。二是身边没有了许广平，生活有些抓挠不得呢。与此同时，身处广州的许广平也苦不下去了，热烈呼唤鲁迅改往广州的中山大学，何况南下路上她就在致信鲁迅说：“临行时所约的时间，我或者不能守住”②。确实守不住——鲁迅 9 月到达厦大的，11 月就接到了中大的聘书。这聘书的发放，乃是中国共产党广东区委书记陈独秀长子陈延年指示下，恽代英、邓中夏、徐彬如、毕磊等人几次出面，与国民党右派分子、中山大学校长戴季陶谈判争来的，职位是文学系主任兼教务主任，月薪 500 元。但鲁迅要走，怎么也得到学期结束吧。12 月 31 日，鲁迅辞去厦大一切职务。

1927 年 1 月，鲁迅到了中山大学——广州是国共两党的革命大本营，所以鲁迅一到广州，那边就把他当革命战士来欢迎和看待了。但鲁迅毕竟是鲁迅，架梯子我也不上，敝同乡秋瑾姑娘就是被你们的掌声忽悠成烈士的，我才不干呢！

走着瞧！

鲁迅没想到，这还没走几步呢，就发现自己在中山大学同样走不动！

第一，做一个文学系主任兼教务主任，住在中山大学的大钟楼里，每天来找他的人络绎不绝，从早十点到晚十点；等人走完了，老鼠们又成群结队地出来了，鲁迅说它们还能打开盒子盖吃东西；老鼠们还没退场，大早上三个工友嘹亮的歌声就响起来了……这一切搞得鲁迅啥也干不成，文章都写不出来了。那就搬到外面去住吧，幸亏有现成的灯泡——鲁迅与许广平当时还不好意思单独住一起，就拉上了好友许寿裳（由于鲁迅的推荐，许寿裳紧随其后也到了中山大学；许广平名为助教，实际上乃是校方安排他做鲁迅的生活秘书而已），三人到外面合租房子住去了。

---

① 钱玄同：“我对于周豫才之追忆与略评”，载于《钱玄同文选》，四川文艺出版社 2010 年版，第 123 页。

② 鲁迅、景宋：《两地书 · 原信：鲁迅与许广平往来书信集》，中国青年出版社 2005 年版，第 95 页。

第二，希望鲁迅做“战士”、“革命家”的不只是实际主持校务的中山大学委员会委员、国民党政客朱家骅，还有各种面目的革命学生与激进人士。在厦大，就有学生劝过鲁迅：“别人胡骂你，你要回骂。还有许多人要看你的东西，你不该默不作声，使他们迷惑。你现在不是你自己的了。”这种规劝让鲁迅打了个寒噤，感叹曰：“呜呼，一戴纸冠，遂成公物，负‘帮忙’之义务，有回骂之必须。然则固不如从速坍台，还我自由之为得计也。”① 等到了广州，又有人发表《鲁迅先生往哪里躲》的文章，说鲁迅到了广州，不但不曾恢复“呐喊”的勇气，反而无话可说了。编辑在案语里声明，这不是“恶意的笑骂”，乃是“好意的希望和怂恿”②。可见鲁迅走到哪里都能碰见二货，嫌他不够激进不够斗士呢。以至于鲁迅在给朋友的信里诉苦说：“我在这里，被抬得太高，苦极”③。

比较能反映鲁迅革命与文学之意见的，当是这期间他给黄埔军校所做的一次演讲：革命时代的文学。在这次演讲中，鲁迅告诉这些军人：革命家做出的文学才叫革命文学；而一般文学对于革命是没有伟力的，因为文学是余裕的产物，表示的是一民族的文化；大炮的声音要比文学的声音好听，一首诗吓不走孙传芳，但一声炮就能轰走；好的文章是自由流露的，宣传与鼓动革命的文学是无力的，先定题目后写出的文章，是八股，在文学中并无价值；当然文学家做几篇文章，也能赢得称誉与虚名：“譬如一个烈士的追悼会开过之后，烈士的事情早已不提了，大家倒传诵着谁的挽联做的好：这实在是一件很稳当的买卖”④。这话说得，马上让我想起了鲁迅的《纪念刘和珍君》。谁知道刘和珍啊，但谁不知道写刘和珍的鲁迅呢？

鲁迅的革命文学理论是否正确，咱就不用纠结了。这里我想说的是，鲁

---

① 鲁迅：“华盖集续编·续编的续编·厦门通信三”，载于《鲁迅全集·第三卷》，人民文学出版社 2005 年版，第 412 页。

② 鲁迅：“三闲集·在钟楼上”，载于《鲁迅全集·第四卷》，人民文学出版社 2005 年版，第 35 ~ 36 页。

③ 鲁迅：“书信·致章廷谦”，载于《鲁迅全集·第十二卷》，人民文学出版社 2005 年版，第 21 页。

④ 鲁迅：“而已集·革命时代的文学”，载于《鲁迅全集·第三卷》，人民文学出版社 2005 年版，第 436 ~ 437 页。

迅毕竟是鲁迅，他对“革命”本身是门儿清的，早已发现了革命的另一面——当许寿裳问他对广州印象如何时，他回的是：“革命策源地现在成为革命的后方了，还不免是灰色的。”① 鲁迅这话可以翻译成这样的：革命前的许诺都是青的，革命后的现实就都是灰的了！

其时喜欢和鲁迅凑堆儿的革命青年，有很多是共产党那边的，中国共产党广东区委还特别安排了广东区委学生运动委员会副书记、中国共产党中山大学支部领导的社会科学研究会干事毕磊与鲁迅联系，在毕磊的引领下，鲁迅还与“老仁侄”——陈独秀的长子陈延年秘密会见一次，据说陈延年“认为鲁迅思想发展得很好，已经是我们的人了”②。许广平的回忆更煽情：“鲁迅深深感到孤独的悲哀。幸而党的领导像明灯一样照耀着每一块土地，鲁迅在此期间，见到了一些党的负责人如陈延年等同志。鲁迅正在考虑如何把党的精神贯彻到工作中去，正在观察各方面的情况，联合更多的青年，突然……”③。

所谓的“突然”，就是国共两党以蒋介石在上海发动“四一二”事件为标志，宣告合作闹崩，广州紧随其后发生“四一五”事变。鲁迅眼看着一个一个共产党学生被国民党那边抓去，却无力营救（毕磊就是在“四一五”事变后被抓而处了死刑的）——当年“三一八”事件，自己和他们一块儿大骂段祺瑞政府；现在国民党却在革命的大本营、自己掌权的地方，制造同样的事件，按许广平的说法：“这个血的教训，比三一八又深一层了。”“这种反常的举动，比北洋军阀还黑暗。”④ 自己还骂不骂国民党政府呢？——当天中大的正副校长皆不在，身兼教务主任的鲁迅主持召开各主任会议，可朱家骅同志说了，当年政府是北洋的，现在政府是我们的，而且，大学是我们党办的，就要听从党的命令。⑤ 这些话把鲁迅噎死了。

第三，鲁迅最讨厌的胡适信徒、与陈源一块儿嘀咕自己的《中国小说史

---

① 许寿裳：《亡友鲁迅印象记》，人民文学出版社 1953 年版，第 72 页。
② 李何林：《鲁迅年谱·增订本·第二卷》，人民出版社 2000 年版，第 383 页。
③ 许广平：“厦门和广州”，载于《鲁迅回忆录》，作家出版社 1961 年版，第 70 页。
④ 同上，第 71 页。
⑤ 倪墨炎、陈九英著：《鲁迅与许广平》，上海书店出版社 2001 年版，第 113 页。

略》有抄袭之嫌的历史学新秀顾颉刚居然也要来中大！当初鲁迅在厦大，就很不愿与其共事；现在自己来中大了，这姓顾的居然又跟着来了。是可忍，孰不可忍！按许寿裳的说法，鲁迅听了“勃然大怒”，说“他来，我就走”[①]。1927年5月30日鲁迅致友人信中，自己解释说：“事太凑巧，当红鼻到粤之时，正清党发生之际，所以也许有人疑我之滚，和政治有关，实则我之‘鼻来我走’与鼻不两立，大似梅毒菌，真是倒霉之至之宣言，远在四月初上也。”[②]

鲁迅这段话，太扇我们主流学者的脸了。一句话，你们不要以为我离开广州是由于政治问题，没有，我就是由于个人恩怨，太瞧不得那个红鼻子顾颉刚了。

第四，许广平虽然亲共，但她当时人微言轻，不是什么人物；鲁迅就不同了，作为文化大家，大家都认定他是亲共的——确实亲共，陈延年把他当“自己人”了，许广平更是认定他已开始贯彻“党的精神”了。流言难免就出来了，有的说他为逃避清党，跑到汉口了，而武汉的国民政府还在汪精卫手里，没有与中国共产党翻脸呢……流言之下，鲁迅的书稿与文章都不能出版与发表了。他发现，不管是北洋政府的五色旗下，还是国民政府的青天白日旗下，都是一样的思想管制。莫不成革命成功后都这德行吗？

上海有别样的人们？

4月29日，鲁迅提交辞呈，中间几番推却挽留，6月6日获准（与他一同辞职的还有许寿裳，校方对许的辞职是立即批准，对鲁迅则挽了三挽）。上次任职厦大，为期四个半月，这次任职中大，五个月！用许寿裳的话说，鲁迅这次从北京到厦门，再到广州，仅一年的时间，但“生活是不安的，遭遇是创痛的”[③]。

---

① 许寿裳：《亡友鲁迅印象记》，人民文学出版社1953年版，第73页。

② 鲁迅：“书信·致章廷谦”，载于《鲁迅全集·第十二卷》，人民文学出版社2005年版，第34页。

③ 许寿裳：《亡友鲁迅印象记》，人民文学出版社1953年版，第73页。

1927年9月，鲁迅偕许广平离开广州，10月到达上海。两人先是住旅馆，后是在周建人的帮助下，租住了房子。人家许寿裳忙于公干，当然不能再来给他们做电灯泡了，两个人的同居自此公开！

教育部的差事没了，大学的教授津贴没了，身边还多个花钱的女人，鲁迅的焦虑感当然有的。虽然对蔡元培不太感冒，两人关系有所疏远，但是听说蔡元培要搞中央大学院——乃蔡元培模仿法国大学院给民国政府搞的改革，其理想是想借由大学院和大学区（全国划分成几大学区），废除教育厅，以大学区的大学校长兼理地方教育行政，以学人兼教育行政工作。首任院长蔡元培，首任秘书长许寿裳。大学院聘请的特约撰述员月薪三百元，鲁迅动心了。听说蔡公有意请自己（好友许寿裳提前给他透露了一下意思），但长时间内没等到下文，于是借推荐学生给老蔡之机，亲自给老蔡写了一封谦卑恭敬的示好信，这信还真起作用了——信是12月6日写的，12月18日，鲁迅就接受了老蔡的聘任，做了大学院的特约撰述员。对鲁迅来讲，撰述不撰述无所谓，重要的是每月300大洋（次年10月蔡元培的改革宣告失败，重新恢复了教育部体制。大学院失败原因之一就是经费过于庞大，老蔡同志如此慷政府之慨，也怪不得失败。虽然大学院失败了，但鲁迅的这个饭碗没有失败，在蒋梦麟任部长的教育部里改名为"教育部编辑费"，继续拿着这份纯被政府所养的高薪）。

估计是深有体会，所以鲁迅写于9月、发表于12月的《小杂感》对革命二字作了深刻阐述："革命，反革命，不革命。革命的被杀于反革命的。反革命的被杀于革命的。不革命的或当作革命的而被杀于反革命的，或当作反革命的而被杀于革命的，或并不当作什么而被杀于革命的或者反革命的。革命，革革命，革革革命，革革……"① 鲁迅这个杂感，可能既包含了当年同盟会对他们光复会会员的暗杀，也包含了最近国共两党的翻脸。不管怎么说，鲁迅对所谓的"革命"早已有了自己的看法则是一定的，更要命的是，这看法太阴准了！

---

① 鲁迅："而已集·小杂感"，载于《鲁迅全集·第三卷》，人民文学出版社2005年版，第556页。

可能是拿了国民党政府的高薪，也可能是共产党统战需要，总之，1928年年初，鲁迅陷入了上海两个马列主义文学社团——创造社和太阳社的夹击。可能是马列主义的熏陶，也可能是原本的人性使然，总之，对鲁迅的攻击恶毒而蛮横。当然，革命党人向来如此。其中典型的代表作乃是郭沫若署名杜荃的《文艺战线上的封建余孽》一文，在文章的最后，郭沫若给鲁迅扣了诸多大帽子："他是资本主义以前的一个封建余孽。资本主义对于社会主义是反革命，封建余孽对于社会主义是二重的反革命。鲁迅是二重性的反革命的人物。以前说鲁迅是新旧过渡期的游移分子，说他是人道主义者，这是完全错了。他是一位不得志的Fascist（法西斯谛）！"[①] 其他咱就不一一列举了，只列出文章名字：《死去了的鲁迅》《鲁迅卖狗皮膏药》《文坛上的贰臣传·鲁迅》《鲁迅大开汤饼会》《鲁迅的狂吠》《鲁迅与托派》《鲁迅愿作汉奸》[②] ……大家从中就能看出——正如鲁迅所说，这些力倡革命文学的家伙确实是在"胡说"，不值得"一一辩驳"[③]。

被骂得狗血喷头可以不予理会，但被骂得莫名其妙就得关注一下了——因为他们从马列那里搬来很多唬人的、他们自己也半懂不懂的新名词，于是鲁迅被倒逼得也开始研究马克思主义了，买了一大堆的马列著作，比如恩格斯的《社会主义从空想到科学》、列宁的《论中国革命问题》、马克思和恩格斯的《共产党宣言》、恩格斯的《婚姻及家庭的发展过程》，还有《俄国工人党史》《阶级斗争理论》《唯物论与辩证法的基本概念》《唯物史观解说》《文学与革命》《无产阶级文学理论》《苏俄的文艺政策》《新俄国文化的研究》等。与此同时，共产党员柔石、冯雪峰等人相继走入了鲁迅的生活之中。

这一切对鲁迅来讲，幸耶，不幸耶？

韩石山说："鲁迅的思想资源约略说来有三，一是自幼受到的家庭变故的烙印，二是从少年时代起接受的中国传统经典的训练，三是在日本留学时受

---

① 杜荃："文艺战线上的封建余孽——批评鲁迅的〈我的态度气量和年纪〉"，载于《围剿集》，河北教育出版社2000年版，第94页。

② 梁实秋等：《围剿集》，河北教育出版社2000年版。

③ 鲁迅："书信·致章廷谦"，载于《鲁迅全集·第十二卷》，人民文学出版社2005年版，第120页。

到的西方思潮的熏染。”① 这里所谓的西方思潮，当然仅指尼采式的个人主义，并不包含胡适、陈西滢等现代评论派所代表的欧美自由主义，和陈独秀、李大钊贩卖进来的马克思主义。所以韩石山才说：“从鲁迅那些著名的话语中，也可看出他的思想资源之单调与贫乏。”“在鲁迅的著作中，你看不到执着的人生理念，也看不到系统的社会理念。这一缺憾，使鲁迅在与英美留学归来的那些自由主义知识分子的争论中，常常显得穷于应付，他的长处在冷嘲热讽，泼辣恣肆上。这一招，对那些受过西方教育的人来说，只能是无言也无招以对了。”“对自己的这一手，鲁迅既很得意，又不能不感到困惑与怯懦。终其一生，鲁迅很少写对社会建言的文章，也很少写分析社会事件的文章，其原因怕就在这里。”“一九二七年到上海，接受了中国共产党的委托，统率起中国文化革命的新军之后，鲁迅主动学习了马列主义的社会学理论与文艺学理论，情况才有所改变。这一来，让鲁迅很是振奋，觉得自己虽然得道晚了些，得的是道主真传，比那些自由主义、民主主义之类的人云亦云的东西要强多了。多少年无法与英美留学生抗衡，这回可得到了法力无边的武器，看你们往哪儿跑！”②

其实，不是别人往哪儿跑，而是鲁迅本人：你往哪儿跑？

1928年底，以张学良的东北易帜为标志，国民党政府完成了南北统一。中国又一个新的朝代开始了。与此同时，创造社与太阳社对鲁迅的攻击遭遇中国共产党中央批评，逐渐平静下来，到了1929年，包括周恩来在内的中国共产党高层开始发出指示，对鲁迅的批评与指责是错误的，他不反对党，我们应该把他团结过来云云。于是中国共产党召集其控制的创造社、太阳社等各方面的负责人员开会，决议：一律停止对鲁迅的谩骂与攻击，即使人家反骂咱，咱也不要回嘴了。同时派冯雪峰等人去和鲁迅谈话，告诉对方：不吵了好不？那个，党批评俺们了！③

这一切对鲁迅来讲，意味着一个新的开始吗？

---

① 韩石山：《少不读鲁迅，老不读胡适》，陕西人民出版社2012年版，第61页。
② 同上，第65、66页。
③ 李何林：《鲁迅年谱·第三卷》，人民文学出版社1984年版，第176页。

该说说鲁迅与党派的关系了

对于鲁迅来说，除了辛亥革命前参加光复会之外，之后不再参加任何党派。1912 年 5 月，光复会参与组建的共和党成立，并在第一时间给鲁迅发出了信，寄去了党证及徽识，但鲁迅没有理睬，也没有加入。这是鲁迅的高超之处吧。

鲁迅的学生、许广平女师大的同桌吕云章回忆，她当年加入国民党时，曾征求鲁迅的意见，鲁迅说："入国民党我不反对，可是你得记住一个党有时是同志杀同志"。这个更高超了吧？吕云章为此总结说："所以他根本不入任何党。"①

倪墨炎把鲁迅和中国共产党的关系，分为三个时期：第一时期，1926 年鲁迅南下之前，主要是接受党的思想影响，和一些共产党人的接触也是私人交往；第二时期是南下以后到 1929 年间，鲁迅在言行上同情、支持中国共产党，和党的组织已有联系，和共产党人的私人交往大大增加；第三时期，1929 年以后，鲁迅已树立了马克思主义世界观，成了坚定的共产主义战士，接受党的领导，参加党所领导的各项革命活动，找到了正确的革命道路，走向了共产主义，组织上没有办理入党手续而在思想上早已入党云云。②

你觉得这两人的言说，谁的更靠谱一些呢？

可以说，1927 年鲁迅一到上海，就和国共两党 1925 年五卅运动后合办的中国济难会有了联系。中国济难会成立之初还是公开的组织，名义上是国共合办的，但实质领导是中国共产党，所以"四一二"事件之后，它也不得不转入地下并逐渐消散。对于中国共产党来讲，要团结作家，搞好宣传工作；对鲁迅来讲，就是参加了几次运动，捐了些钱而已。

1929 年下半年，中国共产党各省开始建立革命互济会，上海在年底建立了上海市互济总会，由于是中国共产党领导的，所以成立之初就是地下性质。

---

① 吕云章：《吕云章回忆录》，龙文出版社 1990 年版，第 84 页。

② 倪墨炎：《鲁迅革命活动考述》，上海文艺出版社 1984 年版，第 221、234 页。

如果说济难会主要是济难，互济会就是济中国共产党革命了。鲁迅依然是捐钱，革命同志去家里给他谈革命高潮什么的。据冯雪峰回忆，有次他去找鲁迅，鲁迅刚送走一个客人，于是跟冯雪峰说："革命互济会的，来过三次了。人真老实，每次来都对我大讲一通革命高潮。"说完一通大笑，连冯雪峰都承认这笑声里有着"讽刺"的意味。[①]

不管讽刺与否吧，中国共产党统战下，鲁迅又先后参加了中国共产党的三大外围组织，也就是著名的三大盟：中国自由运动大同盟、中国左翼作家联盟、中国民权保障同盟。

1930年2月13日，鲁迅参加中国自由运动大同盟成立大会，列名为发起人之一。按鲁迅的自我评价，他既不知"运动"的人，凡所演讲，也与该同盟格格不入，但即使这样，也有人看不惯。[②] 看不惯的结果，就是不久就听说国民党浙江省党部呈请中央通缉他这个"堕落文人"、"反动文人"呢，所以鲁迅出去避了一段时间。事后国民党中央也没有为难鲁迅，只是宣布取缔自由运动大同盟等几个团体，并在后面的名单里附有鲁迅的名字而已。

鲁迅跟友人解释，自己只是被自由运动大同盟请去做演讲了，演讲完就走了，没承想事后就被他们列为发起人之一了。于是友人劝他在党报上发个声明，解释一下，但他很不屑，跟许寿裳说："浙江省党部颇有我的熟人，他们倘来问我一声，我可以告知原委。今竟突然出此手段，那么我用硬功对付，决不声明，就算由我发起好了"。[③]

由此可以看出，鲁迅知道共产党那边对他有利用的成分，但正如王晓明分析，鲁迅在上海太孤独了，所以明知道是利用，他也认了。[④] 何况他与中国共产党共同的对手都是国民政府呢？

当然对于国民政府这边，他心里也有数，当日本书店的老板内山完造担心他的安全，劝他躲避一下时，他回的是："不要紧的，如果是真的要捉，就

---

① 冯雪峰："党给鲁迅以力量"，载于《鲁迅研究资料2》，文物出版社1977年版，第43页。

② 鲁迅："书信·致章廷谦"，载于《鲁迅全集·第十二卷》，人民文学出版社2005年版，第225页。

③ 许寿裳：《亡友鲁迅印象记》，人民文学出版社1953年版，第76页。

④ 参见王晓明：《无法直面的人生：鲁迅传》，上海文艺出版社2001年版。

不下通缉令啦什么的了。……就是说，有点讨厌，别给我开口——是那么一回事。”①

嗯，即使不是温馨提醒，至少是友情提醒吧。一句话，鲁迅虽然掺和共产党的事，但他对于国共双方都心里有数。

1930 年 3 月 2 日，鲁迅又出席“左联”成立大会，被选为执行委员。鲁迅虽然在成立大会上讲了话，但是激进的共产党作家们还是嫌他不够意思，讲得不够革命。鲁迅当然知道他们是利用自己，所以在致友人的信中自称梯子，供后起诸生爬高的。对于“左联”的一帮革命作家，他也并不看好：“于会场中，一览了荟萃于上海的革命作家，然而以我看来，皆茄花色，于是不佞势又不得不有作梯子之险，但还怕他们未必能爬梯子也。哀哉！”②

这期间，鲁迅还和中国共产党当时的中宣部部长李立三会面两次。第一次会见还没啥，第二次会见，李立三就有具体任务了。

按冯雪峰的回忆，李立三的目的是希望鲁迅发表一个宣言，以拥护他的主张，被鲁迅给拒了。回来后鲁迅跟陪同会见的冯雪峰说：“今天我们是各人讲各人的，要我发表宣言很容易，可对中国革命有什么好处？那样我在中国就住不下去，只好到外国去当寓公。在中国我还能打一枪两枪。”③

按周建人的回忆，李立三跟鲁迅说的，根本不是支持他的什么机会主义政策，而是：“你在社会上是知名人物，有很大影响。我希望你用周树人的真名写一篇文章，痛骂一下蒋介石”。鲁迅的回复是：“文章是很容易写的……不过，我用真名一发表文章，在上海就无法住下去了。”李立三说：“这个问题好办！黄浦江里停泊着很多轮船，其中也有苏联船，你跳上去就可以到苏联去了。”鲁迅说，是啊，这样一来蒋介石就拿我没办法了，但我还是认为应该讲究策略，坚守阵地，进行韧性战斗云云。④

冯雪峰的回忆，明显是受了中国共产党执政后对李立三盖棺定论的影响，

---

① ［日］内山完造：“鲁迅先生”，载于《活的鲁迅》，上海书店出版社 2001 年版，第 440 页。

② 鲁迅：“书信·致章廷谦”，载于《鲁迅全集·第十二卷》，人民文学出版社 2005 年版，第 226～227 页。

③ 冯雪峰：“在北京鲁迅博物馆的谈话”，载于《雪峰文集·第四卷》，人民文学出版社 1985 年版，第 496 页。

④ 周建人：《回忆大哥鲁迅》，上海教育出版社 2001 年版，第 119 页。

所以只有党的政策附会，没有事实真相。相形之下，周建人的回忆才是真实可信的。但是，不管是哪个版本，我们都可以从中看出，鲁迅之亲共还是有底线的，掂着脑袋干革命那一套，他是不干的，即使这样，国民政府还是有些穷急了——鲁迅那特约撰述员（在蒋梦麟任部长的教育部里改名为“教育部编辑费”）一职，每月月薪高达三百元，却给政府养了一个政治上的反对派，于是1931年12月底，政府把他裁撤下去了。蔡元培曾设法阻拦，但未能成功，因为裁撤的理由成立：鲁迅在此岗位上没啥成绩。

1932年12月，宋庆龄、蔡元培、杨杏佛、林语堂等发起组织中国民权保障同盟。1933年1月，鲁迅接到了蔡元培邀请他加入民保盟的信，之后鲁迅加入，并当选为上海分会执行委员九委员之一。

民保盟名义上是无党无派的纯社会活动组织，但亲共亲苏才是它的宗旨与实质。事实上，民保盟的前身就是宋庆龄的“牛兰夫妇上海营救委员会”，而牛兰是共产国际派驻中国的秘密代表，被国民政府逮捕后，把妹夫视作流氓、轻易不屑相见的宋庆龄居然屈尊就节，亲自去求蒋介石了，说如果蒋放牛兰一把，那么苏联那边也会放已作人质的蒋经国一把，但蒋介石拒绝了这种交易。他在日记中写道：“孙夫人欲释放苏俄共产党东方部长，其罪状已甚彰明，而强余释放，又以经国交还相诱。余宁使经国投荒，或任苏俄残杀，而绝不愿以害国之罪犯以换亲儿。绝种亡国乃气数也，余何能希冀幸免。但求法不由我而犯，国不由我而卖，以保全我父母之令名，使无忝所生则几矣。区区后嗣，岂余所怀耶？”①

壮哉，老蒋坚决不和二姨子交易，宁愿害死嫡长子，也不愿意害国违法。如果不是美国那边公布蒋介石日记，我们哪里知道老蒋还有这么光明的一面呢？

当然，谈判之后，老蒋就知道这二姨子是干嘛的了，共产国际派遣过来的！所以民保盟成立之后，展开了诸多革命活动与营救活动，基本上承继的是革命互济会的功能，弄得老蒋那边极端的不乐意。几个月之后，也就是

① 肖如平：“从日记看蒋介石与蒋经国的父子情”，载于《民国研究·总第17辑》，社会科学文献出版社2011年版，第16页。

1933 年 6 月，民保盟的总干事杨杏佛被暗杀，据说有些人动摇了——蔡元培说他已辞去副会长之职，故对该会之前途，均不得而知；林语堂不但不再参加公开的活动，更建议停止民保盟的工作。据说表示要坚持斗争的是宋庆龄与鲁迅。[①] 这个可以有。

第一，鲁迅的上海分会九执委之一，不是啥具体职务，他也不会亲自去组织什么活动，何况衙门里有人，所以危险系数不大。

第二，至于蔡元培，虽然从政府手里拯救过诸多中国共产党党员，但人家毕竟是国民政府中人，活动理念也仅是民主自由加人道主义，而不是无产阶级革命加共产主义。1933 年 3 月民保盟北京分会主席胡适因理念分歧被民保盟开除后——有人猜测开除胡适是鲁迅建议的，但邵建认为，“不太可能排除的是宋庆龄的因素”[②] ——在日记里记曰，我们当初加入这个组织，“本是自取其辱”，蔡元培先生“夹在里面胡混，更好笑”。同时他还给蔡元培去了信，说自己“不愿多唱戏给世人笑”。蔡元培回信说：“君子见其远大者，甚佩，甚感。弟与语堂亦已觉悟此团体之不足有为；但骤告脱离，亦成笑柄；当逐渐摆脱耳。承关爱，感何可言！”[③]

看到这里应该明白了吧，人家老蔡才不傻呢。知道自己被人利用，已成笑柄，但为了面子问题，正准备慢慢退出呢。具体来讲，就是三个月之后，杨杏佛被暗杀前几天，老蔡就辞职不干了。

第三，老蔡虽然不干了，但出于人道主义，更出于与杨杏佛的交情，所以出面给他主持了隆重的葬礼，并妥善安排了后事。林语党没有参加杨杏佛的葬礼，鲁迅参加了，事后跟许寿裳说“语堂太小心了”[④]。我猜，人家林语堂一是跟蔡一样“觉悟”了，二是因为朝中没有人吧，何况他的侄儿，时任福建龙溪抗日会常委、民众教育馆馆长的林惠元刚刚在杨案之前，被由上海调往福建参加剿共的十九路军总指挥兼军长蔡廷锴谕令以“通共”之罪未加审判即予枪决了。

---

① 倪墨炎：《鲁迅革命活动考述》，上海文艺出版社 1984 年版，第 197 ~ 198 页。

② 邵建：《20 世纪的两个知识分子：胡适与鲁迅》，光明日报出版社 2008 年版，第 296、297 页。

③ 程新国：《晚年蔡元培》，上海文化出版社 2011 年版，第 234 页。

④ 许寿裳：《亡友鲁迅印象记》，人民文学出版社 1953 年版，第 85 页。

第四，宋庆龄是蒋介石的二姨子，当然更不怕什么暗杀了。别说暗杀了，就是掉根儿毛，宋美龄都不愿意的，并且提前跟“达令”打过招呼的。不过即使如此，民保盟的活动还是告停了。因为被杀的被杀、开除的开除、退出的退出，光剩下宋庆龄与鲁迅，能干嘛呢？

鲁迅主要的革命活动，被简称为“三盟一会”，也就是说，除了上述三大盟，他还有一个重要的活动，就是掺和世界反对帝国主义战争委员会远东会议（简称反战大会）。反战大会召开的时间是 1933 年 9 月 30 日，迎接大会的筹备工作是由中国共产党江苏省委宣传部领导宋庆龄亲自主持的。至于背景，说起来就有些模糊了。最早是 1932 年春天著名作家巴比塞、罗曼·罗兰等人发起组织世界脑力劳动和体力劳动者的联合阵线，反对帝国主义战争，保卫社会主义苏联云云。你说体力劳动与脑力劳动咋联合呢？至如今我还没见过这样的联合战线；再说反对帝国主义战争也就罢了，还加个保卫社会主义苏联算嘛意思呢？

不管嘛意思，1932 年 8 月，世界反战大会在荷兰召开了。大会成立了世界反对帝国主义战争委员会，罗曼·罗兰为委员会主席，中国的宋庆龄为名誉主席。年底，世界反对帝国主义战争委员会专门讨论了帝国主义侵略中国的问题，并决定在上海召开一次反战远东会议。宋庆龄担任世界反对帝国主义战争委员会远东会议上海筹备委员会主席，所以她的主持，实际上就是由民保盟主持。只不过我们弄不清，民保盟到底是中国共产党的外围机构呢，还是苏联的外围机构，或者是共产国际的机构。这一切，都取决于宋庆龄当时复杂的身份。一句话，自从 1925 年孙中山死去，1927 年宋庆龄出访苏联之后，这女人到底干嘛的，我现在还没有搞清楚呢。当然，好多学者早已考证，甚至根据廖承志的回忆，都可以认定，她早是共产国际的人了。①

鲁迅作为“左联”旗手和民保盟上海分会九执委之一，所参与的活动主要是：（一）为大会捐款；（二）领衔和百位文艺界人士发表《中国著作家欢迎巴比塞代表团启示》；（三）与茅盾、田汉联名发表《欢迎反战大会国际代表的宣言》；（四）出席了欢迎国际代表的会议；（五）会见了古久烈、马莱

---

① 程新国：《晚年蔡元培》，上海文化出版社 2011 年版，第 218、229 页。

等国际代表；（六）没有出席大会，但被选为大会名誉主席。[①] 同时被选为名誉主席的，还有毛泽东、朱德、高尔基等人。[②]

从这些活动我们可以看出，鲁迅也就是河边站站，湿湿手、冲冲脚而已，他不会陷入其中的。正如韩石山所云："有人说，是共产党利用了鲁迅，怎么可能呢。鲁迅是个很有个性的人，那么大岁数了，谁也利用不了。是他自己愿意那么做，是他需要那么做。"[③] 一句话，即使被利用，也是自愿被利用。

"三盟一会"之外的活动

除了"三盟一会"，鲁迅还有一些重要事项需要我们历数一下。

第一，1931 年 1 月，左联五烈士柔石等人被捕，由于柔石身上带有鲁迅印书的合同，鲁迅在日人内山完造的帮助下，离寓避居日人旅馆一月之久。与此同时，有关鲁迅被捕、被杀的谣言满天飞，也不知大家是担心他被捕、被杀呢，还是唯恐他不被捕、不被杀呢？有意思的是，国民党政府也不辟谣，不知是不屑呢，还是忙着维稳顾不上这等小事，所以辟谣的倒是鲁迅本人，写信遍告亲友，我没事，活得好好的。鲁迅在信中，大骂一些无耻文人摇笔造谣之无耻，然则你干吗要躲出去呢？你都出去躲了，大家不摇唇鼓舌又待如何？连当年经常访问鲁迅的增田涉都说，也许是自己当时不太了解鲁迅之故，反正"鲁迅对于自己的生命是慎重地警戒着的，觉得倒有些过于神经质的程度。"还说，鲁迅曾对他说过："在政府和国民党里，有我的老朋友，大概是不会被捕的。不过地方的省政府、省党部下面的党徒会做出什么事情来，却不知道了，所以不能不警戒。"[④]

一句话，鲁迅是有底气的，因为上面有人；但是也有没底气的时候，因为，万一下面的人不知道咱上面有人呢？

第二，1931 年 6 月，日本皇室贵族柳原前光的次女、孙中山日本浪人朋

---

① 倪墨炎：《鲁迅革命活动考述》，上海文艺出版社 1984 年版，第 216 ~ 217 页。

② 李何林：《鲁迅年谱·第三卷》，人民文学出版社 1984 年版，第 460 页。

③ 韩石山：《少不读鲁迅，老不读胡适》，陕西人民出版社 2012 年版，第 71 页。

④ ［日］增田涉：《鲁迅的印象》，湖南人民出版社 1980 年版，第 28、43 页。

友宫崎寅藏的儿媳妇柳原烨子通过内山完造的介绍，在日人开办的功德林酒馆宴请鲁迅等人。席间，鲁迅大说中国政治的坏话，柳原烨子遂问：“那么你讨厌出生在中国吗?”用中国现代流行语，柳原小娘子所言很有些“谁让你不幸生在中国”的意思，但鲁迅回说：“不，我认为比起任何国家来，还是生在中国好。”①

鲁迅毕竟是鲁迅，他要说，我就是喜欢你们日本，就坏了菜了，日本那边更有使命感了，比如打到中国去解放全中国、大东亚共荣等！

第三，鲁迅跟增田涉说：“中国未来，会出现沙漠。”增田涉认为这是鲁迅关心未来的表现。鲁迅为了中国不出现沙漠，又给增田涉补充说：“如果中国人再不死一些（由于饥馑和互相残杀），和平不会到来吧？变成三分之一（听说的是三分之一，又像说的是十分之一，因为说到要出现沙漠或者是说十分之一吧?）左右的人口吧。”②

鲁迅这个说法让我想起了隋炀帝，小杨就一直嫌中国人多来着！造反失败后他跟手下大臣牢骚曰：“玄感一呼而从者十万，益知天下人不欲多，多即相聚为盗耳。不尽加诛，无以惩后。”于是大杀特杀。后炀帝被突厥人包围，李世民前去解围，把这家伙救了。没想到他回到东都洛阳还嫌人多：“顾眄街衢，谓侍臣曰‘犹大有人在!’”③ 这都算中国特色的环保意识吧。

第四，1932 年，“一·二八”事变发生。鲁迅全家避居内山书店。后来内山完造邀请鲁迅去日本小居，为鲁迅所拒。拒的理由很多，但有一条很有意思：“依我看，日本还不是可以讲真话的地方，一不小心，说不定还会连累你们。”④

我觉得，幸亏鲁迅没去日本避难，否则有些说不清，你说日本一步一步侵略中国呢，你一个革命文学旗手却躲到日本本部去了，从哪方面都说不过去。更说不过去的是，跟人拒绝时说日本没有言论自由，似乎中国这边的言论比日本还自由呢，老蒋同志亏不亏啊！

---

① ［日］增田涉：《鲁迅的印象》，湖南人民出版社 1980 年版，第 25 页。
② 同上，第 26 页。
③ 司马光：《资治通鉴·第 4 卷》，当代中国出版社 2001 年版，第 1358、1362 页。
④ 李何林：《鲁迅年谱·第三卷》，人民文学出版社 1984 年版，第 316 页。

第五，1932 年，鲁迅为一个名叫林克多的留苏学生所写的《苏联闻见录》作序。从序中，我们可以发现鲁迅对于苏联的向往与好评。他说，他终于明白为什么资本主义国家要进攻苏联了，因为苏联“工农都像了人样，于资本家和地主是极不利的，所以一定先要歼灭了这工农大众的模范”。还有，苏联愈平常，资本主义国家就愈害怕，那么苏联都干了哪些平常事呢？“那就是将‘宗教，家庭，财产，祖国，礼教……一切神圣不可侵犯的东西’，都像粪一般抛掉，而一个簇新的，真正空前的社会制度从地狱底里涌现而出，几百万的群众自己做了支配自己命运的人。这种极平常的事情，是只有‘匪徒’才干得出来的。”[①] 同一时期鲁迅还写有一篇《我们不再受骗了》，中心意思是，帝国主义愈说苏联坏话，我们愈觉得苏联好；帝国主义的利害与我们的正相反，“它们的敌人，当然是我们的朋友了”；有记者告诉他，苏联是无产阶级专政，智识阶级要饿死！他说，他才不信呢，无产阶级专政就是“谁也不会饿死”。[②] 在致友人的信中，他不屑地说：“上海的小市民真是十之九是昏聩糊涂，他们好像以为俄国要吃他似的。”[③]

老实说，看到鲁迅这些文章，我真想让他多活几年，延安的整风不说（因为我不确定他会不会去延安），至少经历一下 50 年代的“反右”和 60 年代的饥馑（这些他可躲不过），至于后来的“文化大革命”，就饶他一马，别让他经历了吧。因为鲁迅在信里不断地跟友人牢骚同一个主题，他说：“敌人是不足惧的，最可怕的是自己营垒里的蛆虫”[④]。他说：“叭儿之类，是不足惧的，最可怕的确是口是心非的所谓‘战友’，因为防不甚防。……为了防后方，我就得横站，不能正对敌人。”[⑤] 他说：“敌人不足惧，最令人寒心而且灰心的，是友军

---

① 鲁迅：“南腔北调集·林克多〈苏联闻见录〉序”，载于《鲁迅全集·第四卷》，人民文学出版社 2005 年版，第 436 页。

② 鲁迅：“南腔北调集·我们不再受骗了”，载于《鲁迅全集·第四卷》，人民文学出版社 2005 年版，第 440～441 页。

③ 鲁迅：“书信·致曹靖华”，载于《鲁迅全集·第十二卷》，人民文学出版社 2005 年版，第 313 页。

④ 鲁迅：“书信·致萧军、萧红”，载于《鲁迅全集·第十三卷》，人民文学出版社 2005 年版，第 278 页。

⑤ 鲁迅：“书信·致杨霁云”，载于《鲁迅全集·第十三卷》，人民文学出版社 2005 年版，第 301 页。

中的从背后来的暗箭；受伤之后，同一营垒中的快意的笑脸”①。

如果让鲁迅从40年代一直活到70年代，我真不知道他还怎么横站！别说横站了，就连他那四大箱的手稿，许广平都没给他保住，并且为此被气死。“后方”和“友军”比国民政府、日本人还要凶狠的，可惜鲁迅没福气享受到！

另外我想说的是，鲁迅还真有一些流氓无产者的气息。视宗教、家庭、财产、礼教等为大粪，扫荡一切，地狱里面建天堂，确实有一定的“匪徒”气概。还有，一个洞透深刻的文人，见识竟然不如“十之九”的上海小市民，对苏联没有任何亲见亲闻——苏联几次邀请他访苏，由于诸多原因，没有一次成行——仅仅坚执于敌人的敌人就是朋友，被人骗倒在其次，首先是自己骗自己了。奈何直到今天，中国人，特别是网络上，都是这么个二傻子站队般的思维方式！

第六，中国共产党领袖瞿秋白夫妇几次到鲁迅家中避难，俩人不但成了好友，瞿还用鲁迅的笔名何家干发表文章。这个挺好玩，所以革命时期革命人士到底写了什么文章或者冒用了何人名义，我们真还得睁大了眼睛看。

第七，1934年，有人骂鲁迅为汉奸，理由乃是鲁迅搜集一年来诋毁政府的文字，编为《南腔北调集》，由日本老友内山完造介绍给日本情报局，鲁迅所获稿费几及万元，所以鲁迅很乐于做汉奸云云。看来，鲁迅也是双料特务了，一方面有人骂他拿日元，另一方面有人骂他拿卢布。其实，拿不拿日元我们不知道，拿卢布则是有的，只不过不是鲁迅，而是统战鲁迅的那个组织。拿了人多少卢布，至今还说不清楚！

第八，1935年，鲁迅给胡风去信，谈到了“左联”党团书记周扬“元帅”：“我本是常常出门的，不过近来知道了我们的元帅深居简出，只令别人外出奔跑，所以我也不如只在家里坐了。记得托尔斯泰的什么小说说过，小兵打仗，是不想到危险的，但一看到大将面前防弹的铁板，却就也想到了自己，心跳得不敢上前了。”② 另一封信里，还谈到萧军不必加入“左联”，“一到里面去，即酱在无聊的纠纷中，无声无息。以我自己而论，总觉得缚了一

① 鲁迅：“书信·致萧军、萧红”，载于《鲁迅全集·第十三卷》，人民文学出版社2005年版，第445页。

② 鲁迅：“书信·致胡风”，载于《鲁迅全集·第十三卷》，人民文学出版社2005年版，第491页。

条铁索，有一个工头在背后用鞭子打我。”[①] 看来“旗手”明白了，有些后悔给人扛大旗了。

第九，还是1935年，狱中的方志敏给党中央写报告，并把报告转给鲁迅一份，希望鲁迅联系宋庆龄、蔡元培等人，以民保盟的名义向社会发起一个营救他的运动，但被鲁迅所拒。鲁迅认为，一是民保盟早已停止活动了；二是不营救还好，一营救反而刺激得人家对你早下手呢？那个，人家不是正开展劝降活动嘛，你呀，不如利用这个机会写下自己的经验与教训，以利革命呢。[②] 结果方志敏行刑前，在狱中利用劝降的纸笔写了十几万字的东西，利不利革命我就不知道了。

第十，1935年10月22日，鲁迅致友人的信件中，谈到了史沫特莱劝他出国疗养一事。他说：“我的胃病，还是二十岁以前生起的，时发时愈，本不要紧。后见S女士，她以欧洲人的眼光看我，以为体弱而事多，怕不久就要死了，各处设法，要我去养病一年。我其实并不同意。”[③] 鲁迅认为这病不必养，但他错了，他的生命，已经进入了倒计时。也许是外人看得明白吧，日人增田涉也看出鲁迅的不妙来了，他说鲁迅晚年的小品，“几乎使人感到病态的可怕”，等见了晚年的鲁迅本人，他的印象是鲁迅“在肉体上也表现着一些可怕的地方”[④]。

倒计时的生命历程

是有些可怕。下面，让我们以倒计时的方法，扫描一下鲁迅最后的身影吧。

1935年11月，日本地质学家清水三郎来访，这家伙居然给鲁迅送了一具时钟，典型的“送终”来了！打倒日本鬼子！

---

① 鲁迅：“书信·致胡风”，载于《鲁迅全集·第十三卷》，人民文学出版社2005年版，第543页。

② 倪墨炎：《鲁迅革命活动考述》，上海文艺出版社1984年版，第229页。

③ 鲁迅：“书信·致曹靖华”，载于《鲁迅全集·第十三卷》，人民文学出版社2005年版，第568页。

④ ［日］增田涉：《鲁迅的印象》，湖南人民出版社1980年版，第31页。

还是11月，鲁迅应苏联驻上海总领事馆之邀，全家出席苏联为庆祝十月革命十八周年而举办的招待会。会上，大家再次建议他去苏联游历并疗养，再次为鲁迅所拒。一者是觉得自己离不开，二者为防大家说他拿卢布。

1935年底至1936年初，由于中国共产党要搞文艺界的统一战线，指示解散“左联”，另建文艺家抗日协会什么的。鲁迅首先不同意解散“左联”，其次即使同意解散，也在解散方式上跟夏衍、周扬等人产生了意见分歧，他对中间负责传话的茅盾说：“对他们这般人，我早已不信任了。”[1]

是不能信任。更不能信任的是，1936年2月，鲁迅是否与茅盾合拍过致中国共产党中央长征胜利祝贺电。据说电文中有这样的词句：“英勇的红军将领和士兵们！你们的英勇的斗争，你们的伟大胜利，是中华民族解放史最光荣的一页！全国民众期待你们更大的胜利。全国民众正在努力奋斗，为你们的后盾，为你们的声援！你们的每一步前进，将遇到极热烈的欢迎与拥护”；“在你们身上，寄托着人类和中国的将来”。[2]

一般的看法，鲁迅写不出这么酸的词句，这些词句不符合他的风格。确实不符合，鲁迅牙不好，这么写，连他自己的牙都要酸倒的。何况他与许广平一勾一搭的《两地书》中都没有这么酸过。茅盾说，红军长征胜利，国民党封锁消息，上海一般人直到很晚才知道，他是从鲁迅处得知的，而鲁迅是从史沫特莱处得知的，史要求他们拍发一个电报，鲁迅呢，就交给史办去了，茅盾从没见到过电文。他猜史是通过第三国际从法国转拍出去的。[3] 综上，我比较倾向于认为，这是史沫特莱以鲁迅和茅盾的名义拍发出去的，电文更是她自己写的。只有她，才能写出这种文字。

1936年4月，致友人的信件中，鲁迅说“左联”已经解体，正在筹组新协会之事，但是他觉得这里头“实做的少，监督的太多，个个想做‘工头’，所以苦工就更加吃苦”，所以“别组什么协会之类”，他是“决不进去了”。[4]

---

① 茅盾：“我和鲁迅的接触”，载于《鲁迅研究资料1》，文物出版社1976年版，第70页。

② 李何林：《鲁迅年谱·第四卷》，人民文学出版社1984年版，第323～324页。

③ 茅盾：“我和鲁迅的接触”，载于《鲁迅研究资料1》，文物出版社1976年版，第73页。

④ 鲁迅：“书信·致王冶秋”，载于《鲁迅全集·第十四卷》，人民文学出版社2005年版，第69页。

另一封信中，再次说及自己不想加入这种协会："鉴于往日之给我的伤，拟不加入，但此必将又成一大罪状，听之而已"；还说起田汉批评自己，自己曾回函质问，没想到田汉回的是，你名誉好，乱说也无妨的。身旁的"战友"更是替田汉辩护，人家有大计划，此刻不能定论。[①] 从中可以看出，田汉自认为骂鲁迅，乃是为党服务之需要；而身旁的战友，深刻地理解这种需要。啧啧，都是一帮自认目标正确，则手腕无须计也的家伙。鲁迅在生命的倒计时中能看透这一点，也算上天对他的眷顾吧！因为与他同时代的人，活得不明不白的不少，死得不明不白的更不少，可谓死活不明白也！

还是1936年4月，冯雪峰作为中国共产党中央特派员从延安回归上海。鲁迅向他大发"左联"中国共产党负责人的牢骚，他呢，估计又给鲁迅大讲革命形势了。总之，据友人回忆，冯雪峰讲得正在兴头上时，鲁迅给他来了这么一句："你们来了，还不先杀掉我！"吓得冯雪峰赶忙回："那不会，那决不会的！"[②] 鲁迅这么说，固然一半是玩笑，但另一半绝对是认真。众所周知，早在日本留学时，鲁迅虽然加入了陶成章的光复会，但他与好友许寿裳背后论起陶成章来，那也是一针见血的："假如焕卿一旦造反成功，做了皇帝，我们这班老朋友恐怕都不能幸免。"就连书呆子周作人都能看出陶成章无非是"明太祖一流人物"[③]。待刚到上海，跟一帮革命作家争论革命文学时，他就感觉这帮人"将革命使一般人理解为非常可怕的事，摆着一种极左倾的凶恶的面貌，好似革命一到，一切非革命者就都得死，令人对革命只抱着恐怖。"[④] 鲁迅的预言都多么的精准啊！绝对是"革命来了，快跑"！或者"革命来了，杀你全家"！

1936年5月，鲁迅被确诊为肺结核晚期。给鲁迅确诊病情的外籍医生认为，鲁迅太能挺了，简直是"最能抵抗疾病的典型的中国人"，放到欧洲人身

---

① 鲁迅："书信·致王冶秋"，载于《鲁迅全集·第十四卷》，人民文学出版社2005年版，第81页。

② 陈琼芝："为什么鲁迅没有加入中国共产党"，载于《鲁迅研究百题》，湖南人民出版社1981年版，第562页。

③ 周作人：《知堂回想录》，三育图书有限公司1980年版，263～264页。

④ 鲁迅："二心集·上海文艺之一瞥"，载于《鲁迅全集·第四卷》，人民文学出版社2005年版，第304页。

上，五年前就死了。[1] 是的，我承认外国人太矫情，用英国人的说法，床下铺的玫瑰花瓣多了些，英国人都嫌硌得慌。总之，中国人的生殖能力与生存能力，是他们咋也比不上的！

1936年6月，鲁迅收到了宋庆龄的信，告知他："你的生命并不是你个人的，而是属于中国和中国革命的！为着中国和中国革命的前途，你有保存、珍重你身体的必要，因为中国需要您，革命需要您！"[2] 如果大家能回忆起前述鲁迅在广州收到学生信件，说"你现在不是你自己的了"之时的那种不屑，当会想到鲁迅收到宋女士此信，也会很不受用的：敢情为了你们的革命，我的身体、性命都不是我的，归你们了啊！

与此同时，病中的鲁迅不但得与所谓的托洛茨基派斗争，还深陷"左联"之后新成立的文艺家协会的口号之争。文艺家协会死守共产国际第七次代表大会上季米特洛夫报告和王明宣言的宗旨，提出"国防文学"的口号。鲁迅呢，则提出一个长长的"民族革命战争的大众文学"口号，双方为此大打口水战。其实在我看来，就是比赛谁更忠于苏联、忠于国际，本质上根本没啥可争的。用李劼的话来讲，骨子里都是要遵照斯大林的旨意，建立抗日的统一战线，把日本军队吸引到中国来，不让他们进犯苏联。其实早在1936年5月，鲁迅就回复自己提携出来的年轻后生、"左联"另一领导人徐懋庸说："好在现在旧团体已不复存在，新的呢，我没有加入，不再会因我而引起一点纠纷。我希望这已是我最后的一封信，旧公事全都从此结束了"[3]。没承想你想结束，他们不想结束。到了1936年8月，徐懋庸还来信批评鲁迅，有气无力的鲁迅挺着病躯，花了四天时间作了长长的回复：《答徐懋庸并关于抗日统一战线问题》。

这是鲁迅生命旅程即将结束时的文字。在这篇长文中，我认为最有意思的回复有三段。第一段："据我的经验，那些表面上扮着'革命'的面孔，而轻易诬陷别人为'内奸'，为'反革命'，为'托派'，以至为'汉奸者'，大半不是正路人。……我甚至怀疑他们是否系敌人所派遣。"第二段："胡风我

---

① 李何林：《鲁迅年谱·第四卷》，人民文学出版社1984年版，第350页。

② 同上，第351页。

③ 鲁迅："书信·致徐懋庸"，载于《鲁迅全集·第十四卷》，人民文学出版社2005年版，第85页。

先前并不熟识。去年的有一天，一位名人约我谈话了，到得那里，却见驶来了一辆汽车，从中跳出四条汉子：田汉，周启应，还有另两个，一律洋服，态度轩昂，说是特来通知我：胡风乃是汉奸，官方派来的。”第三段：“首先应该扫荡的，倒是拉大旗做虎皮，包着自己，去吓唬别人；小不如意，就倚势定人罪名，而且重得可怕的横暴者。”①

其一，鲁迅的经验太精准了，如果鲁迅不死，去了延安，或者活到了50、60、70年代，那么他会有更多的机会观摩更多的运动。

其二，所谓的四大汉子：田汉、周扬、夏衍、阳翰笙，经鲁迅这么一恶心，可是出名了，都没有好果子吃了。中国历史真是恶作剧。

其三，鲁迅在上海与这帮“唇红齿白”的革命文学家的十年争论，就是后来“文化大革命”的一场彩排，中国文人所具有的栽赃陷害、断章取义、移花接木、捕风捉影、诛心审判、正义戾气等特异功能，全都有所体现！

1936年9月，鲁迅作《死》，里面给自己列了七条遗嘱：“一，不得因为丧事，收受任何人的一文钱。——但老朋友的，不在此例。二，赶快收敛，埋掉，拉倒。三，不要做任何关于纪念的事情。四，忘记我，管自己生活。——倘不，那就真是糊涂虫。五，孩子长大，倘无别的才能，那就寻点小事情过活，万不可去做空头文学家或美术家。六，别人应许给你的事物，不可当真。七，损着别人的牙眼，却反对报复，主张宽容的人，万勿和他接近。此外自然还有……欧洲临死时，往往有一种仪式，是请别人宽恕，自己也宽恕了别人。我的怨敌可谓多矣，倘有新式的人问起我来，怎么回答呢？我想了一想，决定的是：让他们怨恨去，我也一个都不宽恕。”②

一个都不宽恕！中国民间常说，死了死了，一死百了。这得需要多大的恨才能这么掷地有声呢？

1936年10月18日，鲁迅半夜发病，10月19日晨5时25分，鲁迅拉着许广平的手依依不舍地离开了这个“怨敌多矣”的世界。

---

① 鲁迅：“且介亭杂文末编·答徐懋庸并关于抗日统一战线问题”，载于《鲁迅全集·第六卷》，人民文学出版社2005年版，第549~550、554、557页。

② 鲁迅：“且介亭杂文末编·附集·死”，载于《鲁迅全集·第六卷》，人民文学出版社2005年版，第635页。

解剖鲁迅之身后名

延安，要把鲁迅当高尔基来捧起来？

鲁迅死后，治丧委员会的名单是宋庆龄参与下拟订的，共九人，其中有蔡元培、宋庆龄、内山完造、史沫特莱、茅盾……最亮的是还有毛泽东！后来又增加周作人、周建人、许寿裳、胡风等，扩容为十五人。

中国共产党那边发出三条电文。

第一条是《为追悼鲁迅先生告全国同胞和全世界人士书》。电文中对鲁迅做了激光式扫描：

鲁迅先生一生的光荣战斗事业，做了中华民族一切忠实儿女的模范，做了一个为民族解放、社会解放、为世界和平而奋斗的文人的模范。他的笔是对于帝国主义、汉奸卖国贼、军阀官僚土豪劣绅、法西斯蒂，以及一切无耻之徒的大炮和照妖镜，他没有一个时候不和被压迫的大众站在一起，与那些敌人作战。他的犀利的笔尖，完美的人格，正直的言论，战斗的精神，使那些害虫毒物无处躲避。他不但鼓励着大众的勇气，向着敌人冲锋，并且他的伟大，使他的死敌也不能不佩服他、尊敬他、惧怕他。中华民族的死敌，曾用屠杀、监禁、禁止发表鲁迅一切文字、禁止出版和贩卖鲁迅一切著作来威吓他，但鲁迅先生没有屈服；民族的死敌想用“赤化”，“受苏联津贴”等捏造的罪状来诬陷他，但一切诬蔑都归于失败；民族的死敌，特别是托洛茨基派，想用甜言蜜语来离间他离开大众的救亡阵线，但是鲁迅先生给了他以迎头痛击。鲁迅先生在无论如何艰苦的环境中，永远与人民大众一起与人民的敌人作战，他永远站在前进的一边，永远站在革命的一边。他唤起了无数的人们走上革命的大道，他扶助着青年们使他们成为像他一样的革命战士，他在中国革命运动中，立了超人一等的功绩。①

鲁迅胃不好，不知听了会不会胃疼？其他不说，这里只说两点。

其一，鲁迅什么时候与大众站一起了？他写祥林嫂、写阿Q、写华老栓给儿子吃人血馒头，哪个不是杀戮民众的？用他的话说："我先前的攻击社会，其实也是无聊的。社会没有知道我在攻击，倘一知道，我早已死无葬身之所了……我之得以偷生者，因为他们大多数不识字，不知道，并且我的话也无效力，如一箭之入大海。否则，几条杂感，就可以送命的。民众的罚恶之心，并不下于学者和军阀。"②

看到没？在鲁迅这里，军阀、论敌、民众，都是他横站的对象！

他说："在中国，尤其是在都市里，倘使路上有暴病倒地，或翻车摔伤的人，路人围观或甚至于高兴的人尽有，肯伸手来扶助一下的人却是极少的。"③

你说，看中国民众这么洞透，他跟他们站一起干吗呢？

其二，鲁迅什么时候忽悠年轻人搞革命了？都是年轻人忽悠他搞革命，后来他扛了"左联"的大旗，最后又后悔了对不对？想当初他恶心上海那帮革命青年："革命文学家，要年轻貌美，齿白唇红，如潘汉年叶灵凤辈。这才是天生的文豪。"④ 在去上海之前他说："老实说，远地方在革命，不相识的人们在革命，我是的确有点高兴听的，然而——没有法子，索性老实说罢——如果我的身边革起命来，或者我所熟识的人去革命，我就没有这么高兴听。有人说我应该拼命去革命，我自然不敢不以为然，但如叫我静静地坐下，调给我一杯罐头牛奶喝，我往往更感激。"⑤

看到没？革命、革命文学、革命文学家，都是他不屑的。在上海，之所以有所掺和，一是中国共产党的统战；二是孤寂；三是无所选择，既然选择

---

① 鲁迅研究室：《鲁迅研究资料2》，文物出版社1977年版，第5～6页。

② 鲁迅："而已集·答有恒先生"，载于《鲁迅全集·第三卷》，人民文学出版社2005年版，第477页。

③ 鲁迅："南腔北调集·经验"，载于《鲁迅全集·第四卷》，人民文学出版社2005年版，第555页。

④ 鲁迅："三闲集·革命咖啡店"，载于《鲁迅全集·第四卷》，人民文学出版社2005年版，第118页。

⑤ 鲁迅："三闲集·在钟楼上"，载于《鲁迅全集·第四卷》，人民文学出版社2005年版，第30页。

了对着国民政府横战，那么就容易走向另一个极端；四是既没去延安也没去苏联，也就没啥发现，晚年有所发现，于左联解散后不再加入任何组织，但生命旅程也即将告止。这一切导致直到今天还有人在设问：鲁迅如果活到新中国，政府会怎么对待他？其实我更关心问题的另一面：鲁迅如果活到新中国，他会怎么对待自己？政府怎么对待那是政府的事儿，自己搞了一辈子，最后搞得自己都站不住了。既然不能像胡适那样未卜先知一走了之，那么会不会像老舍那样自沉湖底？

第二条电文是《致许广平女士的唁电》——真偏心，为嘛不发朱安女士呢？不讲程序正义，至少讲个先来后到嘛！相形之下，老蒋那边倒很仗义，1942 年，老蒋还派人给北京的朱安女士送过十万元的法币。朱安辞不敢收，送钱的人说，别人的钱你可以不收，可是蒋委员长的钱你能不收吗？就这么连唬带吓地给了朱安十万元法币的生活费。老蒋这厚道劲儿，连周海婴都搞不明白是嘛意思。[①]

这第二条电文中对鲁迅的盖棺定论是：“中华民族最伟大的文学家、热忱追求光明的导师、献身于抗日救国的非凡领袖、共产主义苏维埃运动之亲爱的战友！”[②] 鲁迅牙不好，不知听了会不会牙疼！

第三条电文是《为追悼与纪念鲁迅先生致中国国民党中央委员会与南京国民党政府电》。电文中，中国共产党把鲁迅比喻为中国的高尔基。为此，“敝党”、“敝政府”将开展下述六项纪念活动：①下半旗致哀，并在各地方与红军部队中举行追悼大会；②设立鲁迅文学奖金基金十万元；③改苏维埃中央图书馆为鲁迅图书馆；④在苏维埃中央政府所在地建立鲁迅纪念碑；⑤搜集鲁迅遗著，翻印鲁迅著作；⑥募集鲁迅号飞机基金。“贵党与贵政府为中国最大部分领土的统治者”，为此，“敝党与敝政府”向你们提出八项要求，你们不会拒绝吧？它们是：①鲁迅先生遗体举行国葬并付国史馆列传；②改浙江省绍兴县为鲁迅县；③改北平大学为鲁迅大学；④设立鲁迅文学奖金奖励革命文学；⑤设立鲁迅研究院，收集鲁迅遗著，出版鲁迅全集；⑥在上海、

---

① 周海婴：《鲁迅与我七十年》，南海出版公司 2001 年版，第 101 页。

② 鲁迅研究室：《鲁迅研究资料 2》，文物出版社 1977 年版，第 7 页。

北平、南京、广州、杭州建立鲁迅铜像；⑦鲁迅家属与先烈家属同样待遇；⑧废止鲁迅先生生前贵党贵政府所颁布的一切禁止言论出版自由的法令。①

估计鲁迅没想到，自己死了还能被扛成大旗！用曹聚仁的话说：“中国共产党当局，要把他当作高尔基来捧起来”②。

1937年毛泽东在陕北公学纪念鲁迅逝世周年大会上作了《论鲁迅》的演讲，他说：鲁迅虽然不是共产党，但他的思想、行动、著作都是马克思主义的，是“党外的布尔什维克”，“鲁迅在中国的价值，据我看要算是中国的第一等圣人。孔夫子是封建社会的圣人，鲁迅则是现代中国的圣人。”他还给鲁迅总结了几个特点，第一个特点是“他的政治的远见”，第二个特点是“他的斗争精神”，第三个特点是“他的牺牲精神”，并把这三个特点归总为伟大的“鲁迅精神”。③

鲁迅精神也就罢了，把鲁迅与孔夫子并列，可能要气死鲁迅了。1935年鲁迅写《在现代中国的孔夫子》，恶心孔子死了之后，“种种的权势者便用种种的白粉给他来化妆，一直抬到吓人的高度”，不但被人戴上“大成至圣文宣王”这种“阔得可怕的头衔”，甚而还有“摩登圣人”的随机使用功能，但终归不过是权势者手中的“敲门砖”。老百姓再傻也知道“这是大人老爷们的物事”，“和民众并无关系”。④ 没想到仅仅过了两年，他本人竟然也被扛到神龛中端坐去了，境遇与孔子不差多少。唯一的区别是，现在的百姓不知道那是大人老爷们的物事，还以为鲁迅是自己的！

1938年，“为了民族的生存和解放，为了抵抗日本帝国主义强盗的侵略，把它从中国赶出去；为了巩固世界和平……”⑤ 毛泽东发起创建了鲁迅艺术文学院。

1940年，毛泽东作了《新民主主义论》，他说：

五四以后，中国产生了完全崭新的文化生力军，这就是中国共产党人所领导的共产主义的文化思想……而鲁迅，就是这个文化新军的最伟大和最英

---

① 鲁迅研究室：《鲁迅研究资料2》，文物出版社1977年版，第8页。

② 曹聚仁：《鲁迅评传》，东方出版社2006年版，第4页。

③ 毛泽东：‘论鲁迅”，载于《毛泽东选集·第二卷》，人民出版社1991年版，第43～44页。

④ 鲁迅：“且介亭杂文二集·在现代中国的孔夫子”，载于《鲁迅全集·第六卷》，人民文学出版社2005年版，第325～328页。

⑤ 鲁迅研究室：《鲁迅研究资料2》，文物出版社1977年版，第3页。

勇的旗手。鲁迅是中国文化革命的主将，他不但是伟大的文学家，而且是伟大的思想家和伟大的革命家。鲁迅的骨头是最硬的，他没有丝毫的奴颜和媚骨，这是殖民地半殖民地人民最可宝贵的性格。鲁迅是在文化战线上，代表全民族的大多数，向着敌人冲锋陷阵的最正确、最勇敢、最坚决、最忠实、最热忱的空前的民族英雄。鲁迅的方向，就是中华民族新文化的方向。①

1942 年，毛泽东作了《在延安文艺座谈会上的讲话》，提出：

鲁迅的两句诗，“横眉冷对千夫指，俯首甘为孺子牛”，应该成为我们的座右铭。“千夫”在这里就是说敌人，对于无论什么凶恶的敌人我们决不屈服。“孺子”在这里就是说无产阶级和人民大众。一切共产党员，一切革命家，一切革命的文艺工作者，都应该学鲁迅的榜样，做无产阶级和人民大众的“牛”，鞠躬尽瘁，死而后已。②

1949 年底，毛泽东出访苏联，随身还带了鲁迅著作随时阅读。他跟身边的工作人员说：“我就是爱读鲁迅的书，鲁迅的心和我们是息息相通的。”③

不得不承认，鲁迅在精神气息方面确实有与毛泽东相通的地方。也许正是由于这种相通，李劼才有了《鲁迅：通向毛泽东的独木桥》之说。按李劼的意思，陈独秀、胡适、周作人、鲁迅，乃是“五四新文化运动四大最具实质性的栋梁架构”，但能通向毛泽东的，唯有鲁迅一人。他认为，鲁迅之于毛泽东，正像韩非子之于秦始皇，只不过韩非子提供的是权术，而鲁迅提供的是话语而已。④

---

① 毛泽东：“新民主主义论”，载于《毛泽东选集·第二卷》，人民出版社 1991 年版，第 697 ~ 698 页。

② 毛泽东：“在延安文艺座谈会上的讲话”，载于《毛泽东选集·第三卷》，人民出版社 1991 年版，第 877 页。

③ 徐中远：“读鲁迅著作”，载于《毛泽东的读书生活》，生活·读书·新知三联书店 2010 年版，第 208 页。

④ 李劼：“鲁迅：通向毛泽东的独木桥”，载于《枭雄与士林：20 世纪中国政治演变和文化沧桑》，晨钟书局 2010 年版。

就这样“被革命”

正是由于毛泽东的推崇，所以鲁迅一路高歌凯进，新中国成立后，不但没有人敢说他半个不字，大家还使劲儿往云彩眼里拨拉他。这里不能一一列举，就找两个典型代表说说吧。

其一是上海时期负责统战鲁迅的冯雪峰。1951 年冯雪峰写下《党给鲁迅以力量》，光看文章名字就可以断定，鲁迅被那个了。常言说人走茶凉，但是人走了茶还可以被人重新泡的，用的啥水还不是随人意？事实上也就是因为鲁迅走了，冯雪峰才敢有如下的说辞：鲁迅先生非常信任地接受中国共产党对他的领导，承认中国共产党是他应该和愿意服从的唯一的领导者，并且由此成为中国共产党在文化战线上的一面伟大的旗帜；鲁迅虽然没有加入党，但是党性很高的，就实际上的关系，党与他就是党与党员的关系；鲁迅为嘛党性那么强？原因就是他从心底里爱我们的党，一提起毛主席，他那种向往和亲爱的神情，啧啧；病床上的他有一天跟冯雪峰表态说：“我想，我做一个小兵是还胜任的，用笔！”①

其二是鲁迅的亲密爱人许广平。同样，我相信只要鲁迅活着，许广平就不会这么信口开河的，这也叫娶妻不淑吧。试看她 1959 年的回忆。

她说：“五四运动以后，特别是自从 1921 年中国共产党成立以后”，“以胡适为首的一些洋奴文人、‘正人君子’、‘学者教授’之流，投入了帝国主义和封建主义的怀抱”，“而以李大钊、鲁迅为首以及与他们具有同样见解的不甘屈服的人们，通过《新青年》和青年们组成一条看不见边际的无形战线，奔向革命，投向光明。”“他自己心甘情愿地愿意做一个听取将令的革命军的马前卒，所以他能够在党所领导的革命队伍中，担负起一个光荣的革命战士的工作。”②

她说，鲁迅非常向往苏联，苏联是“人类伟大的心脏，世界革命的堡垒”，“指引着人民走向自由、光明、友爱、团结的人类大家庭的旗帜”，甚至引用别

---

① 冯雪峰：“党给鲁迅以力量”，载于《鲁迅研究资料 2》，文物出版社 1977 年版，第 41 ~ 50 页。

② 许广平：《鲁迅回忆录》，作家出版社 1961 年版，第 1、4 页。

人的话说，鲁迅之所以苏联之行未成，全是“由于国民党反动派底法西斯统治和对先生的严密监视”。“敌人唆使他的走狗，对鲁迅污蔑、构陷、造谣、中伤，说他宣传苏联，宣传革命思想，是由于‘领了苏联的卢布’”，但鲁迅清楚地知道，维护苏联，就是巩固革命阵地，就是扩大革命力量不可分割的一部分工作，所以不顾走狗们的狂吠，仍然沉着地打击他们，揭露他们。①

她说：“鲁迅是党的一名小兵”，“鲁迅和党的关系是非常密切的”，特别是鲁迅与李立三会面后，“鲁迅一切行动完全遵照党的指示贯彻实行了”，“和瞿秋白同志相知更深”；“值得特别提出的是，鲁迅生前虽然没有能够和我们伟大的领袖毛主席见面，但是他对毛主席的英明领导，是倾向拥护，诚恳接受的。”1936 年托派想挑拨鲁迅与党的关系，但鲁迅口授发表一封公开信，对托派痛加责骂，“对毛主席和中国共产党，表示了他由衷的感激和无限的信赖。他这种坚决维护党的原则、紧紧跟着党走，一时一刻也不离开党的忠实态度，永远是我们学习的榜样”。由于阶级斗争的复杂，有些坏蛋也混进了革命队伍中，与鲁迅表示亲近，比如“狡黠”的“胡风匪徒”；“幸而党察觉了胡风这个奸细”，终于在 1955 年揭露了他的“反动面目”，“肃清了他的一小撮党羽，扫荡了由他们散发出来的毒气”。②

其他不说，只说当初在上海四条汉子们说胡风是“汉奸”时，鲁迅对他们表示的那种轻蔑，就可以断定，许广平这里说胡风“奸细”、“匪徒”时，是多么违背鲁迅的本意。以胡风与鲁迅的关系、以鲁迅当年跟冯雪峰开的那个“你们来了还不先杀掉我”的预言式玩笑、以鲁迅文章一贯的对愚众的杀戮，鲁迅不但可能绕不过，更可能在胡风之前就栽了呢！

站在鲁迅的角度，他倾向革命，但以他的洞透与深刻，绝对不会对任何革命后的政权抱有幻想的，别说跟冯雪峰“你们来了还不先杀掉我”的玩笑了，就是他的同乡好友、光复会会长陶成章革命成功了，鲁迅都猜到自己难能幸免的，至于“中国共产党夺取政权和执政后的一些分析估计”，鲁迅生前好友杨霁云心里最清楚。但杨霁云身为人民出版社的编辑和北京鲁迅研究室

① 许广平：《鲁迅回忆录》，作家出版社 1961 年版，第 115、138 页。
② 同上，第 139、140、146、147 页。

的顾问，却把这些议论带棺材里去了（死于1996年），鲁迅儿子周海婴多次探问，老头就是不给透漏。[①] 不透漏，就是没法透漏呗，打死也不剧透。

但是鲁迅公开的字里行间，难免透漏出诸多信息，除了前面那两个玩笑。他在1927年有过一篇演讲"文艺与政治的歧途"，中心意思就是说，文艺家与政治家根本不是一码事，"政治家最不喜欢人反抗他的意见，最不喜欢人家要想，要开口"，因为这妨碍人家维稳，所以文学家的结局不是逃亡国外，就是在国内等着被割头，俄国除此之外还有充军西伯利亚；至于中国，"即共了产，文学家还是站不住脚"[②]。1928年，他说成仿吾那帮上海的革命文学家要是像列宁那样革命成功了，那他鲁迅"至少也得充军到北极圈内去了"[③]。1934年致曹聚仁的信中，鲁迅开玩笑说幸亏自己没当医生，因为学了两年医理，拿着听诊器给人听胸，健者、病者，自己居然听得一样，"今幸放弃，免于杀人，而不幸又成文氓，或不免被杀。倘当崩溃之际，竟尚幸存，当乞红背心扫上海马路耳。"[④]

瞧瞧吧，下放劳改、扫马路清厕所、充军杀头，这些玩意儿鲁迅都设想到过！

有意思的是，1957年3月，毛泽东鼓励党内外人士"大鸣大放"帮助中国共产党整风时，陈毅还写长诗，把鲁迅与王实味作了对比，这里全诗摘录：

我爱读杂文，鲁迅作者最。打击方向准，是非严分类。甘为孺子牛，敢与千夫对。一生无媚骨，至死不饶罪。又加文辞美，讽刺有深味。

以前在延安，有个王实味。他亦写杂文，讽刺颇尖锐。笑衣分三色，笑食分几类。骂我演京戏，骂我开舞会。其实在彼时，延安艰苦倍。重庆有老蒋，两京踞敌伪。实味均不打，专与革命对。鄙哉"野百合"，甘为敌作祟。

---

① 周海婴：《鲁迅与我七十年》，南海出版公司2001年版，第160页。

② 鲁迅："集外集·文艺与政治的歧途"，载于《鲁迅全集·第七卷》，人民文学出版社2005年版，第115~121页。

③ 鲁迅："三闲集·'醉眼'中的朦胧"，载于《鲁迅全集·第四卷》，人民文学出版社2005年版，第66页。

④ 鲁迅："书信·致曹聚仁"，载于《鲁迅全集·第十三卷》，人民文学出版社2005年版，第87页。

我话说到此，有人起反对："你是不民主，加人诽谤罪。我们学鲁迅，何干王实味？难道谈工作，缺点应隐讳？请看许多人，主观又浪费。若是予赞扬，何以改愚昧？照汝之标签，闭口加酣睡。事情搞坏了，晚矣空悔愧。近来杂文多，争鸣生气倍。每天我必看，愈看愈有味。莫非八股少，你反掉眼泪？"

我说同志们，不必生怨怼。遇事多用脑，深入本质内。近来杂文多，固然很可贵。但应加区别，有对与不对。对者提问题，敌我不一类：对敌不客气，目的在粉碎；对我作教育，似开批评会。成绩与缺点，样样计在内。不是乱讽刺，故意入人罪。既不作调查，又不当面对。只是据传闻，夸大加几倍。仿佛这几年，样样都倒退。自己乱阵容，敌人喊万岁。哪里像鲁迅？活活王实味！①

陈毅这长诗里就透漏一个信息：鲁迅是专骂国民党的，而王实味是专骂共产党的。

那么鲁迅新中国成立后骂谁呢？还是1957年3月，毛泽东《在中国共产党全国宣传工作会议的讲话》中拿鲁迅与列宁作了对比："鲁迅的杂文绝大部分是对敌人的，列宁的杂文既有对敌人的，也有对同志的。鲁迅式的杂文可不可以用来对付人民内部的错误和缺点呢？我看也可以。当然要分清敌我。"②

一个"当然"就坏事了。因为不只所谓的"分清敌我"能否"分清"，裁决权在上意那里；就是"敌我"也随上意裁决啊。我们河南的有为青年王实味，当年还拿自己的小说给鲁迅，希望大师批评指正，奔赴延安后，不管是言行，还是文著，更是一副小鲁迅的做派，结果不是秘密处决，坑埋了之吗？至于鲁迅本人，新中国成立后敌人都跑境外了，当然只能骂同志了，一骂同志，你自己先成新的"敌人"。所以明眼人都能看出，那个时候的情形，就是上意只管推崇鲁迅，鲁迅就是他打鬼的钟馗、打狗的棍子，但是下意不能真去学鲁迅，一学就坏菜了。事实上也正是如此，三月份还鼓励大家学鲁

---

① 陈毅："读时下杂文，因忆鲁迅，为长歌志感"，载于《鲁迅研究资料2》，文物出版社1977年版，第18~19页。

② 毛泽东："在中国共产党全国宣传工作会议的讲话"，载于《毛泽东选集·第五卷》，人民出版社1977年版，第414页。

迅呢，五月份就"事情正在起变化"了，六月份就党内指示"组织力量反击右派分子的猖狂进攻"了，七月份就"打退资产阶级右派的进攻"了。

毛泽东曾说过"鲁迅的骨头是最硬的"，但是就在《打退资产阶级右派的进攻》这次上海干部会议讲话里，毛泽东恶心了顽固右派孙大雨：

> 像孙大雨这种人，如果他顽固得很，不愿意改，也就算了。我们现在有许多事情要办，如果天天攻，攻他五十年，那怎么得了呀！有那么一些人不肯改，那你就带到棺材里头去见阎王。你对阎王说，我是五张皮的维护者，我很有骨气，共产党、人民群众斗争我，我都不屈服，我都抵抗过来了。但是你晓得，现在的阎王也换了。这个阎王，第一是马克思，第二是恩格斯，第三是列宁。现在分两个地狱，资本主义世界的阎王大概还是老的，社会主义世界就是这些人当阎王。我看顽固不化的右派，一百年以后也是要受整的。①

看看毛泽东这段话，我们就知道，鲁迅的骨头再硬又能如何？阎王都换成人家的了！

值得注意的是，鲁迅儿子周海婴2001年出版的著作里，披露了1957年毛泽东上海之行时所谓的毛罗对话。说7月7日毛泽东在上海接见知识界人士，翻译家罗稷南问："如果今天鲁迅还活着，他可能会怎样？"毛沉思片刻回答说："以我的估计，要么是关在牢里还是要写，要么他识大体不作声。"②

周海婴没想到，就这么一段，居然引起了极大震动，各界人士从不同的立场出发，对所谓的"毛罗对话"真假问题展开了旷日持久的大规模的论战。有人说是真的，千真万确；有人说是假的，根本不可能；甚至有人说，这是抹黑两个伟人，爱护鲁迅是我们共同的道义云云。③

---

① 毛泽东："打退资产阶级右派的进攻"，载于《毛泽东选集·第五卷》，人民出版社1977年版，第455页。

② 周海婴：《鲁迅与我七十年》，南海出版公司2001年版，第371页。

③ 葛涛："'鲁迅活着会如何'之谜"，载于《鲁迅的五大未解之谜：世纪之初的鲁迅论争》，东方出版社2003年版；陈明远：《假如鲁迅活着》，文汇出版社2003年版。

诸多争论中，有一个人的言论最得我心，说：考证什么真假啊，你们累不累啊，考出真的如何，假的又如何？历史本身的真实就在那里放着：宋庆龄，毛泽东对她评价高吧？说她不是共产党，胜似共产党，可最后呢？刘少奇、彭德怀地位不低吧，可最后呢？鲁迅骨头硬，可能不买账，要发声，可谁给他发声的空间呢？“这与鲁迅当年虽然也面临‘文化围剿’、面临‘报禁’、‘审查’，但还钻了空子‘作声’了，是不完全一样的。我们还能看到鲁迅一部又一部杂文集。毛泽东毕竟比蒋介石高明得多，能耐也大得多。这也是无须考证的事实。”①

一句话，蒋介石没能耐，所以鲁迅杂文还能一本一本的出；毛泽东高明，所以你鲁迅只能是悟空眼里的妖精，逃也无处逃，躲也无处躲。要是让人猜他的结局，死法还真不少呢：王实味的被坑埋？张志新的被割喉？林昭的自费五分钱的子弹？若叫我猜，老头既不会像陈寅恪那样被高音喇叭震得尿裤子却专心致志地给小妓女柳如是立传——周大师不喜欢妓女，他在她们身上也找不着大义；更不会像钱钟书那样，做着中南海的红色翻译家的同时一头栽进管锥编中——周大师的翻译功夫和古文字功夫都比不上钱老。对了，抄古碑！只不过有没有古碑可供大师抄，我就不知道了，因为大师在北洋时代抄过，可北洋时代的傻军头们，傻到不知道破四旧！

说来说去，不管怎么猜，至少有一点应是共识，那就是：幸亏鲁迅没活到新中国，否则只能是寿则多辱！按毛泽东的说法，1957 年的鲁迅大概是个文联主席——御封的这官也忒小了点，新中国成立前封其恁多“伟大”恁多“最”，封官时却成了个弼马温似的；按郭沫若的说法，那还要看他的表现了——郭老估计是深有体会，因为他自己也一直在表现来着。具有讽刺意味的是，郭老表现得像个媚娘似的，也没媚出啥好果子来：于中国知识分子耻辱史，郭老当排榜首！于个人，郭老鸡飞蛋打——他有几个老婆情人我懒得数，也数不清，总之七零八落中；儿子至少打了两个，一个坠楼死，一个自杀死，好在鸡多不愁蛋，打个一儿半女的这郭老也不在乎！

---

① 陈明远：“孤证、考证与不必考证”，载于《假如鲁迅活着》，文汇出版社 2003 年版，第 117 ~118 页。

当然，作为鲁迅的遗孀，许广平也媚来着。如前所述，新中国成立后许广平以鲁迅代言人的身份写了诸多回忆录，把鲁迅打造成毛泽东的小兵，毛泽东思想和毛泽东路线的忠实执行者，到了1966年纪念鲁迅逝世三十周年，她又跟当时的《红旗》《人民日报》同步配合，把鲁迅拍成个小花脸了。

当时的《红旗》社论曰："鲁迅最值得我们学习的，在于他对伟大领袖毛主席无比崇敬和热爱。……他始终坚定地跟着毛主席走，勇敢地捍卫以毛主席为代表的正确路线。……真正的革命者，都要像鲁迅那样，坚决跟毛主席走，走到底，按照毛主席指引的方向前进。"①

《人民日报》社论曰："我们学习鲁迅，就要像他那样，在斗争中活学活用毛主席著作，用毛泽东思想改造自己的灵魂，在无产阶级'文化大革命'中，迎着斗争的暴风雨奋勇前进！"②

许广平的文章题目是《毛泽东思想的阳光照耀着鲁迅》，在《人民日报》与《红旗》双双刊发，内里有更肉麻的话："鲁迅的心向往着毛主席，跟着毛主席，我们伟大的领袖毛主席是鲁迅心中最红最红的太阳。"③

这一切后来竟被苏联讽刺上了，说鲁迅逝世前都还没有毛泽东思想、毛泽东路线这些概念呢，鲁迅是马列主义者好不好？你们胡说什么呢？我们这边的回复是：是的，没有这些概念，但你不能说，没有这些内容和实质啊！

说的也是。问题是鲁迅有这么不堪吗？别人如此乱抹也罢，你许广平跟着掺和啥呢？对此，王彬彬给予了理解之同情，说许广平"是在以矮化鲁迅的方式来保卫鲁迅，哪怕被保住的，不能不是一个被改写、被歪曲、被丑化了的鲁迅。而保卫鲁迅，对于她来说，也就意味着自保。"④

但是仅有这些是不够的，按周海婴所述："新中国一成立，母亲就将历尽艰难保存下来的父亲手稿等遗物，全部捐献给国家，她以为从此可以万无一失，再无后顾之忧了"。没想到，国民政府、甚至日本鬼子都没有威胁到鲁迅

① 社论："纪念我们的文化革命先驱鲁迅"，载于《红旗》1966年第14期。

② 社论："学习鲁迅的革命硬骨头精神"，载于《人民日报》1966年10月19日。

③ 许广平："毛泽东思想的阳光照耀着鲁迅"，载于《红旗》1966年第14期；《人民日报》1966年11月1日。

④ 王彬彬："许广平在改写鲁迅中的作用与苦衷"，载于《风高放火与振翅洒水》，人民文学出版社2004年版，第171页。

手稿的安全，到新中国时代，到处“破四旧”，毁坏文化遗产，连北京鲁迅博物馆也乱了起来。先是 1966 年鲁迅放在“鲁博”的四大箱 1054 件鲁迅手稿和书札被文化部调走，接着是 1968 年被“中央文革”的戚本禹取走，紧跟着是戚本禹本人被打翻在地……已届古稀的许广平忧心忡忡，当即写信给周总理求助，在让友人帮自己检查信件内容的时候，心脏病发作（当年女师大的学潮领袖、自骄自傲的“害群之马”现在给党中央写个信，把老公遗稿诉诸人民财产要求保护都小心如斯，短短的一封信还找诸多同志帮助校正，真是历史的讽刺），送到北京医院，其医疗权利又与走资派一同被造反派所取消，不治而亡！①

鲁迅泉下有知，当会何感？对许广平来说，同样的担心，仅是珍珠港事件后，日本进了上海法租界，吓得她以 1936 年为界，烧了一些鲁迅死后朋友送的她认为比较危险的书。之后她被日本宪兵队带走，关押了 76 天之后放出，当时日本鬼子发还她的书包里，少了鲁迅 1922 年的全年日记及十几枚图章，托内山完造去打听，也没有找回来。虽然那时候许广平就心脏衰弱、血压高、精神兴奋加贫血，但是那次“焚书坑爹”并没要她的命，这次却要了。

如果鲁迅还活着

对许广平来讲，早在 1941 年她就写过《如果鲁迅还在》的文章，因为不只儿子海婴经常表示“如果我的爸爸还活着，该多么好”，就是外人也常说：“如果鲁迅先生还活着是多么好！一定给那些坏东西不容情地痛骂个畅快。”②

骂似乎是自然的。但许广平说，如果鲁迅还在，上海肯定是待不下去了。因为鲁迅的亲共，与蒋氏政府已构成“正面的冲突”，而且逝世前，鲁迅“已经在计划搬家的了”③。那么往哪里搬呢？试看许广平的设想：

那么像许多文人一样参加到大后方去，一路向西搬移？我想也不可能。

① 周海婴：“鲁迅手稿事件与许广平之死”，载于《协商论坛》2001 年第 12 期。
② 许广平：“如果鲁迅还在”，载于《许广平文集 · 第一卷》，江苏文艺出版社 1998 版，第 471 页。
③ 同上，第 472 页。

他的个性爱静，不喜欢搬来搬去。而且文学者的敏感他是有的，以预言者的姿态，恐怕他会洞瞩一切，早已在用文字来揭穿那些阻碍团结，制作摩擦，营私舞弊，任意屠戮无辜者的阴险毒辣等等。……在人们还没有十分觉到的时候，他却已经说出来了。因此就是去了，恐怕早已栖留不住，像气候鸟一样感觉到应该立即飞去了。

往西北去吗？也不见得。首先是病体不能够吃得消苦。其次是团体生活与不断的集会，都是他所怕的。自然那里比较了解他，多少可以合得来些，但是作为他自己，是绝对不肯受人格外礼遇或特别优待的。尤其重要的是：他一切的表现于文字的，纯乎凭着自己负责，并不是受有什么团体性的机构所约束的。所以去了反而容易使一些不了解的人作借口。一些人不是早已给他戴了红帽子，甚至死了五年的今天，×人办的报纸，因为在盐城捉到一些青年，就大肆宣传说他们“误投所谓赤色著作家鲁迅所主办之艺术学院求学”。仿佛鲁迅真是活着在“主办”“艺术学院”似的。

华北有他十五年生活过，也许可以关起门来著作罢。但是谁能够决得定！南下之后，他曾经北返过二次，都被压迫匆匆回来了。压迫他的不尽是外人，也有相煎颇急的。……所以如果他还活着，绝不会自己跑去受无聊的乌气，那是一定的。

余下一条南下的路，在香港作客，比较是可以的。但是物质生活的高昂，那里可以容得一个寒士安居？想来想去，倘使他还活着，就是住处也不容易。

又假使他还活着，在现在的思想运动是怎样的呢？新近出版的《鲁迅三十年集》可以推见一切。如果社会还没有多大进步，甚或还有一部分在倒退。那么，那真不幸，他几年前写的文章，还好像是适用到今天似的。[①]

看到了吧？除了国民党统治下的上海，西南大后方、西北延安、北京、香港，鲁迅哪里也站不住的。站不住也罢，如果社会没有进步甚或退步了，那么他的文章依然适用。说到这里，大家该明白为什么鲁迅的作品走到今天，

---

① 许广平：“如果鲁迅还在”，载于《许广平文集·第一卷》，江苏文艺出版社 1998 版，第 473～474 页。

却要逐渐走出我们的中学语文教材了。不是它不适用，而是太适用，容易引得大家浮想联翩的，所以只得撤了。当然也跟大家的联想能力有关，比如我中学时学中国历史，每每学到政府腐败、土地高度集中、人民吃不饱穿不暖、终于揭竿而起的当口，就会傻乎乎地问同桌：咱们现在是不是也该起了？因为我和我的同学们，没有几个吃得饱穿得暖的嘛！但是同学们普遍没这联想能力，这让我很遗憾，中学时代是那么孤单，寻不着一个革命战友！

对“鲁迅如果还活着”这个假设最具有参照意义的，当是苏联的高尔基。众所周知，高尔基是苏联的“鲁迅”，而鲁迅是中国的“高尔基”，双雄并峙。虽然两人都是死于 1936 年，但中国的“高尔基”却没有经受党的统治，苏联的“鲁迅”却在苏共统治下生活了 N 年。用我目前最喜欢的女学者之一——金雁的话来概括：

高尔基的矛盾之处在于，他曾经不惜同整个知识界决裂而成为激进左翼的同路人，却在俄国革命成功之时与列宁冲突，成为“不合时宜”的代表。按常理说，他既不能接受列宁式的革命，就更无法接受斯大林模式的那一套。但奇怪的是，他在列宁时愤然出国，却在斯大林的召唤下回国。而且他从海外回来就一头扎进了肉麻吹捧斯大林体制的队伍中，突破了俄国传统知识分子的道德底线，成为“御用”作家的领军人物，变成了统治者“蟒蛇餐桌上家兔的供应者”。或者如有人形容的，高尔基这只“海燕”已经“变成了一只诱捕不同观点野鸭的家鸭”。①

我觉得高尔基的矛盾与转向，可以综合折射诸多中国文人的境遇。

高尔基认识列宁、加入列宁的布尔什维克党之前，响当当地向这个世界宣布：“我来到这个世界是为了说不”！② 这一点应该与中国的陈寅恪相似：您主义再好，俺不跟您合作行不？叫俺单独待着行不？

列宁的十月革命成功后，高尔基大骂：“这是一场没有精神上的社会主义

---

① 金雁：“破解‘高尔基之谜’”，载于《倒转“红轮”：俄国知识分子的心路回溯》，北京大学出版社 2012 年版，第 65 页。

② 同上，第 67 页。

者、没有社会主义心理参与的俄国式的暴动，是小市民动物性的大释放，下一步它将会转向黑暗的君主制，那一天为时不远了”；“列宁在用工人的血、工人的皮做一场极端的兽性试验，列宁为了自己的试验让人民血流成河”；“我明白了，‘红色的人’和‘白色的人’一样同是人民的敌人”；“敌人是对的，布尔什维克主义是民族的不幸”；“不管《真理报》撒多少谎，它也掩盖不了可耻的事实”；“你们谩骂吧，但我就是如此思考的，我从不想把自己的思想变成你们主义的附庸”。①

这得中国多少知识分子，才能抵得上高尔基的这种发现呢？王国维、胡适、徐志摩、张爱玲、林昭、顾准、储安平……这个名单可以列得很长很长的！

1924年列宁去世后，谁能成为列宁第二，或者说成为列宁的革命接班人，还是有多种可能性的，但最后胜出的是斯大林。斯大林在与党内政敌较量的过程中，迫切需要既与列宁有交情、又在国内外享受盛誉的大文豪高尔基的支持，所以向侨居国外的高尔基伸出了橄榄枝，老高就这样晚节不保，扑向了斯大林的怀抱：日记与信件里以仆人自居，称斯大林为主人；不遗余力地歌颂斯大林为列宁学生、列宁第二、伟大领袖等，直到马、恩、列、斯四大导师名头被其他马屁精串成羊肉串似的提将出来；热泪盈眶地对着全世界宣布，苏联是世界上最民主、最自由的国家；对斯大林的劳改营制度叫屈曰：“对人的原材料的加工，比对木材进行加工不知要困难多少倍”；在《真理报》与《消息报》上发表著名的政论文章《敌人不投降，就叫他灭亡》云云……②

1936年，高尔基死了。斯大林那边造谣说，高老头是被“托洛茨基匪帮”谋害的，但大家更愿意相信，是斯大林本人谋害的，据说高尔基对他没用了；岂止是没用，还碍事呢，因为1937年，斯大林就开始肃反与大清洗了！

相形之下，鲁迅之死也有疑问，特别是鲁迅的家属——许广平女士和周

---

① 金雁：“破解‘高尔基之谜’”，载于《倒转“红轮”：俄国知识分子的心路回溯》，北京大学出版社2012年版，第82、83、84、85页。

② 同上，第100、101、107、108、109页。

海婴先生，他们很怀疑自己家的那个家庭医生，来自日本的须藤先生有鬼。但我觉得这种怀疑很是无理。想想当年日本人咋保护中国的康有为与梁启超的。康、梁在他们眼里，简直就是中国文化的种子（当然也有政治使用价值），对于鲁迅这种纯文化种子，更没有加害的必要！

接着说高老头。不管怎么说，该死了，死了也好。斯大林亲自抬着骨灰，为高尔基举行了盛大葬礼。至于盖棺论定，更是高得不得了。法国左翼作家纪德在追悼会上致辞曰："到目前为止，世界上各国的大作家几乎都是造反者和不安分的人，在苏联头一次，大作家再也不是反对派分子了。"以至于金雁一脸坏笑地在后面评议曰："这真不知是对逝者的大褒，还是大贬？"①

同样，毛泽东对鲁迅评价那么高，对鲁迅来讲，幸耶，不幸耶？

也许，陈独秀的《我对于鲁迅之认识》对于鲁迅最具本真意义，他说："鲁迅先生的短篇幽默文章，在中国有空前的天才，思想也是前进的。在民国十六七年，他还没有接近政党以前，党中一班无知妄人，把他骂得一文不值，那时我曾为他大抱不平。后来他接近了政党，同是那一班无知妄人，忽然把他抬到三十三层天以上，仿佛鲁迅先生从前是个狗，后来是个神。我却以为真实的鲁迅并不是神，也不是狗，而是个人，有文学天才的人。"②

悲哉，中国的革命话语中，有狗有神，就是没有人！

其实神也不是神，被人当作打鬼的钟馗而已；狗也不是狗，沦落为民间所谓的"打狗棍"罢了。

"鲁迅"离鲁迅本人有多远？

历史走到今天，一些学者提出要消解与颠覆毛泽东对鲁迅的评价。我的意思是，一个中国文人，如果想要保持固有的高度与原本的节操，那么必须远离组织与领袖，距离愈远愈好。正如前面所述，不管是冯雪峰这种党的小角色，还是鲁迅最亲的人许广平，他们给鲁迅抹的那些油彩，确实有损鲁迅

---

① 金雁："破解'高尔基之谜'"，载于《倒转"红轮"：俄国知识分子的心路回溯》，北京大学出版社2012年版，第122页。

② 林文光：《陈独秀文选》，四川文艺出版社2009年版，第155页。

的人格与尊严。鲁迅就是鲁迅，他晚年对中国共产党的亲近、对苏联的向往、对马列主义的服膺，应该像后来的诸多民主人士，只是时代潮流下的一次左拐。拐到一定的程度，或者说碰壁之后，会自动折返回来，特别是以鲁迅的洞透与世故，没有他看不出来的局套。只不过，人死茶随别人泡，正如1961年远在美国的林语堂所评：“他今日在共产中国的地位，犹如高尔基在苏联，都是已闭了嘴的死偶像。”①

闭了嘴，死偶像，不能以牙还牙以眼还眼了，这大概是冥冥之中，命运之神给晚年净斗嘴了的鲁迅安排的命数吧。楚狂人歌曰“往者不可谏，来者犹可追”，据说令孔夫子特别沮丧。我也沮丧，往者不可谏，也就谈不上来者犹可追。今天我梳理鲁迅之身前事与身后名，就是谏往以知来。往不谏，能追上来吗？

鲁迅生前曾感叹过死偶像的境遇，但是打死他也不知道，这成夫子自况了：

预言者，即先觉，每为故国所不容，也每受同时人的迫害，大人物也时常这样。他要得人们的恭维赞叹时，必须死掉，或者沉默，或者不在面前。

总而言之，第一要难于质证。

如果孔丘、释迦、耶稣基督还活着，那些教徒难免要恐慌。对于他们的行为，真不知道教主先生要怎样慨叹。

所以，如果活着，只得迫害他。

待到伟大的人物成为化石，人们都称他伟人时，他已经变了傀儡了。

有一流人之所谓伟大与渺小，是指他可给自己利用的效果的大小而言。②

鲁迅活着时，对他统战，目标是国民党反动派。

鲁迅逝去后，对他推崇，目标还是国民党反动派，也许还可以拉上个小日本？

---

① 房向东：《鲁迅与他的论敌》，上海书店出版社2007年版，第92页。

② 鲁迅：“华盖集续编·无花的蔷薇”，载于《鲁迅全集·第三卷》，人民文学出版社2005年版，第272~273页。

1946年10月，中国共产党发起组织了鲁迅逝世十周年公祭，目标是国民党反动派和美国反动派。此时抗日战争结束，国共虽然尚在和谈中，但双方摩拳擦掌，都知道内战不可避免。中国共产党上海地下组织发起了鲁迅逝世十周年公祭，由国民党内开明人士邵力子和教育界前辈叶圣陶主持，郭沫若率先登台演讲，说周作人虽然活着，但是人已经死了；闻一多虽然死了，但他永远活在人民心中……最亮的应该是周恩来到会致辞，同样把鲁迅与闻一多并列一起，说鲁迅和闻一多都是我们的榜样，都是为人民服务而死！

除了公祭，上海的《文艺春秋》还策划一期专栏《要是鲁迅先生还活着》，收稿十五篇，作者全是文化界名人——当然是有所挑选的，因为里面根本没有胡适，倒是有萧乾、施蜇存、田汉、茅盾、臧克家等人。这些人的文章倾向很有意思，一种说鲁迅若活着，肯定正反对内战，要求美国撤出中国呢；一种说鲁迅哪能活到现在呢？李公朴、闻一多都死了，鲁迅还能活着吗？一种说，即使活着，你看看郭沫若挨打了，马叙伦挨打了，鲁迅估计也得挨打！

光看口径，就能发现挺统一的，一色的反美反蒋。朱正先生仔细，他说细看这些答卷，就可以发现一个秘密，那就是，这些人在执笔作文之前，大都学习了一个不久以前发表的文件：《中国共产党中央委员会为纪念“七七”九周年宣言》。[①] 这宣言的意思很简单，美国对中国，比日本更危险；美国反动派，就是想在中国反动派的合作下，取代日本，变中国为美帝国主义的殖民地！

这种调调违反常识嘛。中国反动派它傻啊，它为什么要把中国给外国反动派呢？这种调调还违反历史，明清以来在中国有殖民地的，垂涎中国领土的，有日本，有俄国，有英国，有德国，甚至有葡萄牙、荷兰……就是没有美国！但大家都信。邪了！

有意思的是，朱正还考察了十五位执笔者的命运。他说：至少有萧乾和施蛰存二位在十一年后的“反右派斗争”中被划为“右派分子”；而田汉、安娥、周而复等党员作家，则在二十年后的“文化大革命”中被打成“反党

---

① 朱正：“1946年的答案”，载于《假如鲁迅活着》，文汇出版社2003年版，第226页。

反社会主义反毛泽东思想的三反分子”。就是这次笔谈的组织者范泉，后来不知是戴的“右”派帽子还是“反革命”帽子，充军青海，劳改多年以后才得以“平反”。①

朱正厚道，要是我，会在文章后添这么一句：当这些人挨整的时候，要是再给他们一篇命题作文《假若鲁迅还活着》，他们会怎么作文呢？

除此之外，冯雪峰与胡风都跟风写了有关鲁迅的回忆文字。这个时候还好，文字狱的大网也没有拉开，两个人还敢张口。

新中国成立，1950 年的知识分子思想改造运动中，有读者想到了鲁迅，写信问《人民日报》：“鲁迅若是活着，现在该安排什么工作？”这问题很玄，因为再停几年，中国就宣布建成社会主义制度了，像鲁迅这种写作个体户就立不住了，至少得进单位。其他不说，单说许广平新中国成立前夕和儿子海婴一块被组织从香港接往东北解放区，这许同志在上海养成的收版税习惯意识大发作，导致大家侧目而视，吃饭都不愿意跟他们母子坐一起，吓得许同志以后再不敢接收老公的版税了，搞得鲁迅子孙现在很被动，想把鲁迅五十年的版税收回来，大家还是侧目而视：真不要脸，这像鲁迅的后代吗？其实是侧目而视的人不要脸，堂堂正正的版税为嘛不给人呢？有趣的是，周海婴的版税官司还打输了。一句话，鲁迅若在，好歹得进个单位，被政府包养起来，否则伯夷叔齐一般，要饿毙的。

接着说鲁迅的工作安排。人民日报社可不敢给鲁迅安排工作，将问题转呈当时担任政务院副总理、负责文教工作的郭沫若。郭老您说鲁迅能封个什么官儿呢？郭老回答说：“从旧社会过来的知识分子，首先不是考虑安排的问题，而是要看思想改造的表现。如果鲁迅思想改造得好，也可以安排适当的工作。”②

瞧瞧，仅仅四年，前面还反美反内战呢，这会儿就得被改造了。

1956 年 10 月，鲁迅逝世二十周年，北京举行了纪念大会，周恩来出席，大会由中国科学院院长、中国文学艺术界联合会主席郭沫若主持，中国共产

---

① 朱正：“1946 年的答案”，载于《假如鲁迅活着》，文汇出版社 2003 年版，第 232 页。
② 陈明远：《假如鲁迅活着》，文汇出版社 2003 年版，第 301 页。

党中央宣传部部长陆定一讲话，应邀参加的还有十八个国家的三十多位作家。上海也举行了纪念大会，大会由宋庆龄、陈毅、巴金等十五人组成主席团，大会筹委会主任巴金致开幕词。

此外，上海还举行了迁墓仪式，将鲁迅遗灵由万国公墓移葬到虹口公园，毛泽东题了墓碑："鲁迅先生之墓"（鲁迅下葬时的墓碑是七岁的海婴写的，当时许广平觉得谁写都不方便，孩子写最没问题，就让海婴写了）。同时，在墓旁修建了鲁迅纪念馆。

文人再次跟风写了诸多文章，明眼人可以看出，鲁迅在某些人笔下，开始变味了。

1966 年 10 月，鲁迅逝世三十周年，上海、广州、绍兴都召开了纪念大会，"中央文革"更是在北京召开了空前的七万人的纪念大会，由陈伯达主持，姚文元作题为《纪念鲁迅　革命到底》的基调报告，此外发言的有许广平、两个红卫兵代表，以及中国科学院院长、全国人民代表大会常务委员会副委员长兼全国文联主席郭沫若。许广平的发言是《毛泽东思想的阳光照耀着鲁迅》，郭老的发言是《纪念鲁迅的造反精神》。如果说许广平、姚文远拍得鲁迅一脸花瓣，那郭老就拍得花瓣四溅了，他把鲁迅的《答托洛斯基派的信》解读为"鲁迅临死前不久的入党申请书。毛主席后来肯定鲁迅为'共产主义者'，这也可以认为鲁迅的入党申请书已经得到了党的批准。"① 大学生红卫兵发言表示"学习鲁迅，永远忠于毛主席"；中学生红卫兵发言大骂苏联作家把鲁迅说成是人道主义者，表示"要彻底挖掉帝国主义、修正主义的毒根"。

1976 年 10 月，鲁迅逝世四十周年纪念。由于刚刚粉碎了"四人帮"，要给批判"四人帮"大造舆论，所以鲁迅又成了批判"四人帮"的工具。由于话语系统没有改变，所以这种批判很滑稽，就是用"四人帮"的方式与语言来批判"四人帮"，说什么学习鲁迅，要把毛主席开创的无产阶级革命事业进行到底云云；同时，全国各地掀起了建立工农兵学习、研究鲁迅著作小组的

---

① 郭沫若："纪念鲁迅的造反精神"，载于《红旗》1966 年第 14 期；《人民日报》1966 年 11 月 1 日。

高潮，据说光北京就有一千二百多个这样的小组，上海则有五百多个，大家的研究结果，就是借绍兴贫下中农的口说：绝不容许鲁迅当年怒斥过的“蛀虫”、“走资派”，把贫下中农往火坑里推，重演“闰土”、“祥林嫂”的悲剧！

祥林嫂倒是不敢去庙里捐门槛了，但我怕，闰土早在大饥饿年代饿毙了，等不到1976年了。如果能等到，至少去鲁迅家里要过粮票。鲁迅可能会给他几斤全国粮票。喏，快回家买些吃的吧。至于教鲁迅用谷子逮麻雀的田园情趣，都不再有了，因为没有粮食嘛，只能用敲锣打鼓的精神恐吓法直接把麻雀吓死了。

1981年9月，鲁迅百年诞辰，《人民日报》重新发表毛泽东1937年10月19日在延安纪念鲁迅逝世周年时的讲话《论鲁迅》。首都在人民大会堂举行了隆重的纪念大会，党和国家领导人参加。

1986年10月，鲁迅逝世五十周年纪念。中国社会科学院在北京召开了“鲁迅与中外文化”国际学术研讨会。学术的终于开始归学术了！没有求证，不知道是否有人把鲁迅与资产阶级自由化挂钩！

1996年10月，鲁迅逝世六十周年纪念。中国作协、中国鲁迅研究会、上海作协、上海文联和上海鲁迅纪念馆联合举办了一系列纪念活动；“民族魂——世纪之交的鲁迅”的学术研讨会在上海展览中心举行。

2006年10月，鲁迅逝世七十周年纪念。由中国现代文学研究会、绍兴市人民政府、北京鲁迅博物馆主办，绍兴文理学院、绍兴鲁迅纪念馆承办，在绍兴举行“鲁迅：跨文化对话”国际学术研讨会，并将在鲁迅墓前举行公祭活动。

鲁迅离鲁迅本人，终于不再遥远了吧？

最后的总结

最后，画蛇添足，简单谈谈我对鲁迅的评价吧。

第一，鲁迅是新文化运动的主将，这个主将的特性乃是文学革命与思想革命的二合一。如果说文学革命仅仅体现在文学的形式上，也就是白话文学的话，那么鲁迅的白话文学还有文以载道的一面。有些文学评论家，站在纯审美的角度，对鲁迅的文字评价并不高，相反，他们认为他还不如他弟呢，他弟周作人至少是唯美的、人性的、人道的！

就我个人来讲，我很欣赏鲁迅文学所载之道，那就是对中国传统文化与中国文化传统——中国人经常混淆这两个概念，其实，中国传统文化比如琴棋书画等至少还有审美的一面，而中国文化传统比如男尊女卑、三纲五常等，却全都是与普世价值不兼容的——的强烈否定。虽然某些方面难免矫枉过正，难免走得峻急，但总的来讲，投枪的方向是对的。文化的核心，或者说文化的灵魂是人，所以鲁迅对中国传统文化与文化传统的揭批，又体现在了他对中国国民性及人性的认识，很洞透、很深刻，当然有人称之为世故。

不管怎么说，少年的家道中落，让他看透了世道人心；青年的出外留学，加强了他阅人看世的敏锐；本土的绍兴师爷风水，让他的文字具有了刀笔吏的风采；两年的学医经历，让他的文字有了手术刀般的冷峻；日本的人文土壤，让他服膺了尼采式的个人主义和当时流行的无政府主义……这一切，综合到一起，就构成了一个文学的鲁迅。

第二，鲁迅服膺的是尼采式的个人主义和当时流行的无政府主义，追求的是个人自由与独立表达，但他却不是欧美式的自由主义者。要说局限性，这个才是他的局限性吧。中国真正的自由主义者是胡适，其特性一是多元的价值理念，二是多元价值理念下才会具有的宽容意识。鲁迅既没有多元理念，更没有宽容意识，这一切构成了他的精神气质，那就是敌人的朋友就是敌人、痛打落水狗、一个也不宽恕……

第三，五四之后，当时的精英分子主要有两个走向，一个是制度建设，一个是文化启蒙。

制度建设方面，真正具有建设意义的，当是胡适那条，远承辛亥传统的英美式的宪政诉求，近启台湾地区蒋经国政府的宪政转型。

文化启蒙方面，就是鲁迅的改造国民性了。可以说直到 1925 年，在写给许广平的信中，鲁迅还在强调："使奴才主持家政，那里会有好样子。最初的革命是排满，容易做到的，其次的改革是要国民改革自己的坏根性，于是就不肯了。所以此后最要紧的是改革国民性，否则，无论是专制、是共和、是什么什么，招牌虽换，货色照旧，全不行的。""在中国活动的现有两种'主义者'，外表都很新的，但我研究他们的精神，还是旧货。"①

鲁迅这两段话里，信息量不少。奴才主持家政云云，与胡适那句"自由平等的国家不是一群奴才建造得起来的"经典名言高度重合，说明胡适是在文化启蒙的大背景下，走向了制度建设；而鲁迅是在文化启蒙的潮流下，一路走向了文化启蒙的纵深处，不相信拒绝改造国民性的国民能玩出什么好制度来。至于三民主义和马列主义，他是同样的轻蔑，认定他们是新瓶装旧酒。

对于中国，不管是近代的路径选择，还是未来的路径选择，我都是认定，制度建设与文化启蒙，不可偏废任何一条。正如亨廷顿的那个观点：长远看，文化为体制之母；短期看，体制的变更，可能对文化产生影响。林肯说，有什么样的人民，就有什么样的政府。中国人听了挺不得劲儿，非得给人改成：有什么样的政府，才有什么样的人民。鸡与蛋固然分不出谁是第一因、第一力，但是人民与政府，站在历史的长河段里，却不是鸡与蛋的关系，总是先有人民，后有政府的。一句话，中国现在的状况，就是两千年来中国人民努力的结果。这一点，你是不可否认的。人民是父母，政府是儿女；中国人民非得把自己当儿女，把政府奉作父母；别人都是有什么样的父母，就有什么样的儿女；到我们这里，成了有什么样的儿女，才有什么样的父母。我不知道，这对我们娇嫩的自尊心到底是慰安，还是进一步的伤害。总之，下一步的落脚点，怎么着也得双管齐下，制度建设与文化启蒙双头并进。

就我个人来讲，我喜欢胡适的为人与制度诉求，当鲁迅批判祥林嫂、华老栓、阿Q、孔乙己的时候，胡适正在呼吁《争自由的宣言》《我们的政治主张》《人权与约法》《好政府主义》等；我也喜欢鲁迅对国情民性的洞透与批判，当温和的胡适成为众人口中"我的朋友胡适之"时，孤独的鲁迅正以决绝的姿态，杀向愚民昧众，甚至不惜自剖"我未必无意之中，不吃了我妹子的几片肉"。只不过我有一点不喜欢，鲁迅骂胡适帮闲的时候，至少要想想，自己都坦承自己无意之中做过帮凶，也是食人族中走出来的一员，又何必骂人帮闲？

意图伦理方面，鲁迅与胡适都是希望中国一路走好的；但是责任伦理方

① 鲁迅、景宋：《两地书全编》，浙江文艺出版社1998年版 第25～26页。

面，我要对胡适喝彩。因为胡适的思路一直是清晰的，实践也是良好的；但鲁迅却一直是矛盾的，死后更被人当作了政治工具。鲁迅不喜欢革命，国民性批判也属改良路径，但是他半路上总向剑与火的革命抛媚眼，喜欢全盘推翻。所以胡适推动制度改良的作为，在他眼里就成了不可容忍的帮闲。鲁迅是写过娜拉的，也认定娜拉出走就两个结果，一个是堕落，当妓女什么的；一个是回来，重新做笼里的小鸟。但是鲁迅就没有想到，全盘推翻，新制度也没啥好果子，所以晚年的他才会对苏俄制度产生向往，说什么“一个簇新的，真正空前的社会制度从地狱底里涌现而出”。胡适就能看出，什么空前的社会制度，简直是空前的地狱；而鲁迅，估计只有地狱里亲走一遭，才能达到胡适的理性认识之高度吧。

逝者长逝矣，来者犹须追。我的意思是说，鲁迅、胡适这一代人走了，但是我们未必能追得上他们。马勇老师说，百年中国近代史，就是一个大轮回。我想说的是，马勇老师太厚道了，哪里是轮回，简直是倒退嘛。其他不说，现在的知识分子，能超越晚近以来的知识分子吗？前有康有为、梁启超，后有鲁迅、胡适之。我们连还原他们，给他们一个公允的评价，都倍感吃力与阻力呢！

参考文献

[1] 鲁迅．鲁迅全集．北京：人民文学出版社，2005

[2] 鲁迅．鲁迅年谱（增订本）．北京：人民文学出版社，2000

[3] 鲁迅．鲁迅年谱．北京：人民文学出版社，1984

[4] 鲁迅．鲁迅研究资料．北京：文物出版社，1976

[5] 许广平．欣慰的纪念．北京：人民出版社，1981

[6] 龚育之．毛泽东的读书生活．北京：生活·读书·新知三联书店，2010

[7] 房向东．活的鲁迅．上海：上海书店出版社，2001

[8] 吴海勇．时为公务员的鲁迅．桂林：广西师范大学出版社，2005

[9] 周遐寿．鲁迅的故家．上海：上海出版公司，1952

[10] 周作人．鲁迅小说里的人物．石家庄：河北教育出版社，2002

[11] 周作人．知堂回想录．台北：三育图书有限公司，1980

[12] 周建人．回忆大哥鲁迅．上海：上海教育出版社，2001

[13] 周芾棠等．秋瑾史料．长沙：湖南人民出版社，1981
[14] 许寿裳．我所认识的鲁迅．北京：人民文学出版社，1952
[15] 许寿裳．亡友鲁迅印象记．北京：人民文学出版社，1953
[16] 王彬彬．风高放火与振翅洒水．北京：人民文学出版社，2004
[17] 陈明远．假如鲁迅活着．上海：文汇出版社，2003
[18] 曹聚仁．鲁迅评传．北京：东方出版社，2006
[19] 林贤治．人间鲁迅．广州：花城出版社，1998
[20] 朱忞等．鲁迅在绍兴．杭州：浙江人民出版社，1981
[21] 周海婴．鲁迅与我七十年．海口：南海出版公司，2001
[22] 曾智中．三人行：鲁迅与许广平、朱安．北京：中国青年出版社，1990
[23] 王晓明．无法直面的人生：鲁迅传．上海：上海文艺出版社，2001
[24] 朱正．鲁迅传略．北京：人民文学出版社，1982
[25] 许广平．许广平文集．南京：江苏文艺出版社，1998
[26] 鲁迅．鲁迅自传．南京：江苏文艺出版社，1997
[27] 马嘶．百年冷暖：20 世纪中国知识分子生活状况．北京：北京图书馆出版社，2003
[28] 吕芳上．从学生运动到运动学生．台北：台湾地区近代史研究所，1994
[29] 中国科学院历史研究所第三所．五四运动回忆录．北京：中华书局，1959
[30] 欧阳哲．容忍比自由更重要：胡适与他的论敌·上．北京：时事出版社，1999
[31] 梁实秋等．围剿集．石家庄：河北教育出版社，2000
[32] 倪墨炎．鲁迅革命活动考述．上海：上海文艺出版社，1984
[33] 邵建．胡适与鲁迅：20 世纪的两个知识分子．北京：光明日报出版社，2008
[34] 程新国．晚年蔡元培．上海：上海文化出版社，2011
[35] 丁锡根．鲁迅研究百题．长沙：湖南人民出版社，1981
[36] 吕云章．吕云章回忆录．上海：龙文出版社，1990
[37] 李劼．枭雄与士林：20 世纪中国政治演变和文化沧桑．香港：晨钟书局，2010
[38] 葛涛．鲁迅的五大未解之谜：世纪之初的鲁迅论争．北京：东方出版社，2003
[39] [日] 增田涉．鲁迅的印象．长沙：湖南人民出版社，1980
[40] [日] 内山完造．活的鲁迅．上海：上海书店出版社，2001
[41] 金雁．倒转“红轮”：俄国知识分子的心路回溯．北京：北京大学出版社，2012
[42] 顾农．鲁迅与光复会关系通考．鲁迅研究月刊，1999 年第 3 期
[43] 项义华．鲁迅与光复会关系考辨．鲁迅研究月刊，2005 年第 9 期

小情书：

许广平和鲁迅是如何走到一起的

从三月到七月：事情就这样开始了

谁说广平兄不会撒娇？

1925 年 3 月 11 日，时为北京女子师范大学国文系三年级学生、女师大学生自治会总干事、正在进行的女师大风潮即驱杨运动中的领军人物、笔名景宋的许广平（1898—1968）发出了她致教育部佥事、社会教育司第一科科长、女师大兼职教师、中国文化名人鲁迅（1881—1936）的第一封信，称呼是“鲁迅先生”，署名是“谨受教的一个小学生许广平”①。

事情就这样开始了。

有意思的是，许广平《鲁迅先生与女师大事件》的回忆文章里，第一个小标题居然也是“怎样开始”。按她的解释，“动机是这样的：我们都感觉到一个个学期的过去，使得就学的时间逐渐减少，而直面着人生的开始却瞬即来临，在感到学识的空虚，和处事应对世物的渺茫无所指引之际，谈起来就想从比较钦仰的教师中寻求些课外的导师……这些经过，鲁迅先生未必料想到，或者以为是普通好奇的来访者而已。”②

这回忆很好玩，本来是找课外导师呢，最后却变成了找老公。

下面我们看信。许广平致鲁迅的这封信，谈到了她对于学校及教育界的

---

① 鲁迅、景宋：《两地书·原信：鲁迅与许广平往来书信集》，中国青年版出版社 2005 年版，1925（一）。

② 许广平：“鲁迅先生与女师大事件”，载于《许广平文集·第二卷》，江苏文艺出版社 1998 年版，第 108 页。

困惑，这应该既是惯例，更是由头，也就是革命小青年致信自己心目中的革命老权威，总要先谈谈公事——革命话题的。谈过革命话题后，就可以切入私人话题了，或者说一开始就伏了两条线，公私兼营，公里透着私，私里透着公。总之，充分表达革命激情的同时，字里行间也伏着一条私线，那就是鲁大师能不能“垂怜”一下她这个每当先生授课时总爱“坐在头一排”、“蚕盆中展（辗）转待拨”、“堕入九层地狱”的“小学生”，给点“杨枝玉液”，“拯拔”一下她这个“惶急待命之至”的“灵魂”。估计怕鲁大师小气，舍不得那点“杨枝玉液”，所以小女人还用了点激将法，您老人家已经“立地成佛”了，但是“救人一命，胜造七级浮屠”，你自己看着办吧。

估计还怕鲁迅看着不办，所以许广平署名“谨受教的一个小学生许广平”之后，又画蛇添足、此地无银三百两地补了这么一段：“他虽则被人视为学生二字上应加一‘女’字，但是他之不敢以小姐自居也如同先生之不以老爷少爷自命，因为他实在不佩（配）居小姐的身份地位，请先生不要怀疑。一笑。”

这什么大三学生啊，这么重要的第一封信，这才几句话，就两个错别字了。我不知道鲁迅笑了没有，反正我笑了，我说的已不是错别字了，而是，年龄也老大不小，虚岁 28 了，但小女生的心思毕露无遗——先生俺可是小女生啊！

相对于鲁迅的名分地位及虚岁 45 的年龄，许广平当然也算小女生。鲁迅当天即写了回信。称呼是“广平兄”，署名是“鲁迅”①。

至于回信内容，我猜诸位跟我一样，此刻的心思根本不在人生与理想、教育与革命之类，而在破案——鲁迅毕竟是已为人夫的堂堂的人民教师，这一老一少的师生婚外恋到底咋开始的呢？老实说，我在鲁迅这封回信里没发现任何蛛丝马迹，老夫子严肃认真地回答了“一个小女学生”许广平对于学校及教育的困惑等问题。

3 月 13 日早上，许广平收到了鲁迅的信。15 日她回了信，称呼“鲁迅先生吾师左右”，署名是“小学生许广平谨上”②。还是“小女学生”有戏，这

① 鲁迅、景宋：《两地书·原信：鲁迅与许广平往来书信集》，中国青年版出版社 2005 年版，1925（二）。

② 同上，1925（三）。

信就丰富多彩多了。

第一，埋怨这信来得太慢了——同城之信，居然要阻隔到前后三天之久！其实哪有三天哪，《两地书》标注的时间是 11 日，可鲁迅日记所载，却是 12 日。[①] 一句话，12 日投出，13 日早上就到了，比同城快递还快呢。不过这种埋怨颇能代表“小女学生”“惶急待命之至”的迫切心情，一日不见信，如隔三秋乎，乃一般的传情达意之习惯路径吧。

第二，怎么就那么巧呢？我给你写回信，也等到了三天之后才能动笔——啥也不说了，缘分啊！女人跟男人强调巧合，强调缘分，就是戏剧小说里的伏笔了吧？总而言之，有戏！

第三，激动死小小的我了。打开信件一开，贱名之后居然还有个“兄”字，“广平兄”！我配吗？我配吗？我配吗？不，不，先生你是嘛意思吗！先生肯定没嘛意思，但对许广平来讲，则有意思了。细心的读者当能发现，许广平第二封信的用词及口气，已跟第一封信有了明显的变化。用张恩和的话，鲁迅无意一个“兄”字，对这师生间的关系和感情起到了“发酵素”的作用，许广平第二封信里明显少了拘谨，多了密切。[②]

大家一般的意思是，鲁、许两个的两地书里，没有一般情人之间的卿卿我我，鲁迅没有肉麻的话，许广平没有撒娇的词，都是谈大道理云云。错矣。主要是大家对撒娇与肉麻的理解范围太过狭窄而已。这里不说男人肉麻，只说女人撒娇的事。我觉得，女人撒娇，每个人有每个人的方式，你的方式不是人家的方式，不能用你的方式去统一千姿百态一人一个小样的女人；还有，女人撒娇，要看撒的对象。比如你的男人是李逵（李逵似乎不喜欢女人，光喜欢宋江哥哥，但咱这里可以假设嘛），那么你跟李逵说：黑哥哥，你教我抡板斧呗，或者咱俩玩滚碾盘的游戏吧？那就算撒娇了。李逵哥哥就麻酥酥的了。比如我跟我老公撒娇，就是回家后把双肩包往地上一撂，跟老公叫唤：老公啊，我今天发了奖金，说是三千，可我也不会数，谁知道够不够啊。我老公一听，堆着一脸欢笑就乐呵呵地跑过来了：奖金啊，你可不能亲自数，

① 鲁迅：“日记（1912—1926）”，载于《鲁迅全集·第十五卷》，人民文学出版社 2005 年版，第 555 页。

② 张恩和：《鲁迅许广平》，中国青年出版社 1995 年版，第 25 页。

这么低贱的活儿，还是我来吧，来，把钱都给我，我替你数！

总之，如果说许广平的第一封信是卖萌——小女学生——的话，那么这第二封信已开始撒娇了！

撒娇过后，自然还是要谈社会、谈大道理的，不过分量明显减少了。其中有两个亮点值得注意。

第一，说女同学们的坏话，认为“她们”没出息、没意思，就知道捧线装书，混文凭，除了自身利益，啥也不关心。这叫衬托，万绿丛中一点红，我是鹤立鸡群！

第二，开始给老师谈自己的个性了，说自己从小学到现在，无一日不被人指斥为“骄傲”和“玩世不恭”。自己也觉得这不大好，不能与人同流合污，总是吃眼前亏。但是谁让俺是个女子路呢？宁愿豁出去被人剁成肉酱，也不愿意搞壕堑战的啊！

这叫装傻卖憨，惹人爱怜。我也会用。我平时一个人过马路的时候，总是小心翼翼地看红绿灯好几眼，确定绿灯是为我而亮之后，才迈腿的，而且迈的过程还要眼观六路，耳听八方，防备那喝了酒的酒鬼，和不怕死的各色闯红灯的勇士悍妇。但是我跟我老公，特别是跟我世兄一块儿走路的时候，我都像光膀许褚一样，愣头愣脑啥也不看就要闯过去，吓得我世兄一惊一乍地伸着胳膊两边护我（老公相对还淡定些，因为他不惊乍，我也就没有那么夸张了）。我心里只剩下偷乐的份了，虽然世兄常为此称我二百五。二百五就二百五呗，旁边有个人像保镖似的给你护航，乐得消受一下。

你看，许广平也会这手。直接给老师亮明，我就是个二百五，被人剁成肉酱也罢。试想鲁迅能不伸开胳膊护护吗？

鲁迅回信写于 18 日，称呼还是“广平兄”，署名还是“鲁迅”①。

回信中，鲁迅首先认认真真地解释了一下“兄”的意思。他说，这是他自己制定、沿用下来的例子，就是：旧日或近来所识的朋友，旧同学而至今还在来往的，直接听讲的学生，写信的时候都称“兄”。一句话，你别多心。

① 鲁迅、景宋：《两地书 · 原信：鲁迅与许广平往来书信集》，中国青年版出版社 2005 年版，1925（四）。

但是鲁迅后半截就有点意思了，说："其余较为生疏，较需客气的，就称先生，老爷，太太，少爷，小姐，大人……之类"。一句话，你属于不生疏、不需客气的，咱们不见外。距离就是这样拉近的。

其次，鲁迅把自己的理念讲给了这个假装二百五的女子路。他说：现在还不是发展人的个性的时候，比如个人的无政府主义者，虽然想着救群众，最后却可能反被群众所迫害；他说：现在的教育，世界上无论哪国，不外是培养适应环境的机器罢了，至于捧线装书和希望得文凭者，还算是好学生；他说：子路结缨而死，在我看来还是有点迂，是上了他老师孔子的当了，你看孔老师困于陈蔡，也没有把自己饿死嘛。子路要不是信孔老师的胡说，哪至于死呢？这就是我说的壕堑战。

这里我们就发现鲁老夫子的腐迂了。你的"小女学生"许广平绝对不是女子路，这个你放心。她不会做刘和珍，也不会做杨德群！她就是给鲁老师摆个造型而已。

许广平的回信写于20日，称呼"鲁迅先生吾师左右"，署名"鲁迅先生的学生许广平上"①。

信中，许广平首先对"兄"字大发了一通议论。最后结论是，别人给我一个"兄"字，我肯定大惊；但既然鲁迅先生给我的，实不觉得有什么可惊，收了。

其次，许广平虽然再次夸张自己的二百五个性，什么"有船坐船，有车坐车，有飞机也不妨坐飞机，如果走到山东，我也坐坐独轮车"云云，但她最后还是承认了子路"结缨而死"是迂的，并且表示"我们只要晓得，就不会上当的"。还是那句话，给喜欢的老师摆个造型而已，老师一点教，她马上表示 over 了。

事情变化在最后一段，这里我负责任地全文摘录下来，供大家参阅："在纸面上得先生的教训比读书听书好得多了，可惜我自己太浅薄，找不出许多要说的话充分的吐露出来，贡献于先生之前求教。但是我相信如果有话要请

① 鲁迅、景宋：《两地书·原信：鲁迅与许广平往来书信集》，中国青年版出版社2005年版，1925（五）。

益时，先生一定不客气的，可是时时在先生最有用最经济的时间中，夹入我一个小鬼在中捣乱，先生写两个‘山’字那小鬼也不去，烧符也没用，先生还是没奈何的破费点光阴吧！小子惭愧则个。”

如果说许广平的第一封信是卖萌，第二封信是撒娇，那么这第三封信就有些要赖的小性情了。第一，自称“小鬼”；第二，自谓“捣乱”；第三，老师写个“出”，也撵不走我，缠上你了，爱咋咋地，烧符也没用！

鲁老夫子能招架住这一萌二娇三赖皮吗？

能。23 日，鲁迅才回了信。称呼与署名都没变，还是“广平兄”与“鲁迅”①。

为什么说能呢？

第一，相对于许广平嫌信件走了三天之长的埋怨，相形之下，鲁老夫子淡定多了。开首第一段说的是：“首先说仿佛记得收到来信有好几天了，但是今天才能写回信。”

你看看，“仿佛记得”，多么漫不经心啊；好几天了才回信，多不把人当回事儿啊。也不知是鲁迅装的——我觉得装的可能性很大，鲁迅是多么敏感的人啊，字里行间，“小女学生”给自己发射过来的种种信息，他不会接收不到。只是，鲁老夫子保卫战，总得抗抗的嘛，大老爷们、人民教师、文化旗手、有妇之夫，哪能轻易沦陷呢？

无独有偶，我发现曾智中也是这么一种感觉，只是相形之下，我觉得他有些诛心之嫌而已。他说：“鲁迅很喜欢两人这种充满虎虎生气的通信，但模模糊糊中又觉得好像不该写这么勤似的——虽然有这种觉得，但忍不住又照旧勤写不误——因此到 23 日回广平的信时，文字较前面的略有收束，开首还有几分矜持。②

第二，小鬼你放心，我不会撵你的，“我如果有所知道，当然不至于客气的，但这种满纸‘将来’和‘准备’的‘教训’，其实不过是空言，恐怕于‘小鬼’无甚好处。至于时间，那倒不要紧的，因为我即不写信，也并不做着

① 鲁迅、景宋：《两地书·原信：鲁迅与许广平往来书信集》，中国青年版出版社 2005 年版，1925（六）。

② 曾智中：《三人行：鲁迅与许广平、朱安》，中国青年出版社 1990 年版，第 137 页。

什么了不得的事。”

这是最后一段。如果说第一段是表示漠然，那么这最后一段就是漠然中的表示了：小鬼你放心，我不缺时间陪你玩儿。最关键的是，许广平自称小鬼，鲁迅也跟着叫小鬼了。看到这里不由得莞尔，就是男人对女人的爱称或者昵称，好多时候竟然都是女人自己给自己起的，然后派给男人。这里是许广平写给鲁迅的，无独有偶，在常艳女士一鸣惊人的自传体小说《一朝忽觉京梦醒，半世浮沉雨打萍》里，我们看到了常艳笔下的情敌之一张欢，在给男主人公、自己导师的信件中，除了署名张欢外，还自顾自地署了诸多一看就是自己给自己起的昵称——什么张偷懒、张莞尔、张呼吁、张懂事、张专衣、张粽子、张没睡等。

自己给自己起昵称，然后让男人跟着叫，这就是传说中的女性自爱吗？

小女人的心思，你来猜！

3 月 26 日晚许广平回了信，称呼“鲁迅师”，署名“许广平”[①]。

在这封信中，小女人的心思有这么几层。

第一，说到驱杨风潮，她说不敢否认别人绝对没有色彩在内（所谓的色彩，当然是党组织身份了），但她是个人的驱杨。这里，她跟鲁老师隐瞒了她国民党左派的身份色彩！

第二，她说她在写文投稿，但是她不喜重复用同一笔名——鲁迅笔名多，乃是由于政治、技术、个人性情等多种原因，她则纯是个人性情了。但她着重强调了一点，由于自己投稿时“绝不以什么女士……妄冀主笔者垂青”，所以稿子经常投不中。

按我的原则，能以这种思维、这种心态跟男人说话的女人，就不是我所喜的了。因为这样的思维与心态暗含了两个前提判断：其一，我没有利用女性的性别优势（另一面也可以说成是劣势）；其二，别的女性发稿多，可能是

① 鲁迅、景宋：《两地书·原信：鲁迅与许广平往来书信集》，中国青年版出版社 2005 年版，1925（七）。

利用了性别优势（性别是否有优势另说，但说者为了衬托自己的道德优势而横扫一干女性文人的身段有些低劣）。民国时代，才子才女辈出，我还真不知道，那时的才女们，给编辑投稿还流行加个“女”的。然则像我们这种女汉子，投稿时恨不得在后面缀个“纯爷们儿”的，那还咋活呢！

这里她可能忘了，她跟鲁迅第一次通信，就在后面补了一大段“女”字云云，难道是屡投不中后的战术改进吗？再说人家顶多是“什么女士”，你都“小女学生”了，性别优势外加年龄优势，又是“妄冀”什么“垂青”呢？总之，甩鞭子也得会抖手腕，否则最后甩到自己脸上，不好看。

第三，身边的同学真没劲，“数人聚首，不是谈衣饰，便谈宴会，谈出入剧场，热心做事的人多半学力差，学粹功深的人，就形如槁木，心似死灰，踢也踢不动”，一通牢骚后呼叫：“同志同志！天壤何处寻？”不消说，她属于那号热心做事，但学力差的。不热心也不行，当时别说国民党左派了，就是右派，也都把手伸到学校，忽悠学生对着北洋政府闹事，当时的女师大与北大，由于北大校长与前女师大校长许寿裳的友好，两个学校也结成对子关系了。而北大学生当时在北京，是警察见了也要绕着走的。大家只知道士兵当时有“丘八”的诨号，不知道当时的学生还有“丘九”的诨号，也是惹不起的。至于女师大学生，在闹事时又有了天然的性别优势（本来是劣势，但在抗争时被一方利用。犹如现在的某些国人维权，喜欢把自己家的老人、女人、孩子放在斗争第一线，自己趴后面叫唤：看他们连老人、女人、孩子都不放过云云）。总之，当时女师大的驱杨风潮是很复杂的一件事，而许广平的呼叫，是对着鲁迅发出的，她不找“同学”，要找“同志”呢。

第四，再次解释自己的个性，由于家庭环境、先人遗传、妇女解放的影响，加之“好读飞檐走壁，朱家郭解，助弱锄强，草上霜……之流，更幻想得作剑仙其人者，以杀尽天下不平事。”同侪中实在找不到可共事者。吾师啊，看你来信中说“正在准备破坏者，目下也仿佛有人”，先生啊，我喜极欲狂矣！我不知道你要干啥，是否即吾师所称的“做土匪去”呢？能不能收编我给你做个“马前卒”呢？

第五，鲁迅是没有什么主义的，如果有，顶多是他在日本学来的个人主义和无政府主义，也许还可以加个虚无主义。但这个时候的许广平作为国民党左派，心中肯定窝藏着两个主义：一个是孙中山的三民主义，一个是像虫子吃树叶一样正在中国大地蔓延的马列主义。所以许广平扯着扯着，扯出一个“忠于一种我以为对的主义之下，不管这团体是直接间接，成立与未”。总之，她不但有“主义”之目的，还有“组织”之愿望！

第六，最后一段，小女人的自爱与自得同时呈现：“承先生‘不客气’的一封封给我回信，于‘小鬼’实在是好比处在盂兰节，食饱袋足，笑的皮开眼合，得未曾有了！”

3 月 31 日，鲁迅回信。称呼“广平兄”，署名“鲁迅”[①]。

看到这个称呼，我都替鲁老师着急，人家都两次自称“小鬼”了，你回信中顺手用过一次，但没有用在称呼中，顺杆子爬都不会啊？还是有些迂？革命尚未成功，同志慢慢努力吧。至于信的内容，有几处亮点。

第一，鲁迅不同意许广平对学校女同学的那番贬低。他说，“据我看来，女学生还要算好的，大约因为和外面的社会不大接触之故罢，所以还不过谈谈衣饰宴会之类。”

第二，谈到国事，鲁迅认为，排满容易做到，但是排满后，该改造国民性了，国民就不肯了，所以不管挂什么招牌，共和啊、专制啊，实质都是一样的。至于“两种主义”者，“外表都很新的，但我研究他们的精神，还是旧货，所以我现在无所属，但希望他们自己觉悟，自动的改良而已。”鲁迅这里态度就很明确了，两种主义我都看透了，所以他们啥组织我也不会参加的。

第三，我也没啥本事，就是利用笔墨，写些不得要领的东西而已。留心看看，居然也有几个不问成败而战斗的人。我所谓“正在准备破坏者目下也仿佛有人”的人，不过这么一回事。要成联合战线，还在将来。

第四，希望我做点什么事的人，颇有几个了，但我自己知道，是不行的。凡做领导的人，一须二百五，而我看事情太仔细，一仔细，即多疑虑，不易勇往直前；二须不惜牺牲，而我最不愿使别人做牺牲，也就不能有大局面。所以，其结果，终于不外乎用空论来发牢骚，印一通书籍杂志。你如果也要

---

① 鲁迅、景宋：《两地书·原信：鲁迅与许广平往来书信集》，中国青年版出版社 2005 年版，1925（八）。

发牢骚，就来跟我们一块发吧，做什么“马前卒”，你老师哪有恁阔啊，我没马，有人力车坐就不错了！

第五，关于投稿，是要看运气的。一者编辑先生总有些糊涂，二者投稿一多，确也使人头昏眼花。我近来常看稿子，不但没有空闲，而且人也疲乏了，此后除了几个熟识的人们，想不再给他们看了。你投稿虽不写什么“女士”，我写信也改称为“兄”，但看那文章，总带些女性。我虽然没有细研过，但大略看来，似乎“女士”说话的句子排列法，就与“男士”不同，所以写在纸上，一见可辨。

鲁迅回信里，这一处最亮，许广平强调自己投稿不中，可能是自己没有亮出“女且美女”的招牌，但鲁迅不客气地指出，你即使不亮，我们这些搞文字的，一眼就能分出你男女来。所以，不是你没亮出女士身份，而是稿子写得不入人家法眼啦，啦啦啦！

你瞧这老师，就不知道顺嘴拍下“小女生”的马屁，捎带着骂编辑狗眼不识太君，让小女生受用一下。替他着急，智商太高，情商明显不够用，迂得不可救药！

4月6日许广平回信，称呼“鲁迅师”，署名：“学生许广平”①。

信里的信息也不少，咱这里挑稠的捞。

第一，她说她们学生自治会的五个人（加上她应该是六个），必须要跟助杨荫榆校长的教务长薛燮元“短兵相接”地干了，先生你教教我们咋干吧！

第二，她也承认国民性堕落，并由此想到亡国。她说，虽然现在流行什么“无国界主义”，但是她担心，即便我们亡了国，“欧美先进之国，是否能照大同的眼光待遇这种劣货？这是亡国也不能解决的问题，奈何？”

我不太喜欢许广平，但是不得不承认，我很喜欢她这段。老实说，我也有这么一种担心，你倒想亡国，可人家欧美先进国家是否愿意学雷锋做好事侵略你一下，还是需要打个问号的。打个劣质比方，你一个女人在家把丈夫毒死了，把孩子也都埋了，两清了，可人家邻居男人是否愿意娶你，还是一

---

① 鲁迅、景宋：《两地书·原信：鲁迅与许广平往来书信集》，中国青年版出版社2005年版，1925（九）。

个问题哩！是吧？你看梁实秋的回忆，中国人在美国留学受的那侮辱。一是陈长桐去理发馆理发，坐那儿半天没人搭理，最后一个理发匠踱过来说：我们不伺候中国人，气得陈长桐上法院告了一状。美国那法治地盘，官司当然能打赢，但人家还是不愿意给咱理发，无奈之下贴心贴肺地跟他说：先生你以后再理发，跟我们招呼一下，我们上你府上为你服务去，但是拜托千万别再到我们店里来，你一来，别人就都不来了。一是珂泉大学毕业典礼，按惯例，应该是一男一女排成双，纵队走向讲台领取毕业证，可美国愣是没一个女生愿意跟毕业的六个中国男生排队，没办法，美国方面只好把咱六个大男生排在前端，三个这边，三个那边，不好意思，你们中国男生自己组队吧。①啧啧，多伤我们中国人的自尊啊。

第三，对于鲁迅所谓的“两种主义”的“无所属”，许广平给的建议是“无所属”不妨“有所建”，我们自己搞组织；针对鲁迅对于“两种主义”的“旧货”之评，许广平发挥到了“半边天”那边，说什么女子参政、女权运动等，不但和“旧货”及“两种主义”一样，还有更不足称的，就是事情一点没有建设出来，这团体就做成“英雄与美人”的养成所了（很不幸，许广平恰恰拉着鲁迅走的是同样的路）。至于那些风头上的女人，“说起来真是叫人倒吸一口冷气，其差强人意的，只有一位秋瑾，什么唐群英、沈佩贞、石淑卿、万璞……哟！都是应当用蚊烟熏出去的。”

第四，给鲁迅推销起他们党的领袖——孙中山同志来了。说：“先生果真自以为‘无拳无勇’而不思‘知其不可为而为’乎？孙中山虽则未必是一个如何神圣者，但他的确也纯粹‘无拳无勇’的干了几十年，成败得失，虽然另是一个问题。”②

第五，叫我跟你们一块儿发牢骚固然可以，“但是纸上谈兵，不免书生之见，况且现时的昏天暗地，你打开窗子说亮话，还是免不了牺牲，关住门来长吁短叹，也实在叫人气短。先生虽则答应我有发牢骚的机会，使我不至闷死，然而如何的能把牢骚发泄得净尽，又恐怕自己无那么大的一口气，能够

① 梁实秋：《梁实秋自传》，江苏文艺出版社 1996 年版，第 108～109 页。

② 鲁迅、景宋：《两地书·原信：鲁迅与许广平往来书信集》，中国青年版出版社 2005 年版，1925（九）。

照心愿的吐出来，粗人是干不了细活计的，所以前函有‘马前卒’之请也。现在先生既不马而车，那么我就做那十二三岁的小孩子跟在车后推着走，尽我一点小气力吧！虽则，饿坏了的灯草般的手臂，卖不出多大气力，然而两三个子儿的代价——事情——先生是不忍过拒的吧！”

我们都知道许广平长得很高大，鲁迅长得很短小，但是许广平这里已经很煽情了。鲁老师乍读之下，心头泛起的会是出口的怜香惜玉呢，还是内销的被小女生“垂青”的幸福感呢？

4 月 8 日，鲁迅回了信，称呼“广平兄”，署名“鲁迅”①。

关于大同与孙中山，鲁迅回复说：“大同的世界，怕一时未必到来，即使到来，像中国现在似的民族，也一定在大同的门外，所以我想无论如何，总要改革才好。但改革最快的还是火与剑，孙中山奔波一世，而中国还是如此者，最大原因还在他没有党军，因此不能不迁就有武力的别人。近几年似乎他们也觉悟了，开起军官学校来，惜已太晚。”

关于纸上谈兵毕竟书生之见，鲁迅的回复是：“关起门来长吁短叹，自然是太气闷了”；“先前我只攻击旧党，现在我还要攻击青年”，“但政府似乎已在张起压制言论的网来，那么，又须准备‘钻网’的法子”；“我现在还在寻有反抗和攻击的笔的人们，再多几个，就来‘试他一试’，但那效果，仍然还在不可知之数，恐怕也不过聊以自慰而已。所以一面又觉得无聊，又疑心自己有些暮气，‘小鬼’年青，当然是有锐气的，可有更好、更有聊的法子吗？”

这信里官话还是太多了些，心急的同志可能要伸手捞冻豆腐了。别急，这通信时间还没到一月呢。风物长，宜放眼量，何况从这些话里，我们可以发现，鲁迅的身段已经放低了一截。如果说之前的信，都是小女学生向男大老师讨教，那么这次鲁大老师问了：小鬼可有什么好法子吗？教教为师也好！

信中还有一个值得注意的细节，那就是鲁迅说起，昨天给许广平邮了五期《猛进》，说自己这里反正好几份呢，以后如不禁止他当每次寄上。鲁迅是没有煽情的话语，但对许广平的体贴已经从行动上开始显现了！

---

① 鲁迅、景宋：《两地书·原信：鲁迅与许广平往来书信集》，中国青年版出版社 2005 年版，1925（十）。

“小鬼”署名终于落地

4月10日晚，许广平回信，称呼“鲁迅师”，署名“（鲁迅师所赐许成立之名）小鬼许广平”①。

前面我说别急嘛，你们看看，现在署名有点意思了吧。鲁迅什么时候赐尔小鬼之称了？明明是你一直自称的嘛。自己自称，弯儿都不拐就栽赃到男人身上，成男人对你的赐许了。说实话，我脑筋咋也转不过这个弯儿来。没办法，咱这种讲逻辑的，转不过这种不讲逻辑的。不过你得承认，女人从男人那里弄个爱称，挺不容易的。常言说王婆卖瓜——自卖自夸；可曾听说女人卖娇——自卖自撒的？

无独有偶，在信的最后一段，小女生的娇憨病再次发作：“这封信非驴非马不文不白的乱扯一通，该值一把火，但反过来说，现在最新的一派文字，也作兴的，我无乃画犬不成耳。请先生朱笔大加圈点吧！——也许先生的朱笔老早掷到纸篓里去了！奈何？”

明明知道鲁老师现在很喜欢和自己通信，这边却一味地自我贬低，叫人往纸篓里扔，这叫什么战术呢？我很外行。这叫欲擒故纵呢，还是欲扬先抑？

至于其他内容，国事、校事不少，我也不想说了，只说与主题相关的两点。

第一，许广平坚决拒绝鲁迅给她邮《猛进》，一是她接到杂志后就马上订了一份，二是她不想给鲁迅找麻烦。

第二，苦闷啊，苦闷啊，苦闷啊……我这才替她喊了三个就烦了，许广平在信里连喊六个。

我上大学的时候，宿舍不谈恋爱的女生有一个口头禅，就是有事没事喜欢抛一句“寂寞啊，无聊啊”——谈恋爱的女生一般没有这个口头禅，因为好歹有个同样青涩的男朋友陪着过家家，三天两头的发小脾气、生小闲气呢，

---

① 鲁迅、景宋：《两地书·原信：鲁迅与许广平往来书信集》，中国青年版出版社 2005 年版，1925（十一）。

夜半都忙得顾不上归宿，哪里还有时间和闲情逸致在宿里对着天花板表达寂寞无聊呢？所以，许广平这六声苦闷，除了国事、校事，应该还包含了大龄女生的青春期苦闷。这之前，许广平谈过恋爱的，但是她染了病——猩红热，小男朋友去看她，她给人传染上，最后她活下来了，小男朋友死了。1940 年，许广平还在《上海妇女》上发文纪念她的这位所谓的“辉兄弟”，说：十八年了，也许辉的家人都早已忘记了他，但她没忘，“就像那患骨节酸痛者的遇到节气一样. 自然会敏感到记忆到的，因为它曾经摧毁了一个处女纯净的心，永没有苏转。”①

这应该是她的初恋。

4 月 14 日，鲁迅回信，称呼“广平兄”，署名“鲁迅”②。

鲁迅在这封信里告诉许广平，你恁多苦闷，原因在性急，要韧，要韧（切，鲁迅当初还做过生理教员呢，心理方面的知识明显少了点）；另外，听说《猛进》你没有订妥，没订妥就告我，还是我给你邮吧，我再忙，写个信面也不是啥难事嘛。

4 月 16 日晚，许广平写了一封激动无比的信，称呼“鲁迅师”，署名“小鬼许广平”③。

“小鬼”之署名，终于不需要在前面附一个长长的括号，就这么脆生生的净身落地了。好，我们人民群众现在需要做的，就是绷紧一根阶级斗争的弦，瞪大雪亮且带双眼皮的眼，看什么时候鲁迅用它作称呼才是。

至于信的内容，我们能发现的重要信息是，许广平终于上门了，去鲁迅家里了。用她的话说：“‘秘密窝’居然探险（？）过了！”之后就是一大段抒情文字。我觉得，这个大龄女生并不擅长抒情——这一点她在信中也承认了，说“小鬼向来不善推想和描写”，一段话说得膈应无比，所以不再浪费笔墨给大家摘录。反正她想表达的意思无非是激动的心儿跳不停，秘密窝里有高人云云。还有一个信息是，《猛进》没订妥，乃是我自己粗心糊涂，又补订了，

---

① 许广平：“新年”，载于《许广平文集 · 第一卷》，江苏文艺出版社 1998 年版，第 22 页。

② 鲁迅、景宋：《两地书 · 原信：鲁迅与许广平往来书信集》，中国青年版出版社 2005 年版，1925（十二）。

③ 同上，1925（十三）。

就不劳鲁师给寄了。

没等上鲁迅回信（实在等不上，一般也就三天，这都四天了还不见回音），4 月 20 日晚，许广平又写了一信，称呼“鲁迅师”，署名“小鬼许广平”①。

这信第一句话问的是，前几天的信你收到了吧？许广平这话包含两个意思：第一，字面意思，鲁老师你到底收到没？第二，字面背后的意思，收到了为嘛不给我回信呢？我那么激动，你这里四天了没反应，啥意思嘛！

我们明显可以发现，战争是许广平发动的，但是战争的进展与结局，让小女生很忐忑。鲁大师虽然是保卫战，但言谈之间寸土未失，进退自如，瞪眼看着这个小鬼在城门口打探、丈量和攀爬。

除此之外，信中还有两个重大事项。

第一个重大事项：鲁老师我发现《京报》上登有《民国公报》招考编辑的广告，我前面一直做“人之患”（意指在外面兼职给人做家庭教师）来着，若改做编辑可以多点进步与学识；鲁师你“认得外面事情比小鬼多许多的，能够示知一二，以定去取否？”

这已经有些要求老师利用人脉与声望给她找工作的意思了。即使没这个意思，那么自己的课外兼职让鲁老师来定去取，释放出的信息也是：鲁老师你不是我外人！

第二个重大事项，许广平带头与鲁老师作乱一次。许广平信中原话如下：“今日讲堂的举动，太不合于 gentleman 的态度了！然而大众的动机的确与‘逃学’和‘难为先生’不同，凭着小学生的天真，野蛮和出轨是有一点，回想起来，大家总不免好笑，觉得除了鲁迅先生以外，别的先生，我们是绝对不干的。”

这里把信中的“我们”改为“我”就行了。小许同学得了鲁老师的宠，带头在课堂上跟老师捣乱，所谓的“野蛮”、“出轨”云云，哪个小孩子得了老师的宠，都会恃宠骄纵的。还是那句话，许虽然 28 岁了，但在鲁老夫子那

---

① 鲁迅、景宋：《两地书·原信：鲁迅与许广平往来书信集》，中国青年版出版社 2005 年版，1925（十四）。

里，还是小女生呢。

许广平带头捣乱的结果，是大家没上课，去游玩了一番。游玩地点是历史博物馆。历史博物馆设在故宫午门楼上，当时尚未对外开放，鲁迅以筹备人员的身份带领学生前往参观。许广平事后回忆：“原来这个博物馆是教育部直辖的，不大能够走进去，那时先生在教育部当佥事，所以那面的管事人都很客气的招待我们参观各种陈列。”①

一句话，鲁老师是有身份的，教育部社会教育司第一科十几年的科长了，所以学生们才咸与有幸了。

鲁迅的日记里，也记下了一笔：“二十日，晴。午后往女师校讲，并领学生参观历史博物馆。”② 鲁迅日记里没记详情，但在许广平笔下，却是一群女生调戏可怜的鲁老夫子了：“鲁迅先生授课时很认真，不过绝不会随便骂学生，这一层我们很有把握。有一天，趁新的讲义还没有印出来，先生正预备讲书时，姑且和他闹一下罢，如果成功，就有得玩了。课室前排的几个人最爱捣乱：‘周先生，天气真好哪！’先生不理。‘周先生，树枝吐芽哪！’还是不理。‘周先生，课堂空气没有外面好哪！’先生笑了笑。‘书听不下去哪！’‘那么下课！’‘不要下课，要去参观。’‘还没有到快毕业的时候呢，不可以的。’‘提前办理不可以吗。’‘到什么地方去？’‘随便先生指定罢！’‘你们是不是全体都去？’测验是否少数人捣乱。全体起立，大家都笑了：‘先生，一致通过。’先生想了想，在黑板上写出‘历史博物馆’几个字，又告诉我们在午门——是皇宫的一部——聚齐，各人分头去，在那里聚齐。大家都去了。”③

我做教师二十多年了，这里很负责任地告诉大家：

第一，真正做老师的，都是热爱学生的，而学生是摸着老师脾气上的，他们知道老师是否热爱他们，并且会据此调整他们对老师的言行。

第二，别说学生了，鲁迅连一般的社会青年都热爱的。虽然他的话语系

---

① 许广平：“关于鲁迅的生活”，载于《许广平文集·第二卷》，江苏文艺出版社 1998 年版，第 155 页。

② 鲁迅：“日记（1912—1926）”，载于《鲁迅全集·第十五卷》，人民文学出版社 2005 年版，第 561 页。

③ 许广平：“关于鲁迅的生活”，载于《许广平文集·第二卷》，江苏文艺出版社 1998 年版，第 155 页。

统里不乏革命二元化的思维，生活中也把敌人的朋友当敌人，但他对一般年轻士子的良善之心，则是毋庸置疑的。

第三，所谓的课室前排几个人最爱捣乱，其实也就坐第一排的许广平本人——江青当年听毛泽东讲话也喜欢坐第一排，坐第一排也就罢了，听完之后还喜欢撵着主席问：主席，俺还有很多问题不明白哩！小女人太明白了，假装不明白，主席才能给你开小灶嘛——也许还可以加上许广平的好友林卓凤。林卓凤应该是许广平的闺蜜了。许广平致鲁迅的第一封信，是林卓凤审修过的；4 月 12 日许广平第一次去鲁迅家里拜访，陪同的也是林卓凤。能带头闹的，估计也就这俩了。一个是心中有数，一个是——君不见闺密虐起闺蜜的男友来，比虐自己的男友还来劲儿呢！

我们这里只说许广平的心中有数。我曾经教育做小学语文教师的侄女说：对捣蛋学生、学习差的要好些，不要歧视他们，可能的话，甚至可以选他们给你做做班长、其他长什么的。没想到侄女当即给我否决了：可不敢，你不知道那些捣蛋小孩儿们，你平时都不能给他们多笑一笑的，多笑一笑，他们马上就蹬鼻子上脸，弄不清老几了，你再叫他们当班长、其他长，他马上开始欺负其他同学……有关蹬鼻子上脸，你只要见过贝克汉姆的爱女哈珀在公开场合如何捏他老爸的鼻子、拽他老爸的耳朵的，你就明白了：小女们缘何如此放肆，原因只有一个，她知道这男人爱她、宠她，可以随她的便。这就够了。

这话题我们也说够了，现在看看鲁老师咋回复的。4 月 22 日夜，鲁迅写了回信，称呼“广平兄”，署名“鲁迅”①。

鲁迅第一句话是：对不起，16 日和 20 日的信都收到了，这几日太忙，没时间给你回信。

看样子，鲁老夫子还在拽呢，保持一种安全系数下的距离感！我的城堡我做主，不是你随便一封信就能攻陷我的。

鲁老夫子说：我们刚弄了一个《莽原》，你有稿子也可以寄来。对了，你

---

① 鲁迅、景宋：《两地书 · 原信：鲁迅与许广平往来书信集》，中国青年版出版社 2005 年版，1925（十五）。

订有《京报》否？若没有，我可以“使人”将《莽原》给你寄上。由鲁迅编辑出版的《莽原》刚开始出版时，是每星期五随同《京报》附送的，所以他才问许广平是否订有《京报》。注意这里的措辞，我们可以发现鲁迅是如何精细之人，鉴于前面许广平怕给鲁迅找麻烦而坚决拒绝鲁师邮寄《猛进》一事，我们这里可以发现他在信中提前声明，不是我亲自寄，我可以“使人”寄的。一句话，您不必跟我客气！

关于《民国公报》招考编辑，鲁迅说：我替你打听一下吧，不过据我所知，都是内定好的，而且做编辑不会有什么进步，看书和休息的工夫都没有，还不如做“人之患”呢。

许广平可能有些不自量力。第一不是什么文人，基本没写过什么东西，文才更是一辈子都没给我们展示出来多少，三卷本的《许广平文集》除了回忆自己，就大都是回忆鲁迅的。无非是跟了文学大师，唾余也可以当史料而已。连儿子周海婴都不好意思地说自己的笨，是随母系多了些，没随父系周家呢；第二，还是个大三学生，没有任何正规的编辑经验——之所以说不正规，是因为她在天津读书时（1917～1921 年），参加过刘清扬、邓颖超等组织的天津女界爱国同志会，并任该会会刊《醒世周刊》编辑。现在之所以这么想入非非，当然还是因为结识了鲁迅而已。嘴上是说咨询鲁迅，心里其实已经有了期许鲁迅请托的意思。鲁迅嘴上说着替她打听，事实上已经把这条路给她堵了，你别想了，若真想进步，还是不做编辑的好。

许广平所谓的想进步，也是托大。如果她信中说，我想落后退步，或者直接说我就是想找个好工作挣钱呢，也许鲁迅反而不能这么一剑封喉了！

这信里最亮的一点是，许广平 16 日信中所谓“探险”云云，终于刺激得鲁老夫子活泼起来了——他居然给许广平出开考试题了：“我所坐的有玻璃窗的房子的屋顶，似什么样子的？后园已经去过，应该可以看见这个，仰即答复可也！”

除了这道考试题，鲁老夫子还谈起了 20 日被学生逼游历史博物馆的事，他说：“星期一的比赛‘韧性’，我又失败了，但究竟抵抗了一点钟，成绩还可以在六十分以上。可惜众寡不敌，终被逼上午门，此后则遁入公园，避去近于‘带队’之苦。我常想带兵抢劫，无可讳言，若一变而为带女学生游历，未免变得离题太远，先前之逃来逃去者，非怕‘难为’‘出轨’等等，其实不过是想逃脱领队而已。”

如果说前面的考试题还算是鲁迅与许广平的情调的话（按本山大爷的思路，你也可以读成调情的），那么这一段，则是鲁老夫子真实心境的流露了：老夫子实在不愿意领一群叽叽喳喳的小女生在外面游来逛去的。他不是宝玉。而且，相对于宝玉那种哼哼叽叽的小资情调，鲁老夫子更能接受的是焦大、鲍二家的、刘姥姥甚至阿Q那个群体。

恋爱是一种非正常状态

4月25日晚，许广平回了信。称呼“鲁迅师”，署名“小鬼许广平”①。

信的第一段，就是表达一个小鬼的快乐的：“先后的收到信和《莽原》，使我在寂寞的空气里，不知不觉地发生微笑。此外有《猛进》《孤军》《语丝》《现代评论》等周刊，接连地源源而来。居然，关心大局的人多起来了！小鬼每周中得看这些师资，多么快活呀！”

没法做数量统计，但是99%的快活与微笑，是来自于与鲁师的接触和亲近，则是可以确定的。有一首歌唱得好，我心里埋藏着小秘密，就不告诉你！小女生，你可以不告诉我们，但是洞透深刻的鲁大师能瞧出来的；我们这些围观者，也都是大眼睛双眼皮的。

对于鲁老师的那道考试题，许广平应对的还是娇赖之态：“考试尚未届期呢！本可抗不交卷，但是考师既然提前，那么现在的答案完了，到暑假时就可要求免试——如果不及格，自然甘心补考。”于是叽里咕噜答了一大堆，其实唯一的亮点就是说“秘密窝”中“呈神秘的苦闷的象征”。联想起前面许广平的六个苦闷，加之以鲁迅这神秘的苦闷，用现在的流行话语，当是一对闷骚了。

一大堆之后，许广平的萌态也跟上了：老师，不能光你给我出题，我也得给你出道呢。那什么，“我们教室天花板的中央有点什么？如果答电灯，就

① 鲁迅、景宋：《两地书·原信：鲁迅与许广平往来书信集》，中国青年版出版社2005年版，1925（十六）。

连六分也不给，如果俟星期一临时预备夹带，然后交卷，那就更该处罚了！”

看看，这一对师生相互出的题无聊至极，我们看客都要打瞌睡了。没办法，恋爱是一种非正常状态，这种非正常状态下的男女所从事的主要业务，就是把正常人眼里很无聊的事项，一件一件做得津津有味。可苦了我们旁观者。大家还是有些耐心与爱心吧。

对于20日的午门游逛，许广平的快乐不但达到了高潮，且持续很久。她在信中说：“午门之游，归来总夹杂得胜的微笑，在洋车中直至学校，以至良久良久，更回忌及在下楼和内操场时的泼皮，真是得意极了！”

嗯，全班同学虽然咸与游逛了，但是胜仗却是许广平一个人的。全体同学给她做的群众演员，而她才是这场戏的公主与主角。所谓“下楼和内操场时的泼皮”，都是她向鲁师发动的“调戏”。常言说，少女怀春云云，在本山大爷那里就是秋天的菠菜和苏格兰调情呗！

关于鲁迅自称午门之游抵抗学生可划六十分云云，许广平娇憨地向他表示：六十分？太宽了吧？我看是零分呢！这已经跟哈珀捏他爹贝克汉姆的鼻子一个样了：你看你这鼻头，大得如此不像话，来，让我捏捏，看能捏小不？

能捏小。鲁老夫子擅长吵架骂人，擅长看人视物。但是让他面对面与一群女生过招，他不行的。所以许广平又批评了鲁老师一通：如果你是女先生，就不妨带队；可是男先生又何妨？你咋界线分那么清呢？封建老脑筋（世俗积习）咋那么难打除呢？

我觉得不是界线和老脑筋的原因，是个人性情的原因。还是那句话，鲁迅不是宝玉；宝玉若带队去历史博物馆游逛，恨不得牵着每个女生的小手，担心哪个被一根草叶子绊倒呢！

值得注意的是，此信再次表现了小女生在恋爱世界里的忐忑不安和瞻前顾后。许广平说，《莽原》的各篇看了，能感觉出冥昭（鲁迅笔名之一）是鲁师的，《棉袍里的世界》虽然也有鲁师不少的作风在内，但她不敢确定。正是这篇小说，触动了怀春小女生的敏感与多疑：“在《棉袍里的世界》文中，他揪了朋友来开始审判，取了他‘思想’‘友谊’……甚至于‘想把我当作一件机器来供你们使用’。我当时十分惭愧，反省，我是否亦是‘多方面掠夺’者之一？唉！虽则我不敢当是朋友，然而学生‘掠夺’先生，那还了得！

明目张胆的‘掠夺’先生，那还了……得！学生而‘掠夺’先生，此人心之所以不古也。有志之士，盍起而防御之?!”

这一段，是对恋爱女生进行心理分析的最佳样本。

第一，许广平对自己与鲁迅目前的关系，有强烈的不确定感。那就是她目前在鲁迅那里，到底是学生呢，还是已升级为朋友？这种不确定，导致她不知道如何自处。

第二，不管鲁迅把她当学生，还是当朋友，她所谓的自处是否调适，都完全取决于鲁迅的观感。当朋友，她都怕鲁迅有被掠夺、被利用的感觉，遑论当学生？

第三，虽然这么多不确定，但鲁迅对她的偏而爱之，她还是能感觉到的，所以在表达了自己的敏感与多疑后，小女生又玩了一下女生特有的娇憨之术：什么“人心不古”、“有志之士”、“起而防御”云云。这种娇憨除了能引起鲁师的爱怜，同时还兼具了试探功能。相当于小女生用小爪子打大男生，边打边喊：你还手啊，你咋不还手呢？男人是否还手，如何还手，就是小女生确定双方关系的最好的坐标系了。

总之，恋爱也是一门艺术。小女生在这方面都是天然的文艺女青年，关键就看老童生——鲁迅咋配合了。

上回信里，鲁迅曾邀她给新办的《莽原》投稿。所以这次回信，许广平答应第二期开始学学做文章。但是她恐怕自己“粗人干不了细活计”。所以请求鲁师，若自己作出来的不中用，“那时，只请破除情面，往纸篓一捏。然而能否做出还是一个问题。”

看来这妞真不是写文章的料，不过写情书的水平还是有的。

最后，许广平就自己想报考编辑之事，发了一通牢骚：“现社会实在黑暗，女子出来做事实是处处遇到困难。我不是胆小，为避免麻烦，所以我多是先托人打听，不料知识界的报界也是鬼蜮。”最后感叹一句：唉，谁叫你生着是女人呢？

拉倒吧，做不成编辑，跟你是女人有嘛关系。女师大的第一位女校长杨荫榆女士还是美国哥伦比亚大学教育学硕士毕业的海归呢，不照样被你们学生整得屁滚尿流，卷铺盖回家？

4 月 28 日，鲁迅回了信，称呼“广平兄”，署名“鲁迅”[①]。

信中，与我们的主题相关的事项如下。

第一，鲁迅说许广平的投稿须修改才能发表，且第二期来不及了，“因为不知‘小鬼’何意，竟不题作者名字。所以请你担造一个，并且通知我，并且必须于下星期三上午以前通知，并且回信中不准说‘请先生随便写上一个可也’之类的油滑话”。

这一段我们可以发现，鲁老夫子在一个小女生的影响下性情大变。恋爱，会让木讷的人变得废话滔滔，会让拘谨的人变得手舞足蹈，会让上了年纪的人童心大发，会让枯树重新发芽抽条！

第二，鲁迅解释《棉袍里的世界》乃是新认识的长虹的作品。既然不是鲁迅的，许广平的担心就是多余的了：“至于《棉袍里的世界》所说的‘掠夺’问题，则敢请少爷不必多心，我辈赴贵校教书，每月明明写定‘致送修金十三元五角正’。既有‘十三元五角’而且正，则又何‘掠夺’之有也欤哉！”

这一段太有意思了，许广平的意思很简单，我这样侵入你的世界，你欢迎不欢迎？鲁迅的回答是：请放心侵略好了！

写到这里不由得要替鲁迅原配感叹一句了：朱安啊，有文化可怕，可没文化更可怕！你看你，当初鲁迅在日本，对你的要求就是放脚、上学。你不放脚也就罢了——要知道，清末兴起天足运动时，鲁迅的娘都放脚了，放脚后有人讽刺她要去嫁外国鬼子了，没想到鲁迅他娘比鲁迅还冷幽默，回说：“可不是吗，那倒真是很难说的呀！”[②] 学你也不上——用俞芬的话说，鲁老太太虽然没有正式读过书，但很有文化，读书看报，一项不落后，什么《三国志》《三国演义》《红楼梦》《水浒传》《官场现形记》《西游记》《镜花缘》，甚至张恨水的《金粉世家》等书，她都看呢！七十多岁的老太甚至亲自上书店买书，惊得店里的人满地找牙。[③] 总之，人家一家有文化，你却大字不

---

① 鲁迅、景宋：《两地书·原信：鲁迅与许广平往来书信集》，中国青年版出版社 2005 年版，1925（十七）。

② 俞芳：“鲁迅先生的母亲—鲁太夫人”，载于《鲁迅研究资料 3》，文物出版社 1979 版，第 284 页。

③ 同上，第 279 ~ 281 页。

识一个，结果这边老公都大开城门迎接“侵略者”入城了；你那边，还不识字，其他不说，人家情书落你脚边，你读都不会读的啊！

第三，有关午门之游，鲁迅坚持自己应该得六十分，许广平该记两次大过，并且对许广平窃笑自己老脑筋，“界限分得太清”表示异议，说：“我无论对于什么学生，都不用‘冲锋突围而出’之法也。况且，窃闻小姐之类，大抵容易‘潸然泪下’，倘我挥拳打出，诸君在后面哭而送之，则这一篇文章的分数，岂非当在0分以下？”一句话，男子汉大豆腐，不是怕你们女生，而是惹不起躲得起而已！

第三，关于秘密窝的考试，鲁迅承认自己失败，给许广平出的题太容易了。但是许广平给鲁迅的考试题，鲁迅却跟小女生一样也要开娇赖了：“惟报仇题目，却也不再交卷，因为时间太严。那信是星期一上午收到的，午后即须上课，更无作答的工夫，一经上课，则无论答得如何正确，也必被冤为‘临时预备夹带，然后交卷’，倒不如拼出，交了白卷便宜。”

太喜感了。哈珀捏贝克汉姆的鼻子，扯贝克汉姆的耳朵；现在我们看到的是，贝克汉姆回手了，捏哈珀的鼻子，扯哈珀的耳朵。人伦之爱啊，人伦之爱！

4月30日晚，许广平写了回信，称呼“鲁迅师”，署名“小鬼许广平”[①]。

第一件事，有关署名的问题，她告诉鲁师，我在同学间外号是“西瓜皮”，“小鬼”这个名我现在也喜欢，鱼和熊掌不可兼得，鲁师你就挤着眼睛给我随便挑一个吧。

你瞧这娇撒的。两个昵称一块奉献给鲁师，你看哪个更可爱点呢？

第二件事，我得争争名分了，忝为鲁师之“兄”，行年耳顺，怎么能把“少爷”的名头加诸本“老人”身上呢？先生这你是叫我学老莱子——七十戏彩吗？

跟鲁师托起大来了。女人在男人面前一托大，不管是托的母性，还是雄性，总之，托起的乃一种暧昧的亲昵、亲昵的暧昧。鲁迅会被这种暧昧与亲

---

① 鲁迅、景宋：《两地书·原信：鲁迅与许广平往来书信集》，中国青年版出版社2005年版，1925（十八）。

昵泡化的！

第三件事，关于“秘密窝”的考试，你之所以失败，在于试验的题目出错了！如果出的是“问东边架上一盒盒的是什么？”也许交白卷，幸而考期已过，不妨“不打自招”的直白供出来：“假如是答案，我没刘伯温卜烧饼的聪明，只有认为是书籍，这可给他0分吗？”

真无聊，但你看这小女生玩得多兴头。唉，肥皂剧是不是都是这样出来的啊！

第四件事，关于午门之游要给许广平记大过的问题，许广平的娇、憨、赖一起端上来了：“‘不听讲而逼上午门’，是我们班中的特别本领，请问别的高徒有我们这般斗胆么，听说人家——师大北大——上先生的课，君君子子的，耗子见了猫似的，人们遇着夏日似的，而我们的是有仪可像而不必有威可畏，我们只捧出赤盘的火，和冬天的日相遇，我们感着儿童的天真，现在要‘抄袭’起来了！我们是在‘母亲的摇篮里’，有什么可怕的呢？来吧！‘记大过’快来吧！这是母亲给予孩子的葡萄干呢！多多益善呀！”

这里信息量太大了：其一，北大、师大学生不敢调戏鲁老师，那是因为他们既不是女校，且女同学中也没有人正与鲁师眉来眼去呢；其二，我们是鲁师的花骨朵儿，正躺在母亲的摇篮里享受母爱呢，既不用害怕鲁师，还可以任意跟他撒娇呢；其三，鲁师不是说要给我记大过吗？来啊，来啊，那不是母亲给孩子发葡萄干吗？

真酸！

鲁迅牙不好，能招架住吗？

能，老夫子也卖开醋了。5月3日，鲁迅回了信，称呼“广平兄”，署名“鲁迅”①。

第一，关于署名“西瓜皮”还是“小鬼”的问题，鲁迅认为，虽为你自己喜欢（傻老头，他是叫你喜欢呢），但“我以为用于论文，却不相宜，因为以真名招一个无聊的麻烦，固然犯不上，但若假名太近滑稽，则足以减少论

① 鲁迅、景宋：《两地书·原信：鲁迅与许广平往来书信集》，中国青年版出版社2005年版，1925（十九）。

文的重量，所以也不很好。”

这里，这一对师生都有些犯错了。许广平兴奋得忘乎所以，公私域不分了，非得把自己的两个昵称公开使用；鲁迅不解风情，不知道自己先占了专用权，却一本正经地跟她解释滑稽笔名减少论文重量，她现在需要什么论文重量啊，她需要的是她自己在你这儿的重量你知道不？

第二，鲁迅在许广平曾经起用过的笔名中，帮她选定了“非心”。但是这种选定，让他也有了调戏许广平的机会：“我就以‘编辑’兼‘先生’之威权，给你写上这一个罢。假如于心不甘，赶紧发信抗议，还来得及，但如星期二夜为止并无痛哭流涕之抗议，即以默认论，虽驷马也难于追回了。而且此后的文章，也应细心署名，不得以‘因为忙中’推诿！”

这一段信息也不少：其一，俩人不是现场，而是纸上谈兵，所以鲁老夫子再迂，也可以借助纸媒展现一下逗小女生的基本功，制造一种亲昵的气氛。若放在现场，我不知道，他会不会主动伸手摸摸许广平的脑袋，或者点点她的额头，甚至捏捏她的鼻子。其二，小女生在男人面前，除了装萌、卖娇、耍赖、扮憨外，还有一招是玩粗，就是玩马大哈，比如顾头不顾尾，比如不停的丢东西，其实男人不在的时候，她啥都能顾上，也啥都不会丢。之所以要玩粗心，是给男人提供表现细爱的舞台，更是小女生自尊心得到多方抚慰的机会。所以鲁迅这里提醒许广平以后再投稿，得记得署名。先生啊，你可知道小女生被你温馨提醒的幸福感吗？

第三，鲁迅承认自己试验题目出得太容易了，算得失策，然而他认为是有补救之法的，那就是可以时不时地称之为“少爷”，刺之以“细心”啦。你瞧瞧，就称你一次“少爷”，信中就跟我“抗议”了“九行之多，可见费力不少”。

一句话，你不是不让叫少爷吗？我偏要叫：少爷、少爷、少爷！

鲁老夫子什么时候有过这样童稚的欢乐哪？除了他少儿时期的百草园生活和乡下社戏的生活，以及在床上和作人演兄弟分散、沿路寻找的故事，双方嘴里不断地喊着“大哥呀，贤弟呀”之类。

第四，咱们的《莽原》也很窘，寄来的多是小说与诗，评论很少，倘不小心，也容易变成文艺杂志的。我这个编辑苦啊。“你如有议论，敢乞源源寄来，不胜荣幸感激涕零之至！”

鲁大师给小女生扮开小可怜儿了。等着吧，我们看小女生如何把自己的欢乐，建立在他的这“涕零”之上的。

为小鬼两肋插刀

5月9日晚，许广平回了信。称呼“鲁迅师”，署名“小鬼许广平”①。

这信开头就显出了异样，说收到了鲁迅5月3日、5月8日的信和第三期《莽原》。

问题是我们明明没有看到鲁迅5月8日的信。

联想到鲁、许二人出版《两地书》时的删改，我们有理由相信，鲁迅5月8日的信，估计是读者不宜！

也许愈是这样，我们愈是好奇。到底发生什么事了？

别急，真有事了。正如许广平信中所言，5月7日那天，章宅和女师大学校都出事了。

首先是章宅，自从1915年5月7日，日本提出最后通牒要求袁世凯接受“二十一条”后，每年北京学界必定于是日集会举行国耻纪念。5月初，北京警厅照例请教育部通令禁止学生集会游行，正在“整顿学风”的教育总长章士钊自然通知各校遵行。但学生还是走出了校门，并集合到了神武门前，一番“打倒”之后直奔章宅，破门入户，捣家毁具——中国那时的学生运动很邪门，也不知他们爱的哪门子国，反正实际的行动既冒犯私权，还违反公法，待军警赶到，双方自然发生冲突。学生七人受伤，十八人被捕。两天后学生集会抗议，提出罢免章士钊等条件。

其次是女师大。为了配合教育部通知，女师大校长杨荫榆于5月7日在校内举办纪念国耻演讲会，请李石曾、吴稚晖等国民党骨干前往演讲。但会议开场前，以许广平为干事的学生自治会以不承认杨为校长为由拒绝其入场

① 鲁迅、景宋：《两地书·原信：鲁迅与许广平往来书信集》，中国青年版出版社2005年版，1925（二十）。

登堂，双方僵持不下，在部分学生的起哄与嘘声中，杨自行退席，在校外租用办公室，召开女师大评议会，商议开除带头闹事的学生。5 月 9 日张榜公布，他们是女师大学生自治会成员：蒲振声、张平江、郑德音、刘和珍、许广平、姜伯谛（刘和珍是学生自治会会长；张平江、许广平是国民党员；蒲振声、郑德音因为这次闹事表现好，年底被批准正式加入共产党）。

按许广平 1940 年的回忆："这一天，全校处在紧张的情绪中，不少的同学气愤到哭起来了。林君问我，应该怎样善后？我说：'被开除了几个人不要紧，要紧的是请出几位说人话的先生来。'"①

这里的林君是林卓凤，"说人话的先生"首先是鲁迅。女师大另一个参与学潮的共产党学生刘亚雄回忆曰："可以说，如果没有鲁迅，单靠学生力量，女师大学生运动是搞不起来的，更不可能搞得这样声势浩大。"②

鲁迅为什么劲儿这么大呢？用吴海勇的话说，鲁迅本来是女师大学潮的局外人，但是"与许广平有这层特殊的关系，鲁迅在女师大风潮中再也做不得局外人"③。

吴先生这里用词很精当，许广平与鲁迅这会儿的关系确实特殊。总之，我们这里可以合理地猜测，5 月 8 日鲁迅致许广平的那封信，是很特殊的一封信，特殊到无论如何是不能给外人看的了。那么，你猜会是什么内容呢？

是对许广平发出了明显的爱的表示吗？我猜不是，即使是，两个人事后也不应该隐瞒的，而且跟后续信件继续调情中的情调也不符合。一句话，革命尚未成功，同志仍在调情！

那么是鲁迅表示，他要撸着袖子跳进女师大风潮中，替许广平大骂杨荫榆吗？我猜这个可能性还比较大些。

我们再看许广平的信，关键内容有两处。

第一处，调笑鲁迅："因征稿而'感激涕零'更加上'不胜……之至"，哈哈，原来老爷们的涕泗滂沱是较小姐的'潸然泪下'为甚万倍的。"

---

① 许广平："鲁迅先生与女师大事件"，载于《许广平文集·第二卷》，江苏文艺出版社 1998 年版，第 118 页。

② 刘亚雄："刘亚雄同志谈女师大风潮"，载于《鲁迅研究资料 2》，文物出版社 1977，第 159 页。

③ 吴海勇：《时为公务员的鲁迅》，广西师范大学出版社 2005 年版，第 245 页。

瞧，小女生被开除了还这么欢乐，确实是老生鲁迅调笑有功。

第二处，先生对我“是敬老抑怜老呢？我有一点毛病，就是最怕听半截话，怪闷气的”，所以希望先生来点痛快的明白的——“请不要‘顾忌’，灌一杯冰结凌给我喝吧！”

这简直是爱的狂呼了，先生，来爱吧，给我来点痛快的吧，有啥可顾忌的呢？

鲁迅没啥顾忌了。5 月 10 日，也就是许广平被挂牌公示开除的第二天，鲁迅即写了杂文《忽然想到（七）》，发表于5 月 12 日的《京报副刊》，启动了对杨荫榆的第一轮谩骂。内云：“我还记得中国的女人是怎样被压制……现在托了洋鬼子学说的福，似乎有些解放了。但她一得到可以逞威的地位比如校长之类，不就雇用了‘掠袖擦掌”的打手似的男人，来威吓毫无武力的同性的学生们吗？不是利用了外面正有别的学潮的时候，和一些狐群狗党趁势来开除她私意所不喜的学生们吗？”[①]

5 月 12 日，鲁迅还参加了学生自治会的师生联席会议，就是这次会议，让驱杨运动进一步升级：有恃无恐的女师大学生自治会宣布校方开除学生决定无效，而他们开除校长则是有效的，出版《驱杨运动特刊》并派学生轮流把守校门，杨荫榆身为校长，竟然进不得校门了。至于许广平本人，在大家的推举下，手拿封条亲自封了杨校长办公室的门。

这期间，鲁迅没有给许广平回信。5 月 17 日，还是许广平致信鲁迅，称呼“鲁迅师”，署名“小鬼许广平”[②]。信中感叹她们六个学生领袖的悲哀，及群众之不可恃，还有，给鲁迅投过来一篇稿子，并且调笑地问鲁师会不会“感激涕零”地阅之乎？

5 月 18 日，鲁迅回了信，称呼“广平兄”，署名“鲁迅”[③]。

鲁迅在信中表示，5 月 9 日和 17 日的信，都已收到，其中一信中还夹有

---

① 鲁迅：“华盖集 · 忽然想到 · 七至九”，载于《鲁迅全集 · 第三卷》，人民文学出版社 2005 年版，第 64 页。

② 鲁迅、景宋：《两地书 · 原信：鲁迅与许广平往来书信集》，中国青年版出版社 2005 年版，1925（二十一）。

③ 同上，1925（二十二）。

稿子，自然照例“感激涕零”而阅之；小鬼“最怕听半截话”，而我偏有爱说半截话的毛病，真是无可奈何；你们学校居然给学生家属拍电报，真是太毒辣了；教员中居然没有站出来说话的，真是太不像话了；教员之类该有一番宣言，说明事件的真相，几个人也可以的；“世界岂真不过如此而已吗？我还要反抗，试他一试……”一句话，小鬼，至少有我呢，别怕，群众不足恃，我足恃，你等着，看我如何出拳啊！

5月27日晚，许广平回了信，称呼“鲁迅师”，署名“小鬼许广平”①。

为嘛这么晚才回信呢？我们从许广平的信里也可以得知，两人中间见过面，不必急巴巴地回信了。

之所以今天回信，是因为今天又出了几件事。

第一，鲁师为自己的小鬼，说出拳就出拳，今天《京报》上出现了鲁迅拟稿并联合周作人、钱玄同等总计七人署名的《对于北京女子师范大学风潮宣言》，高兴得小女生在信中表示：“可以算是添了军火，加增气力”②。

第二，今天上形义学课，在沈兼士沈老师的点名册内，许广平被判了墨刑——名字被涂了墨。同派的同学打抱不平，杨派的同学幸灾乐祸，这让许广平大大感叹三年的同学感情，就这样一笔勾销了。她不知道，被她们愈搞愈烈的这种革命斗争，岂止勾销同学感情，还勾销同学性命呢。

除此之外，许广平还有其他事项。

第一，有个出版《北京青年》的百人团想找我加入，他们的主义跟我的牺牲相同，但是我知道，不知道对方的深浅而随便加入是很危险的，而且还有党的束缚。可是不加入吧，又显得我猴子坐轿——不识抬举。鲁师里面可有认得的人否？我可否加入呢？

第二，吾师表示“世界岂真不过如此而已吗？我还要反抗，试他一试”，“使血性易起伏的青年如小鬼者，顿时在冰冷的煤炉上加起煤炭，红红地在燃烧。然而这句话是为对小鬼而说的吗？恐怕自身也当同样的设想吧！”老实告

---

① 鲁迅、景宋：《两地书·原信：鲁迅与许广平往来书信集》，中国青年版出版社2005年版，1925（二十三）。

② 鲁迅、景宋：《两地书·原信：鲁迅与许广平往来书信集》，中国青年版出版社2005年版，第57页。

诉吾师吧，别说什么“我自己看不见了”、“寿终正寝”之类的话了，小鬼实在不高兴听的。跟你说吧，当我三十岁的哥哥死去的时候，凡在街中见了同等年龄的人们，我就诅咒他为什么不死去，偏偏死了我的哥哥；及至将六十岁的慈父见背的时候，我在街上更加添了胡子白须的人们只管在街头乞食活着，而我的阿父偏偏死去，又加增一部分的诅咒。此外，凡有死的与我有关的，同时我就诅咒所有与我无关的活着的人，虽则我与同学怄气时，还吞过一次藤黄的，结果笑话似的被救了……

多么可怕的心灵啊，就这样向鲁师敞开了，估计也就只有鲁师能接手了，其他人会被吓跑的。

第三，许广平讲这些可怕的事，并不是为可怕而可怕，小女生这是张网热身呢。因为说到最后，她说自己的这次自杀和那次被传染猩红热，驱策她有哲学重大发现了：就是无论老幼，几时都可以遇着可死的机会，但是票子未传到之时，不管三七二十一，我们把自己当废物也得好好利用的不是？所以嘛，在下认为治本之法，还是要听医生的：戒多饮酒，请少吸烟！

这明显是老婆大人才管的事嘛。甚至老婆大人，比如朱安都不敢管的。所以许广平这里是明显的示爱了。就看鲁师挨了这种电击后如何回电了。

第四，“本期想凑篇稿子，省得我的大师忙到连饭也没工夫食。但是自私的心总脱不掉的，同时因为他项事故，终于搁起笔来了！你说该打不该打？”

这个就是纯撒娇了！该打，可是让鲁师打你哪儿呢？

5 月 30 日，鲁迅回了信，称呼“广平兄”，署名“鲁迅”①。

鲁迅信中说了这么几件事。

第一，“午回来，看见留字”。说明许广平这期间给鲁迅送过小纸条一张，但纸条内容，他们不说，我们也就无从知道了。

第二，今天看见《现代评论》的西滢出来说“闲话”了，说什么此次风潮是“某系某籍教员所鼓动”，那明是说“国文系浙籍教员”了。管它什么籍，既经骂起，就要骂下去。

---

① 鲁迅、景宋：《两地书·原信：鲁迅与许广平往来书信集》，中国青年版出版社 2005 年版，1925（二十四）。

这里就有些为小女生两肋插刀的意思了。

西滢，原名陈源，留学英国，1922 年回国，任北京大学英文系教授，“现代评论派”代表人物，在《现代评论》杂志开设“闲话”专栏，镀的是英式保守主义和古典自由主义之金，遵从的是理智和有序，摆的是英式绅士风度，就因为闲话了一下女师大学潮，由此成为鲁迅的第一号论敌，动不动就被鲁迅正面或者捎带着骂个狗血喷头，导致那边又是求饶、又是求和，请求鲁迅先生“带住”，咱们这样骂多没意思。但鲁迅回说，我就不“带住”，咋了？而且鲁迅不仅是骂，他还有诸多行动。

其一，给许广平及其背后的学生代拟了两个致教育部呈文，催促部里赶紧换校长。第一个呈文还在女师大学生自治会编辑出版的《驱杨运动特刊》中刊出，题为《学生自治会上教育部呈文》。这里我就不明白了，一群造反学生，自己连个呈文都不会写，还得鲁老师亲自操刀吗？鲁老师操刀也就罢了，公开发表时要不要写个鲁老师代拟？

其二，《京报》上 5 月 27 日所载《对于北京女子师范大学风潮宣言》也是鲁迅亲拟的，不但亲拟，鲁迅还邀请了“马裕藻、沈尹默、李泰棻、钱玄同、沈兼士等人和他共同联名发表”① ——许广平的这篇回忆文章专门把周作人给弄到“等人”里去了，周老二亏死了，用你的时候让你出面，过后把你给“等”了。

有意思的是这七个人，除了史学系主任李泰棻之外，其他六位还真是“浙江籍”加“国文系”的。除此之外，六个还是清一色的太炎门生、法日派中坚力量，马裕藻和钱玄同是，周树人、周作人哥俩是，沈兼士和沈尹默哥俩也是；更重要的是，除了周树人、周作人哥俩，其他四位还都是国民党资深党员，说明人家西滢所谓的“某籍”、“某系”不但不是虚指，而且还有很多没有指出的。

从教育总长方面讲，章士钊接手之前，挂名教育总长的是王九龄，代理部务的是教育次长马叙伦，后者不但是太炎门生，还是国民党北方特别党部

① 许广平：“女师大风潮与‘三一八’惨案”，载于《许广平文集·第二卷》，江苏文艺出版社 1998 年版，第 214 页。

的宣传部长，不用说是支持女师大学潮的。北洋政府先把马叙伦免了，王九龄又托词离职，这才让章士钊下山。章士钊做了教育总长，真刀真枪要整顿学风，别说国共两党的师生，就是无党无派的师生也不愿意啊！

从女师大校长方面讲，女师大前任校长是许寿裳，给女师大请的兼任老师大都是来自北大的。这些人，不但是浙江同乡，北大同系，章氏同门，留学法、日的法日派，且在北京学界的风头渐渐被留学英、美的以胡适、徐志摩、陈西滢为代表的英美派所取代，双方在政治立场、价值理念、性格做派上渐行渐远，自成壁垒，互敌互斗。联想起鲁迅终身好友、同是浙江老乡、太炎门生的前女师大校长许寿裳就是在女师大高年级文科生不满的情况下辞职走掉的，那么这帮家伙支持许广平一伙跟留美归来的新任校长杨荫榆女士对着干，当也另有他意了……

总之，这一切证实了西滢所谓的“闲话”倒真是客观理性之言了。

第三，你说的那个什么团体，我还未打听，不过也无须打听，一定有范围，服从公决的。所以你只要自己决定，如要思想自由，特立独行，便不相宜。如能牺牲若干自己的意见，就可以。只有“安那其”（无政府主义）是没有规则的，但在中国却有首领，实在稀奇。

鲁迅这里对中国所谓的党团表示了很不屑的意思。他还是比许广平看得透多了。

第四，现在老实说一句吧，“世界岂真不过如此而已吗？……”这些话，确是“为对小鬼而说的”。

再次表示为小鬼而两肋插刀的意思。

第五，对小鬼发过来的示爱电镖，鲁大师不知道咋接。这个，比许广平的那个哲学还要哲学。于是我们发现，大师在这里也说了一大堆生啊死的，不仔细看，真可能被大师绕晕呢。其中三处透漏了大师的心病：第一处是“与小鬼截然不同。你的反抗，是为希望光明到来罢？（我想，一定是如此的）但我的反抗，却不过是偏与黑暗捣乱。”第二处是“大约我的意见，小鬼很有几点不大了然，这是年龄、经历、环境等或不同之故。”第三处：“我的思想太黑暗，但是究竟是否真确，不得而知，所以只能在自身试验，不能邀请别人。”

第一处的弦外之音，小鬼早上八九点钟的太阳，正当头呢，我则太阳西移，下午两三点的了，你还能看到光明，我不过最后跟黑暗捣乱一下罢了。第二处的弦外之音，年龄，还是年龄，你不知道，年龄也是障碍啊！第三处的弦外之音是我大半辈子就这样了，还能邀请别人陪我作牺牲吗？

绕了这么多，把我们绕晕后，大师自己却没迷路，最后还不忘问一句小鬼，但是，你为什么吞藤黄？这就比不做“痛哭流涕的文字”还“该打”！一句话，我活得没兴趣也罢，你小人家家的，为什么要自杀，该打。其中全是慈爱了！

第六，鲁迅最后说到《莽原》缺少好稿，所以邀请许广平多多写稿：“待‘闹潮’略有结束，你这一匹‘害群之马’多来发一点议论罢。”

好，相对于“西瓜皮”和“小鬼”，许广平最得意的爱称“害群之马”终于从鲁迅信中蹦出来了——许广平等六人被开除时校方布告中有“开除学籍，即令出校，以免害群”[①]之语。从此这称号成了鲁迅对她的爱称之一，当然也成了许广平引以为傲的自称。

这封信之后，鲁师为小鬼两肋插刀的《“碰壁”之后》于6月1日发表于《语丝》周刊。文中说去女师大开会，听到有教员说学生“你们做事不要碰壁”，有学生回说“杨先生就是壁”——据许广平回忆，这个所谓的“有学生”就是她本人，是她直截了当地如此回复的。[②]真不愧是心有灵犀，于是周大师灵光一闪，写下了：“碰壁，碰壁，我碰了杨家的壁了！”[③]

有这样的大师如此卖力地撑腰，于公于私，许广平的心里该是如何的自得？只不过一方如此卖力，另一方如何心安理得地承受？写到这里，想起网上一个笑话，腾讯微博上的一个小伙伴说朋友送她一个包，她起初以为也就二三百元呢，就接了，没想到有人告诉她可能值一万元，吓得她赶紧要还给朋友，说什么“无功不受禄”云云，气得那朋友骂她：“我呸，什么功，你是不是以为陪我睡了才叫功？”这段子把我笑坏了。一般的人情是否认定欠人太

---

① 鲁迅：《鲁迅全集·第十一卷》，人民文学出版社2005年版，第82页。

② 许广平：《鲁迅回忆录》，作家出版社1961年版，第15页。

③ 鲁迅：“华盖集·‘碰壁’之后”，载于《鲁迅全集·第三卷》，人民文学出版社2005年版，第76页。

多，无以为报，只能以身相酬呢？

大师也无聊

6月1日许广平写了回信，称呼“鲁迅师”，署名“小鬼许广平”①。

许广平怀疑鲁师致她的信件被“敌人”拆了，于是跟鲁师说，这也算“碰壁”了吧——看来碰壁说已成师生两个统一的口风了。还说，从前有诛九族、罪妻奴的，没承想现在开始罪及老师了。妻奴，对应鲁迅，有意味。

许广平信中重点谈了苦闷及生死问题。说虽然自己也是废物利用，活一天算一天，消磨生命兼纵酒取乐，但是我们也不必过于欢迎“阎王”吧！“闭了眼睛什么好的把戏也看不见了！幔幕垂下来了！要‘捣乱’，还是设法多住些时，褥子下明晃晃的钢刀，用以杀敌是妙的，月以……似乎……小鬼不乐闻了！”

这里，许广平释放出的信息不外是：鲁老师，你不知道我多么在乎你，你得好好活着！只是不知鲁师褥子下面的钢刀小女生是咋发现的？

6月2日，鲁迅回了信。称呼“广平兄”，署名“迅”②。

亲们，发现新动向了吗？我说的是署名。我为什么每次信件都首先附上称呼与署名，原因即在此，因为最微妙的变化都可以从中寻着。这是鲁迅、许广平之间互通信件的第26封。鲁迅署名一直是“鲁迅”，现在他终于把“鲁”字给撸掉了，单剩下一个“迅”。我也跟着长出一口气。

鲁迅在信中表示，拆信案件可能是冤案，因为其中一封记得封好后又拆开加了一些细注。还有，“其实我并不很喝酒，饮酒之害，我是深知道的。现在也还是不喝的时候多，只要没有人劝喝。多住些时，亦无不可的。”这里就发现爱的融化功能了，许广平虽然表示活一天算一天，但她劝鲁师不妨保重身体多活些时日，哪怕就是看好戏。于是鲁师郑重其事地向她表示我并不纵酒的，多活时日也无不可的。双方已经从社会问题转移到养生保健了。

---

① 鲁迅、景宋：《两地书·原信：鲁迅与许广平往来书信集》，中国青年版出版社2005年版，1925（二十五）。

② 同上，1925（二十六）。

6月5日许广平回了信。称呼“鲁迅师”，署名“小鬼许广平”①。

信中，许广平说她们又罢课了，每星期听鲁师讲课的机会也停了；说她们的校长去了，总务及教务也都辞职了，暑假快到了，学生快走光了，学校真要成“现代评论派”陈西滢所骂的“臭茅厕”了。

确实像“臭茅厕”。中国共产党领导的五卅运动的波浪从上海传到北京，她们北京的游行队伍在天安门差点肉搏起来，“说是什么北大、师大的人争做主席，争做总指挥”，于是许广平“废然”“返校”，“所可稍快心意的，就是走至某一大街时，迎头看见杨婆子笑眯眯地瞅着我们大队时，我登即无名火起转口高喊打倒杨荫榆、驱逐杨荫榆，同侪闻声响应，直喊至杨车离开了我们，这虽则似乎因公济私，公私混淆，而当时迎头一击的痛快，比游过‘午门’的高兴，快活，可算是过之无不及。先生！您看这匹害群之马，简直不羁至不可收拾了呀！这可怎么办?”

许广平再次在鲁迅面前展现了自己不堪的一面。但是鲁迅并没有给予阻拦或者批评，所以许广平的这种展现，就成了无赖小孩撒娇一般：鲁师，我就不是好人，你看看，我就不是好人！

说实话，我跟我老公都羞于展现这种不堪的。一是没法面对老公，二是如何面对自己？所以但凡有不堪的想法，能选的路径只有一条：自己把它消灭掉，自己为自己羞愧！

这封信，没见到鲁师的回复。估计是无法回复吧。从来往信件中，我们可以发现，鲁师可以帮许广平骂杨荫榆，但对于许广平所咒骂的教务长，鲁迅并没有跟着一起咒骂，相反，经常持同情之理解。毕竟鲁迅做教育部公务员之前，在家乡做过类似的角色（学监），知道其中的苦处。

其间鲁迅一直没回信，搞得小鬼心神不定的。6月12日又去信一封，称呼“鲁迅师”，署名“小鬼许广平”②。第一个问题就是，6月6日我给你邮去一封信，不会丢了吧？念念。

一个“念念”，不知是“念”信呢，还是“念”人呢。

---

① 鲁迅、景宋：《两地书·原信：鲁迅与许广平往来书信集》，中国青年版出版社2005年版，1925（二十七）。

② 同上，1925（二十八）。

信中，许广平先是感叹国事——学校的学潮一波未平，上海的运动一波又起，接着说“小鬼心长力弱，深感应附无方，日来逢人发脾气——并非酒疯——长此以往，将成狂人矣！幸喜素好诙谐，于滑稽中减去许多苦闷”云云。我估计，都是鲁师好几天不给人回信闹的。

还有，小鬼今日微醉，草草落笔写了一篇《酒瘾》，“‘此调不弹久矣’！故甚觉生涩，希望以‘编辑’而兼‘先生’的尊位，斧削，甄别，如其得‘《白光》’而钻入第十七次的及第，则请赐列第X期《莽原》的红榜上坐一把末后交椅，‘不胜荣幸感激涕零之至’！”

这算是撒酒疯吗？有意思的是最后的祝颂语。可以说，两人信件里祝颂语基本没有，许广平在第一封里用过一个“敬候撰安”，第二封信里用过一个“敬祝著安”，此后没见怎么使用过，此处却用了一个“敬领骂好!!!”不但不是祝颂，反而是给鲁师娇嗔了——交稿一篇，写得非常不咋地，鲁师你看着办吧！我看到的，分明是一个得宠的丫头叉腰吐舌地对着男主人娇嗔：主人，我就不好好干活，你骂啊，你骂啊！

6月13日夜，鲁迅回了信，称呼“广平兄”，署名与时间合并到一行：“六月十三夜迅”①。

信中，鲁迅首先表示，你六月六日的信并文稿我早收到了，但久没有复。今天又收到十二日信。其实我并不做什么事，而总是忙，拿不起笔来，偶然在什么周刊上写几句，也不过是敷衍，近几天尤其甚。这原因大概是因为无聊，人到无聊，便比什么都可怕，因为这是从自己发生的，不大有药可救。喝酒是好的，但也很不好。等暑假时闲空一点，我很想休息几天，什么也不做，什么也不看，但不知道可能够。

看样子，鲁老师情绪不是一般的低落。

表达完情绪后，鲁师强打精神批评许广平：小鬼不要变成狂人，也不要发脾气了。我就决不肯使自己发狂，实际上我不发狂还硬有人说我神经病呢。总之，性急就容易发脾气，容易吃亏，小鬼即是其中之一，不好。

---

① 鲁迅、景宋：《两地书·原信：鲁迅与许广平往来书信集》，中国青年版出版社2005年版，1925（二十九）。

批评许广平之余谈到国事，说“上海的风潮，也出于意料之外”。那当然了，也不看谁领导的，五卅运动在中国共产党的领导下，一波高过一波，直接瞄上英、日帝国主义了。鲁迅感叹说，北京全体学生而不能去一教育总长章士钊，女师大大多数学生而不能去一杨荫榆，何况英、日国家？不过，他“总觉得鬼子比中国人文明”；跟英日作对，货只管排，但对方的“品性”好歹“很有可学的地方”。鲁迅还由这次运动的“经济绝交”联想到了前几年的抵制日货，认为国人想借此振兴实业，纯粹是自欺欺人，我们抵制日货时连个万年糊都做不好，折本、闹架、关门，所以抵制英、日不过便宜了美、法，英、日经济受损，我们混个快心而已。

另外，小鬼前信反对“喝酒”，何以这回自己“微醉”了？这一问，也算关心吧。

最后，你投来的稿，好看的字面太多一点，拟删去些，然后“赐列第口期《莽原》”。还是有些兴致索然，玩笑都不跟许广平多开了。

鲁师为嘛情绪这么低落呢？从信中我们也可以发现端倪。

第一，怀疑自己的学生、原《晨报副刊》编辑、从《晨报副刊》辞职后另办《语丝》周刊（编务后由周作人负责）、现任《京报副刊》主编的孙伏园“似乎已与西滢大有联络”，猜测“其登载几篇反杨之稿，盖出于不得已”。今天在《京报副刊》上，发现这家伙又指《猛进》《现代》《语丝》为“兄弟周刊”，居然把我们的《语丝》跟西滢他们的《现代评论》并列一起，呸呸呸。当然，也许《京报副刊》之专载沪事，不登他文，也还有别种隐情，前面是我妄猜，但人家《晨报副刊》即不如此。

第二，“我明知道几个人做事，真出于‘为天下’是很少的。但人于现状，总该有点不平，反抗，改良的意思。只这一点共同目的，便可以合作。即使含些‘利用’的私心，也不妨，利用别人，又给别人做点事，说得好看一点，就是‘互助’。但是，我总是‘罪孽深重，祸延’自己，每每终于发见纯粹的利用，连‘互’字也安不上，被用之后，只剩下耗了气力的自己而已。我的时常无聊，就是为此，但我还能将一切忘却，休息一时之后，从新再来，即使明知道后来的运命未必会胜于过去。”

鲁迅虽然热心的帮助很多年轻人在文坛起步，但信中可以发现，他的多疑竟然牵到最贴心的学生孙伏园身上了。而且平心而论，胡适、陈西滢、王世杰等支撑的《现代评论》，比鲁迅、孙伏园支撑的《语丝》要高超多了！要知道，《现代评论》是20世纪20年代中国欧美自由主义者的堡垒，20年之后这一堡垒转战台湾地区，改名《自由中国》，终于让自由、民主、宪政在台湾地区生根发芽，助其成者还是胡适和他的小伙伴们！至于《猛进》，鲁迅则不吃醋的，因为一则《猛进》与《语丝》同调，都属激进谩骂派；二则《猛进》的创始人之一——徐旭生更是与鲁迅时常通信的同道中人。凡是敌人的朋友，也算敌人。孙伏园夸《现代评论》办得好，这在鲁迅是不能容忍的；何况孙伏园某次不小心随口一句话，竟被鲁迅怀疑上了，认为这学生也在利用自己，为此心里耿耿了好几天呢。[①]

讲完后鲁迅跟许广平老实承认，自己所谓的无聊就是发现别人都是利用自己，连起码的互利都没有。

为嘛前面许广平看了长虹的《棉袍里的世界》也敏感多疑，怀疑这是鲁师写的，深怕自己也成了他笔下的“掠夺者”，就是这个原因——怕被人利用，一直是鲁迅的心病！许广平撞进鲁迅的世界，都担心对方起疑。

6月17日，许广平写了回信，称呼“鲁迅先生，吾师左右”，署名“小鬼许广平”[②]。

不消说，这是慰安信了。许广平需要安慰鲁师这颗敏感而受伤的心，所以信里她唠叨了许多。我挑几处重要的说。

第一，人为什么会无聊呢？原因是不肯到外面走走不是呢？……最好还是到西山去，避一避尘嚣；能够“闲空”、“休息”，也须有这个地位和机会；像我，现在闹潮闹到这地步，进退不得，真是苦极；你能去西山休闲，为嘛不去呢？你看看我，这命苦的，哪儿都去不得呢。

第二，自己究是神经质，禁不起许多刺激而不生反应。于是，第一步无论对谁也开枪，第二步谁也不能容纳见谅，自己如不怀沙自沉，舍狂疯无第

---

① 鲁迅：“三闲集·我和〈语丝〉的始终”，载于《鲁迅全集·第四卷》，人民文学出版社2005年版，第171～172页。

② 鲁迅、景宋：《两地书·原信：鲁迅与许广平往来书信集》，中国青年版出版社2005年版，1925（三十）。

二法，这虽然不是啥幸福，但也没有多可怕，所希望的，痛快的死去，比麻木的活下去强得多。但这不过说得好听一点，故作惊人之论！其实小鬼还是食饱睡足的一个凡人，玩的玩，笑的笑，与常人何异呢。总之，对外界该骂骂，对己咱还得玩乐不是？

第三，提起“万年糊”，我也想起当年在天津收集现成的雪花膏瓶子，做出许多的“万年糊”，廉价的托着盘子向各处卖。结果还是赔钱不讨好，因为做的不如市上卖的好，人也不肯热心来买……不用日货自然好，可是真能做到吗？近来不是日本花纹的各色布又便宜又时兴吗？小姐们一套一套地买进来，在上海事件发生以前买了也罢，现在穿在街上高喊不买英、日货物，低头一看，岂不羞死？最后需要声明的是，小鬼现在给你写信的信纸也是日货！

第四，吾师感叹“白用了许多牺牲，而反为巧人取得自利的机会”，这也是小鬼所常惧虑的，即如我校风潮，寒假时的确不敢说办事的人没色彩，现在也不敢说她们没色彩。但我不管，我个人不满于杨，我就要行动，也许第三者因我们的行为而收渔人之利，不劳而获，那么我的行动，也甚似被人“利用”，这是世界的黑暗，傻子的结果，但对方太不像样了，我们先攻击了再说。

第五，《京报副刊》有它的不得已苦衷，也实在可惜，但也不必因此“无聊”，其实这是人情（即面子）之常，何必多责呢！由它去吧！至于利用，吾师更不要担忧了，“横竖是一个利用，且请息怒吧！一笑，再浮一大白可也。”

如果说之前的信都是许广平发牢骚，鲁迅倾其思想资源去安慰，那么这次则是鲁迅发牢骚，许广平倾其所能来安慰。由此我们可以发现，文化大师的心灵确实是孤寂的，知心话无处说，混了大半辈子，现在只能从小鬼许广平这里寻找些慰藉了。

6月19日晚，小鬼又来信了。称呼“鲁迅师”，署名“小鬼许广平”①。这封信还是慰安。

信之前，许广平抄录一大段鲁迅3月11日第一次回信中给她的“如何在世上混过去的方法”：

---

① 鲁迅、景宋：《两地书·原信：鲁迅与许广平往来书信集》，中国青年版出版社2005年版，1925（三十一）。

一、人生长途，最易遇到的有两大难关。其一是歧路，选一条似乎可走的路再走，倘遇见老实人，也许夺他食物充饥，但是不问路，因为我知道他并不知道的。如果遇见老虎，我就爬上树去，等它饿得走去了再下来，倘它竟不走，我就自己饿死在树上，而且先用带子缚住，连死尸也决不给它吃。但倘若没有树呢？那么，没有法子，只好请它吃了，但也不妨也咬它一口。其二是穷途，不知道是否世上本无所谓穷途，还是我幸而没有遇着。

二、对于社会的战斗，我是并不挺身而出的，我不劝别人牺牲什么之类者就为此。欧战的时候，最重“壕堑战”，战士伏在壕中，有时吸烟，也唱歌、打纸牌、喝酒，也在壕内开术美展览会，但有时忽向敌人开他几枪。中国多暗箭，挺身而出的勇士容易丧命，这种战法是必要的吧。但恐怕也有时会迫到非短兵相接不可的，这时候，没有法子，就短兵相接。

总结起来，我自己对于苦闷的办法，是专与苦痛捣乱，将无赖手段当作胜利，硬唱凯歌，算是乐趣，这或者就是糖罢。但临末也还是归结到“没有法子”，这真是没有法子！

啥叫医不自治？鲁迅就是。当初他给小女生开的药方，小女生这会儿原封不动地给他捧回来了：先生，你自己也吃些你开的药吧！

喂药之后，许广平还说了些校事，与鲁迅有关的就是“校事负责无人，兼请先生负责维持”；最后表态，大不了我们六个学生与杨婆子一块牺牲，为了学校，死且不悔，何况开除！

据学者们判断，这封信之后，有两三封信被火星人劫走了。大概跟5月8日那封一样，读者不宜吧！到底如何个不宜法，放开你的想象力自己想去吧！

周大师也曾暧昧劈腿？

6月28日，我们看到了没有称呼、题头“训词”，署名带有引号的“老师”的回信。[1]

① 鲁迅、景宋：《两地书·原信：鲁迅与许广平往来书信集》，中国青年版出版社2005年版，1925（三十二）。

题头与训词的这番变化，耐人寻味。鲁师跟学生都开始没大没小了，说明师生二人关系更近一步了。

信里，我们依稀看到鲁老师手舞足蹈的样子，老夫子太高兴了，一扫上次信件中的无聊与低落。那啥，发生啥事了？

原来，6 月 25 日，农历端午节，鲁老师的娘在家请客，赴宴的是六位女生，她们是许羡苏、许广平、俞芬、俞芳（俞芬二妹）、俞藻（俞芬三妹）、王顺亲。

有说是鲁老师请客，有说是鲁老师他娘请客。不管谁请吧，对于这次家宴，其实我特想知道，朱安同志与席没？可惜相关人士的回忆都没有提起这一点，似乎朱安是个不存在似的。难不成是给个小碗，小狗小猫似的自己一旁吃去了？

许羡苏、俞芬、王顺亲（许广平现在的同班同学）都是鲁迅三弟周建人在绍兴时的学生，1923 年 8 月鲁迅与二弟周作人一家失和，就是由许羡苏介绍，在砖塔胡同的俞芬家暂住了九个月之后，才在 1924 年 5 月搬往西三条胡同新宅的。

这次宴会上，许广平与俞芬、王顺亲串通，将鲁迅灌醉。鲁迅醉后用拳打俞芬、俞芳的拳骨，又按住许广平的头，把她的绿纱巾都给扯下来了。按某些人的版本，许羡苏认为闹得太过分了，愤然离席。事后对许广平说：这样灌酒会酒精中毒的，而且先生可喝多少酒，太师母订有戒条云云。

这里就出现劈腿剧情了。按某些人的看法，鲁迅最该娶的是许羡苏。事实上，在许广平闯入鲁迅的生活之前，许羡苏早就俨然鲁家的家庭成员之一了。

许羡苏，鲁迅同乡，绍兴东浦村人，作家许钦文的四妹，周建人在绍兴女子师范学校任教时的学生。1920 年前来投考北京大学，暂时住在了八道湾周家。不料被鲁迅他娘周老太太喜欢上了。暑假过后，许羡苏考上了北京女高师，要搬往学校居住，惹得鲁迅的娘流了好几次泪，不舍得人走。以后每逢节假日，她就是周宅的常客了。平时陪老太太聊天、做家务、采购生活用品，包括老太太和朱安女士的衣料等，周家人——周老太太、朱安和鲁迅本人生病，奔医院、找医生，都属于许羡苏的业务范畴。

周建人在的时候，他是许羡苏的监护人；1921 年周建人去上海商务印书馆工作后，监护人的任务自然转到了鲁迅身上。就在这一年，许羡苏还由于头发问题引起了一场风波：当时许羡苏留的短发，秃顶校长毛邦伟（鲁迅在教育部的同事，辛亥革命后也做过教育部的佥事、视学等，与鲁迅关系不错，1919 年 7 月至 1920 年 9 月担任北京女高师校长，1921 年 10 月至 1922 年 7 月任代理校长），要她与其余三个剪发的学生一道把头发养起来。四个学生不遵命，学校当局就向各人的保证人、监护人和家长要求督促。许羡苏的保证人是周家老二周作人，他退了聘书表示抗议；监护人是周家老大周树人，鲁迅设法去疏通了几回，并为此写了短篇小说《头发的故事》，在杂文《坟·从胡须说到牙齿》中，也顺手讽刺过那个秃顶同事毛校长。

1923 年鲁迅被迫迁出八道湾，是许羡苏找了同学俞芬，解决了鲁迅的燃眉之急。1924 年许羡苏毕业后，经鲁迅介绍去华北大学附中教书。1925 年暑假，许羡苏因无处寄住，又住进鲁迅家里，年底，鲁迅介绍她去女师大图书馆任职，她才从鲁迅家里搬出。但休息日她照例回到鲁迅家，住西三条胡同南屋的小间里，俨然周家一个家庭成员。用许羡苏自己的话，周家是她的“娘家”，“一年四季都要去”①。

按许羡苏自己的回忆，她前后在鲁家长住三次，第一次是 1920 年的暑假，住在八道湾十一号；第二次是 1925 年的暑假到 1925 年底，住在西三条二十一号的南屋里；第三次是 1926 年的暑假后到 1931 年的春天，住在西三条二十一号“老虎尾巴”，也就是鲁迅的屋里。②

这其中第三次，1926 ~ 1930 年——按许羡苏后代的更正，许羡苏离开鲁家应是 1930 年，出版社给错印为 1931 年了。③ ——鲁迅与许广平南下私奔，许羡苏长住鲁迅家中，为其看守书房、织毛线背心和围巾、处理邮件、照顾母亲，同时还兼任鲁迅一家的账目总管。鲁迅南下时，每到一站就给许羡苏写信汇报；到厦门后每隔二三天就给许羡苏写信，两人来往信件据《鲁迅日记》就有 250 多封，鲁迅给许羡苏写信（包括寄书刊）共 155 封，许羡苏给

---

① 余锦廉：“许羡苏在北京十年·上”，载于《鲁迅研究月刊》2007 年第 6 期，第 19 页。

② 许羡苏：“回忆鲁迅先生”，载于《鲁迅研究资料 3》，文物出版社 1979 年版，第 199 页。

③ 余锦廉：“我谈‘鲁迅与许羡苏’”，载于《鲁迅研究月刊》1994 年第 6 期，第 39 页。

鲁迅写信共百余封；《鲁迅日记》中的“许璇苏”、“淑卿”、“许小姐”都是指许羡苏。

当年，鲁迅的学生孙伏园曾把鲁迅与许羡苏、许广平的三角关系称作“二许之争”，还说鲁迅爱的是那个长的——所谓长的，我觉得应该包括两个意思，一是许广平比许羡苏年长三岁，大许出生于1898年，小许出生于1901年；二是许广平比许羡苏长得高，在同伴中，许广平长得算是人高马大了，而许羡苏，她的后代回忆她的身高绝对不会超过1.52米。[1] 当然一般人是不会知道二许的年龄的，所以，我们把“长”理解为“高”也许更科学一些。

孙伏园背后说老师的闲话，也传到鲁迅耳朵里去了。1926年9月30日在厦门的鲁迅致信在广州的许广平，说：“伏园……所宣传的，是说：L家不但常有男学生，也常有女学生，有二人最熟，但L是爱长的那个的。他是爱才的，而她最有才气，所以他爱她。”[2]

后来曹聚仁写《鲁迅评传》，更是把许羡苏直接称作“鲁迅的恋人”[3]。

现在的一些学者，继承了这些人的“遗志”，愣是把许广平描写成鲁迅与许羡苏之间横冲出来的一匹黑马，甚至说1926年鲁迅与许广平南下之后的几年时间里，许羡苏仍旧痴痴、傻傻地在北京的周家等候着，直等到1929年鲁迅亲口告诉她，许广平和他已经有了快出生的孩子之后，才灰溜溜地走了。

这些编排与推理，很让许羡苏的后代着急，似乎母亲没有偷着鸡吃，反而惹了一身骚似的。许羡苏的后代说，以“许羡苏的性格，从她敢于不顾校长的警告、世俗的偏见而留着蓬蓬松松的短发在北京道上走；从她不满二十岁就敢于抗婚离家出走，如果在她的脑子里产生了对鲁迅先生的感情，那么她不会遮遮掩掩地闹什么秘密关系，她会早早地表现出来”[4]。

我觉得，许羡苏与鲁迅之间可以没有什么恋情，但是许羡苏后代的这番推理却并不成立。一句话，许羡苏可能暗恋鲁迅，但是诸多原因导致她根本

---

① 余锦廉：“许羡苏在北京十年·下”，载于《鲁迅研究月刊》2009年第10期，第44页。

② 鲁迅、景宋：《两地书·原信：鲁迅与许广平往来书信集》，中国青年版出版社2005年版，第126页。

③ 曹聚仁：《鲁迅评传》，复旦大学出版社2006年版，第296页。

④ 余锦廉：“我谈‘鲁迅与许羡苏’”，载于《鲁迅研究月刊》1994年第6期，第41页。

没法表示，没法内部突破！

第一，许羡苏对鲁迅更多的是敬畏，她害怕鲁迅。

第一次见鲁迅，她对他的印象是“很严肃”、“不多谈”①。之后虽然亲人一般，但许羡苏在鲁迅那里，顶多是第二个朱安，也就是除了干活没有其他。

许羡苏笔下，俞芬是一个“天真活泼”、“喜欢交际的超龄的中学生”②。

俞芬跟许羡苏是绍兴同学，但许羡苏在北京女高师读大学了，俞芬还读女高师附中；特别是年龄不小了，性格还停留在中学生阶段，听了鲁迅他娘讲鲁迅小时候穿了红棉袄、拿着大关刀、学着关公杀人的样子高喊“给你看看”的故事后，这姑娘竟然拿了鸡毛掸子，在鲁迅与鲁迅他娘面前表演起鲁迅小时候的小样儿来了，嘴里还高喊着：“大先生，大先生你看！我穿了红棉袄，这是大关刀，和尚师父给我做的，给你看看！……”鲁迅从此就打趣地称俞芬为“房东”，不再叫她俞小姐了。许羡苏说，自此之后，俞芬的两个妹妹在鲁迅面前也活泼起来，但是这种活泼是有限的，她说：“虽然我们都不再像从前那样的怕鲁迅先生，但我们还是不敢直接进他的工作室，说话也不敢高声。”③

试想如此状况之下，许羡苏怎么敢爱上鲁迅？即使爱上，又怎么敢表示？

第二，许羡苏和鲁迅他娘、鲁迅他老婆太亲了，下不了手。

许羡苏进入鲁家，虽然是因了周建人的关系，但是鲁老太太对许羡苏的喜欢是根本原因，没有老太太宠着，她也不会成为鲁家的家庭成员之一。但是正因为这种宠，导致她没法下手。如果下手的话，怎么面对鲁老太太，又怎么面对朱安？这方面，兔子都有底线——不吃窝边草呢，何况许姑娘？

第三，太穷了，没有底气。许羡苏当年就是因为贫穷，才投奔周建人住宿周家的，当时一个宗叔支援她三十元钱，不久宗叔死了，许羡苏就像断线的风筝一无所有了。1924 年许羡苏毕业前，鲁迅还给了她二十元钱。用她自己的话，“当时我在女高师快毕业……是很穷的”④。从她哥哥许钦文的《钦

---

① 许羡苏：“回忆鲁迅先生”，载于《鲁迅研究资料 3》，文物出版社 1979 年版，第 201 页。

② 同上，第 200 页。

③ 同上，第 205 页。

④ 余锦廉：“许羡苏在北京十年 · 上”，载于《鲁迅研究月刊》2007 年第 6 期，第 27 页。

文自传》中也可以发现，一家子都是在穷困中挣扎，吃饭都成问题。

众所周知，穷困本身就是一种罪恶，何况这种罪恶能衍生出诸多次生灾害来，那就是，它会让一个姑娘很自卑的，自卑到缺失爱的勇气！你看看黛玉都知道自家败落了，在人家贾府唯恐说错一句话、走错一步路让人嫌呢，对宝玉的爱更是跟做贼似的，一直遮掩到死！

孙伏园说，鲁迅喜欢有才的，说许广平比许羡苏有才！所谓的有才，其实就是许羡苏是学理的，在女师大读的数理系；而许广平是学文的，在女师大读的国文系，仅此而已。从两人回忆文章里，真看不出谁比谁有才，谁比谁没才。

我觉得，鲁迅最后选择谁，首先根据的是性格。对于鲁迅来讲，这方面绝对不会主动，甚至姑娘主动了，他还要丑话说在前头：那啥，我还有朱安呢，你不怕委屈，你就来吧，反正我就这条件了，你也不能跟我讲条件。所以，能拿下鲁迅的，只能是许广平这样的人——用我们村常用的一个词，叫“生野不羁”。由于词典上没这个词，所以我说说我们村对这个词的理解与使用：生，就是有些食人生番的意思，也有些跟谁都不生，跟谁都可以见面熟；至于野，当然是野姑娘的意思了，风风火火闯九州；至于不羁，就是没有什么约束，不知道啥是规矩。

这里我们还可以参见俞芳给许羡苏后代提供的回忆，她把许广平的性格描述得那叫一个淋漓尽致：“端午宴会与以往几次不同，因为许广平姐姐不但会喝酒，而且酒量相当好，她性格开朗，能说善辩，行动举止活泼伶俐，与许羡苏姐姐的文静，王顺亲姐姐的老成相比，各有所长。宴会开始，许广平姐姐就说要敬酒，她邀王顺亲姐姐一起向鲁迅先生敬酒，王姐姐一向不会喝酒，只喝了一点点以表敬意，许广平姐姐和鲁迅先生却都干了杯。之后，许广平姐姐就单独敬酒，进攻目标当然是鲁迅先生（因为在座的人都不会喝酒）。我的大姐俞芬，自己虽不会喝酒，却很喜欢跟着起哄，主动为他们斟酒助兴。后来不知怎么一来，敬酒演变成比赛酒量，葡萄酒换成了烧酒。鲁迅先生的酒量不大，他一向喝的是绍兴酒，而且是一小口一小口慢慢地喝的；这次改喝白酒，而且是一口气喝干一杯，看来有点招架不住许广平姐姐的凌厉攻势，但他绝不示弱，大有奉陪到底的气概。太师母当时很为难，连连说：

慢慢喝，慢慢喝，多吃点菜，菜凉了就不好吃。我一边吃，一边看，觉得很热闹，很有趣。散席后，王顺亲姐姐悄悄说："鲁迅先生真的有些醉了。当时鲁迅先生坐在椅子上吸烟，不知哪位姐姐说，喝酒后是不好吸烟的。我和俞藻忙上前去抢他手上的香烟，鲁迅先生把烟藏在身后，我们没有抢到，姐姐们都笑了。不一会，姐姐们一个个都走进太师母的房间，她们小声商议一阵，出来时说要到白塔寺去玩。于是，我们一行六人就离开了西三条。"①

俞芳当时十来岁，她的回忆很感性，那就是许广平在饭桌上的"生野不羁"。这种生野不羁，连鲁迅的娘都招架不住，但鲁迅喜欢。为嘛？许羡苏的性格明明是第二个朱安嘛。鲁迅再不济，不至于再往家里整一个朱安！而许广平的生野不羁，则让鲁迅灰暗的日常生活有了那么一丝丝亮彩！

其次，还有战略战术的因素。许广平不像许羡苏那样是从外围杀入的——许羡苏从鲁迅母亲、朱安夫人那里再杀到鲁迅这里，三重包围圈了，强弩之末，势不能穿鲁缟呢；相形之下，许广平则是凌空杀入，隔过了鲁母和朱安这两道屏障，直捣黄龙府，擒贼先擒王，直接拿下鲁迅，其他人根本不在话下。

第三，许广平的家族背景也是一个很关键的因素。许氏家族在整个近代中国声名赫赫。从远祖许永名在广州做小生意算起，第二代许拜庭就成一代盐商大贾了，第三代许祥光、许祁光、许礼光开始进入官宦之列，许祥光在广州高第街修祠堂、建大宅，正门上方挂有"许拜庭大夫家庙"，从此成为广州一大家族。第四代，应字辈的，许祥光的七个儿子同时中举，号称"七子登科"，冒出了一堆官员，最高的打到二品；许礼光的长子许应骙更是一路高歌猛进，做到了一品的工部尚书、礼部尚书，还是戊戌变法时专对着康有为干的顽固派代表之一，维新时被光绪革职，维新失败后被太后重用，做了闽浙总督兼署福州将军。第五代，炳字辈的，虽然比应字辈差了一截，但还是出了一堆官员。到了第六代，崇字辈的，家族大转型，凡是跟着孙中山搞革命的都中彩了，典型代表是许崇智、许崇灏、许崇济、许崇清等哥们儿。老顽固许应骙把许崇智送到日本官费学军事，可没想到这个孙儿被同盟会先勾

① 余锦廉："许羡苏在北京十年·下"，载于《鲁迅研究月刊》2009年第10期，第33页。

搭走了，关键时刻在军中反戈倒清，从中华革命党的军务部长一直做到粤军总司令，孙中山都喊他哥，孙中山死后他与汪精卫、廖仲恺一度并称国民政府三巨头，还跟蒋介石拜了把子；许崇灏也是军中倒戈跟上了孙中山，一直做到粤汉铁路总理兼护路司令及粤军总司令顾问；许崇济在军中先是抵抗革命，一看抵抗不过，也跟着起义了，最后做到粤军第四师师长；许崇清则娶了国民党元老廖仲恺的侄女儿，本人也很受孙中山赏识，一路做到国民党临时中央执行委员、广东革命政府的教育厅长、中山大学的校长……虽然父亲是妾生的，在家族里地位比较低，但许广平同为许家第六代，有这几个堂哥在外撑着，在那个革命至上的年代，自然不缺的是财气与底气！别说许羡苏祖父是个做酒卖酒的，父亲是个穷秀才，与许广平不堪一比了，就是鲁迅家比上许广平家，也差了不知多远呢，许家高挂“大夫第”，鲁迅他爷则巴巴地请了个巡抚给自家写了个“巡抚浙江等处地方提督军务节制水陆各镇兼管两浙盐政杨昌浚为钦点翰林院庶吉士周福清立”的匾额，相形之下要多寒酸就有多寒酸。还有，1898 年，虚岁 18 的浙江绍兴官二代子弟鲁迅抱着“走异路，逃异地，去寻求别样的人们”的宗旨报考南京水师学堂，母亲不知咋作难才给他凑了八元川资。而 1917 年，虚岁 20 岁的广州官宦之女许广平投奔天津姑母并就读天津直隶第一女子师范学校预科，带的川资则是哥哥出售家藏古字画的二百元钱。同样是没落官宦之家，这精气神儿还是大大不同的。总之，财气与底气有助于许广平的生野不羁，该出手时就出手，风风火火拿鲁头，许羡苏哪里是她的对手。

倪墨炎也说：“要是先生身边有一位许羡苏做伴，这何尝不是一件好事，至少可以改变他孤寂的家庭生活。但许广平来的次数多了，她感觉到先生和许羡苏的共同语言并不多，很少看到先生和许羡苏的交谈。……在这个家庭里，羡苏与其说是先生的知友，不如说是老太太最喜欢的伴侣。”①

一句话，许羡苏的弱处，正好是许广平的强处，所以最后的胜出者只能是许广平。至于许羡苏，只能是鲁迅永远的亲人了。据许羡苏和许羡苏后代的回忆，许广平一家、周建人一家，甚至周建人晚年，都跟着孩子一块称许

---

① 倪墨炎、陈九英：《鲁迅与许广平》，上海书店出版社 2001 年版，第 46 页。

羡苏为“许姑姑”，“大家的许姑姑”[1]。所以许羡苏在周家，混的是一个“妹子”的头衔，而且这妹子离开周宅后跟鲁迅本人的联系几近于无，更让人疑惑的是，许羡苏说她当年离开北京前往河北五女师去的前夕，“把鲁迅先生的来信，捆成一包，交给了朱氏，以备有事要查查。后来不知她怎样处理了它们，在整理故居的时候，在朱氏的箱内，并没有找到这些信件，否则可以多一些手稿，而且也可以了解当时的许多事情。”[2]

总之，许羡苏与鲁迅的通信，神秘地消失了！相形之下，许羡苏之后俞芬替鲁老太太写信、鲁迅死后许广平与鲁老太太通信、鲁老太太死后许广平与朱安通信，可是鲁迅致老太太的信、许广平给老太太的信、许广平给朱安的信，都保存下来了，唯有鲁迅致许羡苏的信没了。还有，鲁迅逝世后，许广平曾广泛搜集鲁迅书简，并登报征集，朱安把鲁迅给母亲的信交给了许广平，那么鲁迅给许羡苏的信呢？第一，朱安应该交出的；第二，即使没有交出，那么许羡苏致鲁迅的百余封信，许广平这里总该有吧？因为俞芬执笔的母亲致鲁迅信件、母亲给许广平的信、朱安给许广平的信，都被保存下来了，唯独许羡苏致鲁迅的信，也没了！

两头的信都没了！这一切，不让人狐疑又待如何？

外围的叙述够了，现在让我们掀开鲁许的信纸，去偷窥一下他们两个人的端午之欢吧！

据鲁迅6月28日的信，我们能得出的信息是：估计大家都传说鲁迅喝醉了（按我的感觉及鲁迅信中的口气，鲁迅这封信之前，应该接过许广平一封信的。可惜这两口子关键时刻总给我们卡带），所以鲁迅在信里“训”许广平。

第一，端午那天我没醉。是你们一群小姐太胆小，吓得逃回自己窠里去了。逃跑之后为掩饰，才来跟我夸口，说我喝醉了想打人什么的。一个“想”字，足见你们用的也是杨家（捎带着还要恶心杨荫榆）婆媳勃谿式手段，呜呼，老师之前途，而今而后，岂不“棘矣”哉（这个还是恶心杨荫榆，因为

---

① 余锦廉：“许羡苏在北京十年·上”，载于《鲁迅研究月刊》2007年第6期，第24页。
② 余锦廉：“许羡苏在北京十年·下”，载于《鲁迅研究月刊》2009年第10期，第40~41页。

杨发表过《教育之前途棘矣——杨荫榆之宣言》)!

第二，你们不吐且游了白塔寺，我虽然没有亲见，但也不能保证决无。但你们走了之后，我又喝烧酒六杯，蒲桃酒五碗，游白塔寺四趟，可惜你们都已逃散，没有看见了。若夫“居然睡倒，重又坐起”，则足见不屈之精神，尤足为万世师表。总之我的言行，毫无错处，殊不亚于杨荫榆姊姊也（继续恶心杨校长）。

这训词还是本山大爷式的苏格兰调情。

训过之后，鲁迅说现在开始讲义了啊，讲义内容如下：

夫天下之人，其实真发酒疯者，有几何哉，十之九是装出来的。但使人敢于装，或者也是酒的力量罢。然而世人之装醉发疯，大半又由于倚赖性，因为一切过失，可以归罪于醉，自己不负责任，所以虽醒而装起来。但我之计划，则仅在以拳击“某籍”小姐两名之拳骨而止，因为该两小姐们近来倚仗“太师母”之势力，日见跋扈，竟有欺侮“老师”之行为，倘不令其喊痛，殊不足以保架子而维教育也。然而“殃及池鱼”，竟使头罩绿纱及自称“不怕”之人们，亦一同逃出，如脱大难者然，岂不为我所笑？虽“再游白塔寺”，亦何能掩其“心上有杞天之虑”的狼狈情状哉？

某籍两小姐，指的是俞芬、俞芳，鲁迅借酒装疯打她们拳骨了；头罩绿纱自称不怕者，当然是许广平了，有些版本说，鲁迅按许广平的头时，许广平头上的绿纱巾都被扯下来了云云。

不管纱巾是否扯下来，我们能判断出的是，鲁迅在酒桌上可能有些过于兴奋了。这种兴奋倒不至于吓走女生们，但双方不妨就此互相调侃。另外需要指出的是，这种兴奋于鲁迅是非常少见的，他可能很享受这种兴奋，所以他在讲义完毕之后再次发出了邀请：今年中秋这一天，不知白塔寺可有庙会，如有，我仍当请客，但无则作罢，因为恐怕来客逃出之后，无处可游，扫却雅兴，令我抱歉之至。

为什么前面我说鲁迅此信之前应该有许广平一封来信的，就是除了喝醉逛白塔寺这些话题外，鲁迅信末最后一句还问“‘……者’是什么”？这一句，跟许广平6月19日的那封来信根本不搭。还有，写完信，鲁迅还评价了许广平寄给他的一首诗。鲁迅说自己不懂诗，但是“遵来信所嘱，妄说几句。”总之，各种迹象说明，6月19日许广平来信至28日鲁迅复信之间，应该还有许广平25日宴会后的一封来信，这封信夹附了许广平的一首诗，请鲁师点评，但不知何故，鲁、许二人，甚至他们的后代周海婴没有将之公布。还是读者不宜吗？

有意思的是，6月29日又见鲁迅的去信，称呼“广平兄”，署名“迅”①。

信的开头，再次让我产生疑惑。鲁迅说：我记不清了，昨夜或者今天早上我给你去了一封信。这个对头，就是上面6月28日写的那封信。但不对头的是下面的话：“刚才接到二十八日函，必须写几句回答，便是小鬼何以屡次诚恐惶恐的赔罪不已，大约也许听了‘某籍’小姐的什么谣言了罢。”

不对头的地方有三：

第一，鲁迅明明说接了许广平二十八日函，但《两地书·原信》中依然没有。总之，鲁迅28日去信和29日去信，都应该先有许广平一封来信的。许广平接连两封来信被他们两口子私吞。按我推理，肯定跟涉及许羡苏有关。

第二，所谓的谣言问题。也就是说，一些学者推测端午宴会上的疯闹惹恼了许羡苏，许羡苏过后批评许广平，不是子虚乌有。

第三，所谓的“屡次诚恐惶恐的赔罪”，至少应该有两次吧。但这两次来信通通的没有。导致我们不知道许广平到底如何赔罪的，她与许羡苏到底有没有二许之争。

虽然许广平的两次来信我们看不到，二许是否有争也不清楚，但我们可以从鲁迅去信中发现鲁老师的态度很明确。

第一，酒精中毒是能有的，但我并不中毒；即使中毒，也是自己的行为，与别人无干。我年届半百，位居讲师，难道还会连喝酒多少的主见也没有吗？

第二，我并不受有何种“戒条”，我的母亲也并不禁止我喝酒；你别听某籍小姐的谣言，说不定是从我娘那里拾来的故事，导致你对我赔罪不已！以

---

① 鲁迅、景宋：《两地书·原信：鲁迅与许广平往来书信集》，中国青年版出版社2005年版，1925（三十三）。

后不许再来跟我道歉啊!

这态度没说的。第一我娘都不管我呢，何况某籍小姐许羡苏。爱谁谁，以后咱俩还拼酒，你怕个啥呢?

啧啧，鲁老师终于主动一次了，这是给许广平下豁免书呢。小鬼我这里随你闹了!

嗯，胜利正在向小鬼招手!

大师怎么就成了“嫩棣棣”

小鬼得了鲁师的外交豁免，乘胜追击，6 月 30 日就回了闹信，称呼“鲁迅师”，署名“小鬼许广平”①。

我们看看小鬼咋闹的。

第一，“接连得到两封东西，一封是‘训词’，一封大概是回话罢，现在我也回复几句，免得专美。”

所谓的“专美”，你这里完全可以读成“臭美”：鲁师你臭美啥呢?

第二，“老爷们想‘自夸’酒量，岂知临阵败北……这点酒量都失败，还说‘喝酒我是不怕的’，羞不羞?”

既称鲁迅为“老爷”，还问其“羞不羞”，诉诸动作，绝对就是女人刮男人的鼻子了。

第三，那天出了你家后，我们出去玩了。我们没有窜，从从容容地出来，更谈不上逃字，“这种瞎判决的判官，我将预备上诉大理院了”；说我们走后自己又喝了六杯这、五杯那的……“此项撒谎专家，而想为‘万世师表’，我知道文庙的一席地，将来必被人撵出来，即使有人叩头求乞，恐不能回至尊之意也”。

看看师生亲昵到何种程度了!

第四，太师母而有“势力”，且有人居然受“欺侮”者，好在我已经拜

① 鲁迅、景宋：《两地书·原信：鲁迅与许广平往来书信集》，中国青年版出版社 2005 年版，1925（三十四）。

谒过老人家，以后吾无忧矣，联合战线，同隶太师母旗帜下，怕不怕？

要跟鲁迅的娘建立联合战线，真的没有朱安的阵脚了！

第五，“……者”，“是什么”也，知之为知之，不知为不知，是知也。

鲁师你问“……者”是什么？就不告诉你！

写到这里，突然想到电影院里一个段子：一对情侣一直说悄悄话，影响后面一位观众，于是抗议说：我什么都听不到了！没承想前面的男人回过头来说：我们两人的话，你听什么？

所以鲁、许二人在这里猜谜，我们更听不懂了，还不好意思叫人大声点、说明白点！

第六，屡次提及醉酒，本姑娘不是道歉也，但你确实醉了也得承认嘛，而且现在我还是“道歉”，那天确不应该灌醉了一位教育部的大老爷，我一直道歉下去，希望“激”出一篇传布我们小姐罪状的宣言，“给小鬼咿呀几下，摇头摆脑几下，岂不妙哉”。

注意措辞。“咿呀”及“摇头摆脑”，可证许广平在鲁迅面前已是母性大爆发，鲁师在她这里，不但已不是师，甚至是稚儿、小宠了！事情已快成了！

而一般的看法，端午节闹剧之后，鲁许关系迅速升温。7月，鲁迅日记上记载，许广平去鲁迅家五次，给鲁迅写信七封。至于鲁迅，也是性情大变。

7月9日，鲁迅致信许广平，称呼“广平仁兄大人阁下”，署名“‘老师’谨训”[①]。

细心的人可以发现，这信变化大了。

第一，称呼许广平为“广平仁兄大人阁下”；光“广平仁兄大人阁下”也就罢了，后面还加上了下对上或者平辈之间才用的启词“敬启者”，结果就变成了这个味儿的：“广平仁兄大人阁下敬启者”。

说明，鲁师也会打情骂俏了。

第二，前面说过，两人信件里祝颂语基本没有，许广平顶多是在第一封里用过一个“敬候撰安”，第二封信里用过一个“敬祝著安”，此后没见怎么

---

① 鲁迅、景宋：《两地书·原信：鲁迅与许广平往来书信集》，中国青年版出版社2005年版，1925（三十五）。

使用过。特别是鲁迅，跟许广平的信件是没有祝颂语的，但这里第一次出现了，却是这个味儿的："肃此布达敬请'好说话的'安！"

你说，堂堂的鲁大师倒着给小女生请安也就罢了，里面还夹上一个带引号的"好说话的"。到底嘛意思，应该是两人实际接触时的用语吧，嘛意思咱们就不得而知了。

至于信的内容，那就是《莽原》发表了许广平的稿件，鲁迅不但给改了标题，末尾还给添了两句，所以这信是专为请罪的："殊为专擅。尚希曲予海涵，免施贵骂，勿露'勃谿'之技，暂羁'害马'之才，仍复源源投稿，以光敝报，不胜侥幸之至！"

鲁师打情骂俏的功夫明显见长！

信中，鲁迅还解释了一下为什么许广平的大作能常被《莽原》登载：一是《莽原》闹稿荒，大家投来的多是小说与诗，议论偏少，可不是我在"骗小孩"。二是新做文章的人，易登于我刊，这就有些"骗小孩"的嫌疑了；"但若做得稍久，该有更进步之成绩，而偏又偷懒，有敷衍之意，则我要加以猛烈之打击。小心些罢！"

从来往信件中，找不到"骗小孩"的典故，估计还是两人私下的玩笑用语吧。所以随着对信的研析的增加，可以发现两人之间的小秘密对于我们反而越来越多。真是绕人。不过我对许广平发于《莽原》上的文章更感兴趣，因为我想知道它们的真正水平。幸好，许广平文集第一卷里找到几篇，1925年5月22日《莽原》第五期《怀疑》、1925年6月19日《莽原》第九期《酒瘾》、1925年7月3日《莽原》第十一期《内幕之一部》、1925年7月12日《莽原》第十二期《一死一生》、1925年7月17日《莽原》第十三期《瞎扯》、1925年7月31日《莽原》第十五期《过时的话》……按倪墨炎的统计，从5月起，半年的时间内，不计被扣下不发的稿子，许广平总计在《莽原》发稿9篇。①

咱就这么说一句吧，没有一篇能拿得出手的，有些还真是"瞎扯"，瞎扯都扯不了几句。

① 倪墨炎、陈九英：《鲁迅与许广平》，上海书店出版社2001年版，第77页。

7 月 13 日，“广平仁兄大人阁下”回了信，称呼“嫩弟手足”，署名“愚兄手泐”①。

这回信让你大吃一惊吧？上帝造人，事情就这样成了。许广平上位，跃上了“愚兄”的宝座，而鲁迅下位，变成了“嫩弟”——“弟”也就罢了，居然还“嫩”！直到如今还有许多学者在研究这个嫩弟弟到底嘛意思，我的意思是，不用研究了，太简单了，鲁师在遭遇许广平之前，没阅过女人，年纪再大，也是嫩弟弟一个呗。

再看看信中口气及用词，那叫一个妙极。

第一，对于鲁迅 7 月 9 日的来信，许广平用了一个居高临下的“披读”，似为太后看折、老师阅卷、被追求的女生对付男生情书之专用吧。由此可以发现，许广平已是翻身农奴做主人——前面一直是自己进攻，现在端坐城头，可以俯视老鬼在自己的城门口打探、丈量和攀爬了。对于小女生，这将是何等的自得啊。所以许广平在信中说：“披读七·九日来札，且喜且慰”。

第二，自己数呈“贱作”，“嫩弟手足情深”，屡为修改，如当九泉，定思粉骨之报。问题是现在还活着，那就嘉奖你几句吧。

一句“手足情深”，天机尽泄！

第三，“至如‘专擅’云云，只准限于文稿，其他事项，自有愚兄主张，一切毋得滥为妄作，否则‘家规’犹在，绝不宽容也。”

坏了，“家规”都有了！朱安，你完了！城堡内的你都没有“家规”的，城堡外的那个她有了！

第四，“嫩弟近来似因娇纵过甚，咄咄逼人，大有不恭之状以对愚兄者，须知‘暂羁’‘勿露’之口吻，殊非下之对上所宜出诸者，姑念初次，且属年嫩，以后一日三秋则长成甚速，决不许故态复萌也，戒之念之。”

这，恋爱中的小主，彻底女上位了。

第五，我文章虽然做得稍久了，可是你老兄我“事烦心乱无足为奇”，“好在嫩弟精力充足自可时进针砭”。那什么，有你给我做编辑，我怕甚呢？

---

① 鲁迅、景宋：《两地书·原信：鲁迅与许广平往来书信集》，中国青年版出版社 2005 年版，1925（三十六）。

最后，许广平附了一篇文章，名叫《罗素的话》。文章中，她大把大把地抄了罗素近著《中国之问题》中的原话，共计九段之多。开头她说了抄袭原因，是为了给留心沪案交涉的人们注意，最后一段她对罗素的话做了评价，并评论了一下中国的时事与国情。这文章也算是给《莽原》的投稿吧，可把鲁迅气晕了。我们且看鲁迅回信。

7 月 15 日，鲁迅回了信。没有题头之称呼，更没有落款之署名，只附了一个“七·一五”的时间。[①]

至于信中内容，有意思。鲁迅把 7 月 12 日的《京报》剪了一张，贴于信上，然后在后面感叹曰：“‘愚兄’呀！我还没有将我的模范文教给你，你居然先已发明了吗？你不能暂停‘害群’的事业，自己做一点吗？你竟如此偷懒吗？你一定要我用‘教鞭’吗？”

更有意思的是，这信许广平居然看不懂——周海婴说自己智商没随父家，随的是母家，也没说错，智商方面，许广平明显比鲁迅弱多了。下面我们看这傻大妞的回信。

还是 7 月 15 日，许广平回了信。称呼“嫩棣棣”，署名“愚兄泐”[②]。

在信中，傻大妞跟嫩弟说：你的信太令我发笑了，今天明明是七月十五日，你信封上却大书特书七月十六。小孩子为了过节，才盼日子短的；好在是寄信给愚兄，若是和外国交涉，那可得小心些，这是为兄的应该警告的。还有，石驸马大街在宣内，而写作宣外，尤其该打。

这话若让朱安听见，说不定会说：该打的到底是谁呢？

当然朱安不是江冬秀，若放胡适老婆江冬秀那里，可能掂着剪刀就跑出来了：你说谁该打？该打的是你！你再说一句，我一剪刀剪死你，淫小蹄子，勾引我家男人！

另外，鲁迅的信写错了一个日期和一个内外，她就可笑死了。她不知道，她更可笑。拿着鲁迅那张贴了一张《京报》剪报的来信翻来覆去地看不明白。用她回信里的话：太莫名其妙了，虽则小小的一块，但内容太丰富了耶。包

---

① 鲁迅、景宋：《两地书·原信：鲁迅与许广平往来书信集》，中国青年版出版社 2005 年版，1925（三十七）。

② 同上，1925（三十八）。

含“书报”，“声明”，“招生”，“介绍”，“招租”，“古巴华侨界之大风潮”。背面有“证券市价”，“证券市况”，“昨日公债市价涨落之经过”，“上海纱价高涨不已”，“沪提运栈货会成立”，“华侨商会联合会成立”，“青岛最近之煤油业”，“工大京外宣传之近讯”……傻大妞进了迷魂阵，不但看不出鲁迅讥讽她来稿中全篇抄袭罗素，还研究起鲁迅的剪报与粘贴技术了：一张红行纸粘好又割开，使左右都有红行纸，是何道理呢？不过傻大妞模糊地能感觉到，嫩棣棣可能是在恶作剧，故设迷人阵，该打，但她还是琢磨不透“广告栏的剪裁何为者？”难不成是“以渠作象征人物乎。如此也真可谓小题大做。这种‘古已有之’的随处皆是的司空见惯的写实派，实在遍地皆是，嫩棣入世较浅，故惊讶失措耳。”

这个傻大妞！

智商如此，真替她着急，更着急的是，就这智商，还做女师大的学潮领袖，这能学出啥潮来呢？

第三，许广平在信中跟鲁迅讲“另一可笑者”。可笑的是，她讲的一点也不可笑。现实中不缺这样的同志，说是给别人讲笑话，自己先笑得上不来气，结果啥也没讲出，别人更笑不出。许广平在这里就是同样的表现，说《妇周》这个组织本就可笑，更可笑的是题目是盗取嫩弟的，至于补白，名字之映射，则吾前于第一期用之“君平”，只不过改平为“萍”。由此她挥发性地说起自己那些一次性的笔名，经常有人跟自己相同或者相近，更可笑的是，自己想到而未用的笔名，别人都用出来了……这有什么可笑吗？别说笔名，就是真名，相同相近的也遍地皆是啊！

最后，愚兄吓唬嫩弟曰：“记得我在家读书时，先生用‘鞭作教刑’的时候，我的一个哥哥就和先生相对的围住书桌子乱转，先生要伸长手将鞭打下来时，他就蹲下，终于挨不着打，如果嫩棣‘犯上作乱’的用起‘教鞭’，愚兄只得‘师古’了。此告不怕！”

看到了吧，许广平要鞭打鲁师了。行文至此，脑子里显现出西部歌王王洛宾那首著名的情歌《在那遥远的地方》，歌中曰：“我愿做一只小羊，跟在她身旁，我愿她拿着细细的皮鞭，不断轻轻打在我身上。”

信结束后，许广平又补注一则：“我上次的‘模范文’值得几多分？请即通知！（六十分以下要璧谢的）”云云。

“中华民国十四年七月十六日下午七点二十五分八秒半”，鲁迅回信了，称呼是带引号的“‘愚兄’”，后面没有署名，只有鲁迅这一长串的精确到秒的“中华民国十四年七月十六日下午七点二十五分八秒半”所谓时间。[①]

信的开首，鲁迅对许广平说：“你的‘勃豀’程度高起来了，‘教育之前途棘矣’了，总惩罚一次才好。”

还在捎带着恶心杨荫榆校长。那么怎么惩罚呢？鲁迅写了十一章的内容。

第一章，“嫩棣棣”之特征。鲁迅把许广平称作“嫩棣棣”，把她的头发、雪花膏、藏在箱子里的绣花衫、嚷、哭什么的，描摹了一通。纯粹是老爷们儿调笑小女生吧。

第二章，论“七·六”之不误。在这里，我们发现鲁师也会撒娇了：“七·一六”就是今天，照“未来派”写法，丝毫不错。“愚兄”如执迷于俗中通行之月份牌，可以将那封信算作今天收到就是。

第三章，石驸马大街确在“宣外”。前面许广平说在宣内，这里鲁迅说平时我也写宣内，但这次就是宣外，就是宣外……小两口打嘴拐，旁观者看着没劲，咱就不说了吧。

第四章，“其妙”在此：鲁迅给许广平解释了自己附粘《京报》剪报的缘故，发现傻大妞怎么也看不明白，就算“大仇已报”，“气也有些消了”。

第五章，“师古”无用。鲁迅说，我这回的“教鞭”，系特别定做，是一木棒，端有一绳，略仿马鞭格式，为专打“害群之马”之用。即使蹲在桌后，绳子也会弯过去，虽师法“哥哥”，亦属完全无效。

这点倒是说对了，鲁迅把许广平收了之后，她再也不做社会活动了。她一想活动，鲁迅就跟她不愿意了。直到鲁迅死后，没有鲁迅看着了，她才重出江湖。

第六章，“模范文”之分数，拟给九十分，其中给你五分：抄工三分，末尾的几句议论二分。其余的八十五分，都给罗素。

---

① 鲁迅、景宋：《两地书·原信：鲁迅与许广平往来书信集》，中国青年版出版社 2005 年版，1925（三十九）。

鲁迅这段贼有意思，许广平前面问，六十分以下她要“璧谢”的，可鲁迅才给她五分，其中三分还是抄工。一句话，你撒娇？撒娇也是严重的不及格！

第七章，“不知是我好疑呢？还是许多有可以令人发疑的原因呢”？鲁迅说，世间以他人之文，冒为己作而告人者，太常见了；改“平”为“苹”，尚半冒也，我们拦不住不是？“由它去罢”。

鲁迅这里也跟着小女生犯糊涂了，一个笔名，人家取得与你的一次性笔名一样或者相近又怎么了？我大学时想给自己取个笔名李鬼，小伙伴笑我曰：你想冒充假李逵吗？我说那就改称老鬼？可老鬼早有人叫了，杨沫她儿子；再不济，那我改称小鬼？那时候还没看过《两地书》，不知道许广平在鲁迅面前自称小鬼的，只知道电影中伟大光荣正确的人物喜欢摸着一些勤务兵的脑袋称小鬼，称过之后，还要叉着腰，发出爽朗的笑声云云。这种模式化、机械化的镜头语言，及镜头语言中包含的居高临下与人格的不平等，叫我看着很不舒服，所以小鬼我也没用。那要真用了，岂不也成抄袭许大师了？

第九章，结论。肃此布复顺颂嚷祉。

第十章，署名。鲁迅。

第十一章，时候。中华民国十四年七月十六日下午七点二十五分八秒半。

下面，我们看看许广平的批复吧。

7 月 17 日，许太后回信了，称呼“嫩棣棣”，署名“小鬼许广平”①。

信中，许广平说嫩弟你七月十六的“滑稽文”收到了，人名、时间、地点都有，可以排成十一幕的剧本，而不合于章回小说或者讲义体裁，兹为明真相起见，特择要纠正一下。

第一，“‘勃谿’当然是有对象的，愚兄既有这么高的程度，不知嫩弟是自居于‘妇’，还是‘姑’呢？纵然嫩弟甘居‘妇姑’之列，然而，我俩不是兄弟吗？由兄弟而转为‘妇姑’，恐怕没有这种回造化天功的本领罢，那么，‘勃谿’二字，是法律事实，俱不成立的，请你打消这种迷梦才好，不

① 鲁迅、景宋：《两地书·原信：鲁迅与许广平往来书信集》，中国青年版出版社 2005 年版，1925（四十）。

然，警厅是要干涉这种变形菌的人妖的，那时为兄的虽有手足之义，而爱莫能助了，奈何!?”

众所周知，妇姑勃谿，源自庄子，曰：“室无空虚，则妇姑勃谿。”意指婆媳间的争吵与不和，由于许广平骂杨荫榆校长在她们学生面前以婆婆自居，所以鲁迅时不时地用“妇姑勃谿”这个典故来骂杨荫榆，现在，则转而用为他与许广平打情骂俏的典故了。许广平呢，倒打一耙子，你说我“勃谿”的程度越来越高，可我“勃谿”也得有个对手不是？鲁师，你说你是“妇”呢，还是“姑”？不管你是“妇”，还是“姑”，总之，先生你成“人妖”了耶!

谁敢如此调戏我们的鲁大师？

当然只能是鲁大师正宠爱的丫头了！说一句老实话，待许广平真正被鲁迅收了房之后，她也不会再如此放肆的。如此放肆，只能是这个特定时刻，就是鲁迅正对她感兴趣，爱情线正扯得满怀的当口。谈过恋爱的小女生应该都知道，火候也就在此时才能放大，待做了人妇，啧，必得收敛许多，老老实实地给人洗衣、做饭、生孩子而已。

第二，“嫩弟弟之特征”。前面鲁迅调笑许广平之特征，现在该许广平调笑鲁迅之特征了。这方面，许广平当然比鲁迅更擅长，所以她概括“嫩弟弟之特征”有：想做名流，头发故意长得蓬松长乱；有红色绒袜子穿于足上；专做洋货的消耗品；总在小鬼前失败，失败则强词夺理以盖羞；一声声叫娘，犹有童心；外凶恶而内仁厚的一个怒目金刚，慈悲大士……

总结得是否准确且不说，只说这总结，首先反映出的是师生二人的亲昵；其次是师生二人的无距离，倪墨炎说：“从对鲁迅吃食爱好和家庭生活的了解来看，许广平已是鲁迅家的常客，她到鲁迅家去的次数，肯定不止日记所记，有时日记是不记的。”① 嗯，据鲁迅日记，7 月间许广平去鲁迅家五次，那么真正去鲁迅家，当不止五次了。

第三，“论七·一六之不误”，和“石驸马大街确在宣外”，都是强词夺理，不值一笑。

---

① 倪墨炎、陈九英：《鲁迅与许广平》，上海书店出版社 2001 年版，第 30 页。

确实不值一笑，恋人间的你一言我一语，在外人眼里很无聊，他们则津津有味，这才是恋爱！

第四，“京报的话”，我本晓得“其妙在此”，但是这种故意捣乱，不可不分受，所以我也仍旧照抄，使嫩弟弟也消耗些时间来读一读，那么我的“大仇”也算报了。

原先的担心——担心鲁迅起了被利用之心的小女生的那种忐忑不但荡然无存，且敢如此大摇大摆地明说了：我就是要耽误你时间，咋了？

第五，“模范文”是指七·十三的信，不是说那篇《罗素的话》，九十分给那封信，虽则少了分，还可以由我自由添上，至于扯到罗素身上，真是胡说八道。

捏着鲁迅的大鼻子说他“胡说八道”也就罢了，小女生撒娇撒赖的剧情再次上演：上次叫你打分的，不是《罗素的话》，而是我的信。你给九十分，我自己再加十分，耶，满分啦！

第六，从执笔写“愚兄”起至第三页下午七点二十五分八秒半止，这个标题的时候是不对的，难道在七点二十五分八秒半的半秒间能写这么长的一封信吗？真真是撒谎不要本钱，好笑！

这个就是刮鲁迅的鼻子了：羞不羞呀你，羞不羞呀你，胡扯！

7 月 29 日或 30 日，鲁迅回了信，称呼“广平兄”，署名“迅”[1]。

在这封信里，鲁迅主要是说许广平的稿子的。

第一，鲁迅说许广平投来的大作不如不发表。说这类题目只能他自己做，因为他耐得攻击；至于许广平这种“雪花膏”派，则究属“嫩”之一流，犯不上以一篇文章而得攻击或误解终至于“泣下沾襟”。总之，因了怜香惜玉之故，我就不给你编发了。

第二，还有一篇，今天已经发出去，但将两段并作一个题目了：“五分钟与半年”。这多么漂亮呀。

这应该还是许广平的文章。我查证了一下，这当是前面所列，1925 年 7

---

① 鲁迅、景宋：《两地书·原信：鲁迅与许广平往来书信集》，中国青年版出版社 2005 年版，1925（四十一）。

月31日《莽原》第十五期《过时的话》。首先时间符合，鲁迅29日或者30日编发，而这期《莽原》是31日出刊；其次内容符合，鲁迅说什么“五分钟与半年”，而在许广平的这篇发表的《过时的话》中，有两个二级标题，第一个是“五分钟以后”，第二个是“半年以后”。因了鲁迅所谓的“漂亮”之说，我再次把这文章研读一遍，亲爱的，我真没读出漂亮来，整个一逻辑不通，不知所云，特别是“五分钟”那一段。民国时办刊办报自由，比如鲁迅，随便一个刊就办出来了，这是许广平这种不知所云、逻辑不通的文章能漂亮发表的原因吗？这不净引得我们这些写字的徒增对民国的向往吗？

第三，说完正事后，鲁师还不忘调笑下小女生：“天只管下雨，绣花衫不知如何，放晴的时候，赶紧晒一晒罢。千切千切!”

最后，鲁迅在署名之后，给许广平开了一个玩笑，你不是嫌我上次信封上的日期写错一天吗？那么这次我给你署上：“七月二十九或三十日，随便。”

这一随便，顽童的一面就抖搂出来了。

问题是，研究鲁、许情书的人就犯难了，大师，你这情书到底是写于哪日呢？我们也跟着随便吗？

而且，想随便也随便不成了，两人1925年的通信到此突然停顿，下面没了。

按鲁迅研究专家倪墨炎的统计：“1925年7月以后的信，除一两封外，鲁迅、许广平当年都没有编入《两地书》，而原信保存下来的也只有6封。从1925年8月至1926年8月26日两人离京南下，这一年中，除鲁迅有一张请许广平吃饭的请柬外，至今还未发现两人之间的任何一封通信。是他们已十分亲密不需要再写信，还是曾经有过信而他们觉得没有存世的必要？这至今还是一个谜。”①

也不知老倪咋统计的，反正我从《两地书全编》中查出，七月份两人通信总计7封。至于老倪所说的“谜”，两人不需要再写信了，还是写了不让我们看，我觉得倒不必在意。因为，不管两人是否需要写信，还是写了不让我们看，都只会指向一个事实：两人开始了——从三月到七月，四个月，四十

---

① 倪墨炎、陈九英：《鲁迅与许广平》，上海书店出版社2001年版，第31页。

一封信，那个爱情，它来了！

早在1919年，结婚已经十三年的鲁迅还在文章里说："爱情是什么东西，我也不知道。"①

现在，它终于来了，又是个什么东西呢？

从私奔到同居：事情就这样弄成了

周大师的公务员饭碗危矣

1925年8月开始，鲁、许之间的通信停了，但是许广平领导的驱杨运动则到了最后的高潮。

7月29日，杨荫榆贴出布告，说要修理校舍，请学生迁出。我们的主旋律学者都认为这是借口。借口不借口吧，暑假期间学校修理校舍再正常不过的事了，而造反学生为了革命事业，你放假俺也不走！

7月30日，杨荫榆又贴出布告，宣布解散学生自治会。这个学生自治会更神，不但超越了教授评议会，甚至把杨荫榆校长也给开了！

同天，杨荫榆亲往教育部拜见章士钊，商议的结果，是决定解散女师大学潮中最坚定的四个班：预科甲、乙部，国文系三年级，教育预科一年级，同时呈报京师警察厅以防外校男生声援。

8月1日一大早，杨荫榆带领少数办事人员，在三四十名军警的护卫下，入校宣布执行教育部决策，要求三四十个驱杨分子离校。她们当然不离，与军警发生冲突。

杨荫榆关闭伙房，断水停电，意思很简单，姑奶奶们，惹不起俺躲得起，

---

① 鲁迅："热风·随感录四十"，载于《鲁迅全集·第一卷》，人民文学出版社2005年版，第338页。

你们都回家，这学俺不办了成不？

不成！于是杨荫榆让军警把守大门，封闭学校！

听说女师大造反学生受困，设在附近的北平学联立即给女师大的学生又是送面包、又是送西瓜的……吕云章对这个学生联合会评价曰："学生联合会，一方面是主持正义，一方面也是交女朋友的好机会。我们虽然没有伙食，但是慰问我们的人太多了，各大学都送来礼品、面包、水果毫不缺乏。可是一听到警察来了，这些同学都逾墙而逃，也很可笑。"①

确实可笑，闹剧成这样了，我们现在的主旋律学者还红口白牙地称之为"八·一惨变"。自己心智残缺吧？

吕云章说她和张平江两个国民党籍的学生去党部接受指示，江绍模跟她们说："听说杨荫榆又要带军警到学校去，你们要鼓动同学往前冲，制造惨案"。张平江当场答应了，但吕云章认为不妥："造血案固然可以把事件扩大，但是死亡的同学也不得不顾及"。商量许久，江绍模取消了这个办法。但是有人似乎执行了，吕云章说杨荫榆仅是带着军警在学校巡视了一番，"有几个同学往前冲了一下，只把腿伤了一点，也没有造成什么了不起的惨案。"②

吕云章说，当时北京销路最好的有《晨报》和《北京日报》，可是同情杨荫榆的只有《晨报》一家，杨就运动《北京日报》也不登载女师大的消息。于是吕云章跑到鲁迅家，叫他把消息发到《北京日报》报馆去。她说："因为《北京日报》不敢得罪鲁迅，所以我又把《北京日报》给拉了过来。"③

看来，不只许广平，这些女学运分子，都知道拉鲁迅来狐假虎威！

从下午起，女师大的造反学生就占上风了。因为听说她们受困，校外学生、学生家长、打酱油的群众，都来了。由于校门封锁，所以校门内与校门外煽情互动，大大地壮了这帮巾帼英雄的胆气，特别是许广平，建议大家砸锁开门。她们成功了，与门外的革命群众胜利会师！

鉴于——正如前面所述，连吕云章都说北平学生联合会支持她们也是为了交女朋友方便，加之那个特殊的年代，女性解放可能一时走火，社会上难

---

① 吕云章：《吕云章回忆录》，龙文出版社 1990 年版，第 30 ~ 31 页。

② 同上，第 31 页。

③ 同上，第 31 页。

免风言风语，所以，为了免于流言，自证清白，学生既请了鲁迅等大师前来学校值班——黑灯瞎火的，鲁迅他们几个人在教务处坐了一夜，还请了有声望的女性前来做舍监——你说黑灯瞎火的，男女生真要谈恋爱、偷情，谁管啊，革命都管不住，遑论恋爱、偷情？至于名声，我们可以看两个例子。

第一，周作人跟陈西滢某次论战时，信誓旦旦地说当时北京有两位新文化新文学的名人名教授因为“愤女师大前途之棘”，说什么“现在的女学生都可以叫局”①。叫局是妓女专用，说明社会对这帮女学生的看法确实不咋地。

第二，一年后的“三一八”，制造惨案的目标达到了，真惨。但按吕云章的回忆，悼念会上，刘和珍的未婚夫“哭了一会，就偷偷看我们同学”了，刘和珍的这些同学就“都可笑了”。② 悼念会就这样成了未婚夫和同学会的调情会和逗乐会，社会上不风言风语才怪呢。也许正因为如此，向来身体不好的鲁迅，为了心爱的小女生，颇有豁出去的精神——放任何政治运动，鲁迅都难能给他们坐夜的！

8 月 2 日，杨荫榆下令女师大全体教职员工离校，学校瘫痪。

8 月 3 日，杨荫榆在报上发布《致各界声明书》。

8 月 4 日的《晨报》上，杨荫榆发表了辞职感言，她不想干了。同天，章士钊亲自到学校了解有关情况。下车伊始，他就见校门上贴着学生自治会的通告：禁止教员出入。

几个学生，开除校长也就罢了，连教师进出校门，都得由她们掌控。这让当年废学闹革命的老革命章士钊同志颇为不快——1903 年小章领着江南陆师学堂 30 多名学生退学投奔了蔡元培、章太炎、吴稚晖等人在上海创办的中国教育会，走向职业革命之路，可 1905 年去了日本他就清醒过来了，“顿悟党人无学，妄言革命，将来祸发不可收拾”，同时从日本明治维新后的繁荣进步看到教育的重要，遂放弃废学救国，改行苦读救国，从此谁忽悠也不行：章太炎把他逼到小黑屋里两昼夜，叫他加入同盟会，他不干；张继出主意说，他喜欢我们同盟会的美女吴弱男，我们派吴弱男去诱他，保证行，结果小章

① 周作人：“闲话的闲话之闲话”，载于《周作人集外文》，海南国际新闻出版中心 1995 年版，第 23 页。

② 吕云章：《吕云章回忆录》，龙文出版社 1990 年版，第 28 页。

没加入同盟会，小吴倒成了小章的老婆，以至于孙中山逢人就说我们同盟会赔了夫人又折兵。[①] 一句话，老章是个过来人，啥都明白；奈何学生不明白，老革命们更是揣着明白装糊涂，唯恐学生事儿闹得不够大！这就是做人做事的差距吧。

杨荫榆校长不想干了，但教育总长章士钊还得干——老章5月11日就辞职不干了一回，奈何段祺瑞说不能因为学潮影响咱的教育方针，不批。老章说不批我也不能干了。老段说不能干也得干，各种手段慰劝，弄得老章闹了一阵子情绪也未辞成，最后于7月28日又重新上岗了。这重新上岗，面临的还是4月上任时就想解决的问题——学风：比如规定小学生从四年级恢复读经书；大学教授要受到考核；禁止学生开会、演说、游行、散发传单；设立考试院，由教育部执行对学生的入学、升级和毕业考试等。[②]

这些措施，正利用学生闹革命的人当然不同意，而学生也不傻，知道有人在利用他们，明白亮出，俺们也正好利用他们不考试——据西滢记载，某教授报告教务长，星期一北大许多学生开会反对考试，一个学生演说道："他们利用我们去驱章，我们也交换条件，利用他们不考试。"[③]

这就是章士钊面临的教育对象。

至于章士钊本人，如前所述，当年也做过学潮领袖来着。1924年11月做了临时执政段祺瑞的司法总长，让激进的革命派们咋也看不惯，国民党元老吴稚晖说人家"跌入了粪坑深处"[④]，就连鲁迅这样的教育部科级公务员，都大大地瞧不起章士钊，1925年4月章兼了教育部长，成了鲁迅的顶头上司，鲁迅4月22日致许广平的信中很不屑地评价章士钊曰："所闻的历来举止，似是大言无实，欺善怕恶之流而已。要之在这昏浊的政局中，居然出为高官，清流大约决无这种手段。"[⑤] 言下之意，似乎章成了失节女人似的，可章是总长，你是科长，他若做的是大妓，你好歹也算小妓。从这些人的情绪中，我

---

① 袁景华：《章士钊先生年谱》，吉林人民出版社2001年版，第33～34页。

② 同上，第161页。

③ 陈西滢：《西滢闲话》，人民文学出版社2000版，第91页。

④ 袁景华：《章士钊先生年谱》，吉林人民出版社2001年版，第157页。

⑤ 鲁迅、景宋：《两地书·原信：鲁迅与许广平往来书信集》，中国青年版出版社2005年版，第39页。

们可以发现其极端情绪，做政府官员就不是好人，官越大越不是好人。平民也就罢了，连鲁迅这样的小官都先天地具有了一种道德优势。

这就是章士钊面临的舆论对手。

在这种形势下，女师大再“臭茅厕”，舆论却占上风；章士钊不管怎么整顿女师大，都是顶风作案。

教育部原先的意思是解散女师大四个班，问题是解散不动，全副武装的军警对付不了三四十个死硬分子毛丫头，于是章士钊破罐子破摔，这学我不办了行不？8月6日，他在国务会议上提议停办女师大，获得通过。8月8日他批准了杨荫榆的辞职，同时也下定了摧毁女师大的决心。8月10日，教育部正式下令停办女师大，另成立国立女子大学。同天，章士钊亲自草拟的《停办北京女子师范大学呈文》在《甲寅周刊》发表，他的意思是这女学实在办不下去了：“学生跳梁于内，校长侨置于外”，“不受检制，竞体忘形，啸聚男生，蔑视长上，家族不知所出，浪士从而推波……以此兴学，直是灭学，以此尊重女子，直是摧辱女子”①。

章士钊说得很对，1925年的7月18日，他在致蔡元培的信中就说了诸多问题，我看着哪条都对：①教育经费积欠，教员进退都受束缚，遑论改革？②校纪日颓，学绩不举，学生为了旷废方便，要求不考试；若受试，又要求划考试范围，或胁加分数，导致丑迹四播，有考试跟没考试一样。③教授没有切实功夫，复图见好学生，以便操纵，虚应故事，所以内谄学生，外干时事，教风若此，谁乐治学；北京八校，教授多至数百人，年耗库款，少亦二百万元以上，岁终至无百页可读之书、三年可垂之籍……总之，北京想有一个好大学，像伦敦大学、巴黎大学那样的，一百年后都难得。②

问题是说得越对越招人烦，想把教育搞好，还想学英法那样严谨的管理，多影响人家搞革命，于是驱杨运动不用说就改为驱章运动了。

鲁迅这边可以跟党派无关，但却不可以与许广平无关。总之，老夫子毫

① 章士钊：“停办北京女子师范大学呈文”，载于《章士钊全集·第5卷》，文汇出版社2000年版，第104、105页。

② 章士钊：“教育问题——答蔡元培”，载于《章士钊全集·第5卷》，文汇出版社2000年版，第24、25页。

不示弱，他领着五个教师发起一个教师会议，最后议定九名教师和十二名学生组成女师大校务维持会，并在《京报》上刊出了《国立北京女子师范大学教育维持会成立启事》；鲁迅与许广平都被选为维持会委员，两个人终于公开地并肩战斗在一起了！

章士钊一瞧，恼了。别人闹吧，有情可原，你鲁迅闹什么闹？你不知道你是教育部公务员？教育部的决策你不但不执行，还带头违抗？8 月 12 日，这个恼火的司法总长兼教育总长致段祺瑞政府一纸呈文，请求免去鲁迅教育部佥事之职。

同天，北平学生联合会发表《为章士钊杨荫榆摧残女师大宣言》："杨荫榆是章士钊的走狗，章士钊是某军阀（当然是指段祺瑞执政府及其皖系）的走狗，而某军阀又是英日帝国主义的走狗。因此……女师大的问题不仅是一个单纯的教育问题，而且是一个政治问题……女师大的问题不是单纯的北京一隅的问题，更不是女师大一校的问题，乃是全国有关的问题。"①

13 日，"英日帝国主义走狗"、中华民国临时执政府总执政段祺瑞明令批准了"某军阀走狗"章士钊的呈文。14 日，鲁迅的免职令公布了。

虽然大家都骂政府，但也都知道鲁迅那个饭碗是金饭碗。于是，川流不息的同事、朋友、学生都跑到鲁迅家前去慰安了。许广平更是忐忑不安，一个人独自前往，但到鲁迅处，却发现围观者众多，鲁迅更是精气神儿十足，不但没有表现出丢失金饭碗的沮丧，反而土豪似的专门吸着海军牌的名贵好烟跟大家谈笑风生。这让许广平稍稍心安了一些。你说为了自己，让人丢了月薪三百多元的金饭碗，何以为报？

15 日，鲁迅在平政院法官寿洙邻的帮助下，草拟起诉书，打算控告章士钊"滥用职权，擅自处分，无故将树人免职"②。

8 月 17 日，章士钊宣布改组女师大为国立女子大学，并且自任女子大学筹备处处长。

在法日派中坚、国民党元老之一的李石曾运动下，8 月 18 日（这个时候

---

① 袁景华：《章士钊先生年谱》，吉林人民出版社 2001 年版，第 171 页。
② 同上，第 172 页。

北大校长蔡元培不在学校，代理校长蒋梦麟也不在学校），北京大学评议会通过不正常操作，宣布章士钊乃教育界罪人，不承认他为教育总长，以七票对六票通过脱离教育部案（有意思的是，他们只脱离教育部而不脱离财政部，事后给人家财政部发函，说以后给经费，不要通过教育部了，直接给我们就成，财政部也不傻，想得美，谁给你经费呢，我们把你的经费分给其他国立学校，就不给你）。

胡适领着四个可怜的教授向北大评议会抗议：第一，不赞同北大师生卷入政潮与学潮；第二，对于北大评议会事先不征求教职员意见，动不动宣布脱离教育部表示不满！抗议无果。因为20年代的北大评议会基本上是由太炎门生、法日派控制的，再加上他们背后的国民党背景，胡适这帮英美式的真正的自由主义者徒唤奈何！

8月19日，教育司司长刘百昭率领手下和军警到女师大先行接触，为接管女师大做好准备。所谓的准备，就是试图把“北京女子大学筹备处”的牌子挂到校门口，结果“坚守学校的学生把他团团围住，骂他，唾他，把他的绸大褂撕得稀巴烂，使他当场出丑，不得不狼狈逃窜”[①]，挂上的牌子也被学生给摘掉了。

20日上午，刘百昭又来了，据说除了军警，还带了很多流氓（也不知是啥流氓），据说冲进学生宿舍，把学生自治会的文件与书信席卷一空。第二天早上撤离。

8月22日，教育司司长刘百昭又来了，据说这次除了军警，还带了男女流氓——男流氓就不说了，女流氓是雇来的三河县老妈子。据说四个女流氓拖一个女生，终于把刘和珍等13个纯洁女生弄出校门，塞进一辆一辆汽车里，给扔到了报子胡同69号女师大附设的补习学校的宿舍里。许广平本人乘机溜了，据说是跑北平学联汇报去了。

按许广平事后的回忆，鲁迅一时得不到她的消息，急死了。就在此时，有骇人的消息传来：当局准备以两个警察对付一个，将被开除的六名学生押送回原籍。许广平这时才发现，人情比纸薄，平时都支持自己闹事，现在事

① 刘亚雄：“刘亚雄同志谈女师大风潮”，载于《鲁迅研究资料2》，文物出版社1977，第159页。

闹大了，没有人敢接自己留宿了。就在她孤独无助的当口，她的那个他也在找她。准确地说，鲁迅派出了许羡苏，快些给我找到她，于是许羡苏就帮他找到了她。他一见她，就跟她说："来我这里不怕"①！

他当然不怕，后来有警察上门询问，被他打发走了。因为不是他不怕警察，而是警察有些怕他。这种文化名人，轻易惹不得的！当然，如果你真惹了，后面有些组织反而很高兴，他们就怕政府不惹这些大 V 呢！

许广平的以身相报

许广平头脑简单，当然想不到这许多，她只是感激。从此与许羡苏在鲁迅家南屋住下，躲过了最紧张的几天。

8 月 26 日，鲁迅还亲自去医院看望了许广平的同学李桂生。她是在护校时，被刘百昭那边的人打昏的。这也算是国共两党期盼的一个惨案证据吧，若干年后大家才知道她当时已是共产党员。当然，看也不是白看的，当天鲁迅还有两个活动：一个是替亲爱的她拟具状词，让她与李桂生、刘和珍等二十多名造反骨干联名控告教育总长章士钊和教育部专门教育司司长刘百昭等摧残女师大的暴行；一个是与同是太炎门生的朱希祖、国民党政客朱家骅等 40 名教师联名发表《反对章士钊的宣言》，坚决不承认章士钊这个教育总长，算是对前面二十多名女生的控状进行师资力量的声援吧。

由于背后有国共两党的联手支撑，女师大造反师生就在西城南小街宗帽胡同另寻住址，自行设校开课——9 月 21 日举行了开学典礼，鲁迅在会上发表了讲话；学生代表、共产党员郑德音汇报了反杨以来女师大学生运动的经过；这边三四十个学生，那边三百多个学生，但这边底气更足似的，为了表示跟政府脱离关系，他们把"国立北京女子师范大学"中的"国立"二字去掉——早该去掉了，国家解散你了，你顶多算是民立或者私立，咋好意思叫国立？据刘亚雄说，还新招学生三十多人，"录取标准主要看政治态度，并不

---

① 许广平："女师大风潮与'三一八'惨案"，载于《许广平文集·第二卷》，江苏文艺出版社 1998 年版，第 213 页。

拘泥于考试分数”[1]；试题是鲁迅同志出的，并亲往监考，不知是否有给他交白卷，但由于革命态度坚决而被他录取的。

鲁迅为了挺心爱的女生，不但义务授课，还把自己的授课时数增加了一倍——新生三十余名，旧生四十余名，就这么点学生，却编了五个班。估计是研究生班吧，不累才怪呢——为此他于 8 月下旬就病倒了，且病得很重，每天咳嗽、发烧，行动就气急，胃口还不好，人迅速地消瘦下去。鲁迅当年在北京，肺病闹得最重并且躺倒的只有两次，一次是和周作人失和被八道湾赶出的那一回，再一次就是这回了。

许广平的以身相报之心，可能就出在这时期。倪墨炎给的时间更精准，说：“从种种迹象看来，鲁迅与许广平的定情，是在 1925 年的 8 月间。如果要说得更精确些，相互明确表态，是在 8 月 8 日或 9 日许广平躲进鲁迅家南屋到 8 月 14 日章士钊撤去鲁迅职务，这约一星期的时间里。”[2]

老倪搞这种精确定位，跟搞刑侦似的，被吴十洲讥为“未免有刻舟求剑之嫌”[3]。老吴要知道老倪连鲁迅与许广平第一次发生性爱的时间地点都给考证出来了——时间：1926 年初夏；地点：北京西三条鲁迅家的南屋[4]——不知又该何感？

所以我这里还是说些模糊证据吧。

第一个证据，许广平事后给同学写信：“老友尚忆在北京当我快毕业前学校之大风潮乎？其时亲戚舍弃，视为匪类，几不齿于人类，其中惟你们善意安慰，门外送饭，思之五中如炙，此属于友之一面；至于师之一面，则周先生（你当想起是谁）激于义愤（的确毫无私心）慷慨挽救，如非他则宗帽胡同之先生不能约来，学校不能开课，不能恢复，我亦不能毕业，但因此而面面受敌，心力交瘁，周先生病矣。病甚沉重，医生有最后警告，但他本抱厌世，置病不顾，旁人忧之，事闻于我，我何人斯。你们同属有血气者，又与

① 刘亚雄：“刘亚雄同志谈女师大风潮”，载于《鲁迅研究资料 2》，文物出版社 1977，第 159 页。

② 倪墨炎、陈九英：《鲁迅与许广平》，上海书店出版社 2001 年版，第 55 页。

③ 吴十洲：《寻找鲁迅：从百草园到且介亭》，人民日报出版社 2010 年版，第 305 页。

④ 倪墨炎：“关于〈鲁迅与许广平的几个问题〉”，载于《鲁迅的五大未解之谜——世纪之初的鲁迅论争》，东方出版社 2003 年版，第 43 页。

我相处久，宁不知人待我厚，我亦欲舍身相报……”①

这信是许广平1929年怀胎五个月之机给友人写的信，因为有了孩子，不得不跟外界解释他跟鲁迅的事儿。虽然说得很模糊，但可以确信的是，为了这次学潮，鲁迅差点卖了命；许广平无以为酬，只能舍身相报了——别人都是假公济私，只有咱，有点假私济公的嫌疑呢。张爱玲小说《色戒》中的那个女主角王佳芝之所以让我印象深刻，就是其为革命而献身的滑稽与懵懂。你说组织安排革命党女学生色诱汉奸也就罢了，行动前，还得让嫖过娼的革命党男学生在床上先给她开个苞，弄不清是革命揩女学生的油，还是男学生揩革命的油。许广平虽然与王佳芝没有多少可比性，但假私济公的奉献精神都值得一叹。你说你在国共两党的操纵下驱个杨而已，结果把自己也驱出去了，幸亏鲁迅是个大V，不管从身家还是名望上，都不至于辱没许广平，甚至可说是许广平高攀了。但那也只能庆幸，比王佳芝运气好，撞了个大运而已。

另一方面，说鲁迅力挺她们这次学潮，“的确毫无私心”云云，逻辑上、事理上是不对的。若不是因为许广平，鲁迅哪里会这么深度介入？要知道，任何实质性的社会运动，鲁迅向来不会深度介入的。之后一旦许广平成了鲁迅的人，鲁迅不但再不会深度介入，还拉着许广平不让她干了，比如“三一八”惨案，为什么死的是刘和珍、杨德群等人，而不是许广平，就因为许广平要去参加游行时被鲁迅拦住了，说“请愿请愿，天天请愿，我还有些东西等着要抄呢”②；再比如到上海，许广平干脆成了专职家庭主妇，别说运动了，就是去外面找个工作，鲁迅都不让她干的。如果说许广平会假夫济公，鲁迅则绝不会假妻济公——你的革命买卖到此为止，别说我不会再给你卖命了，就是你，也得出走的娜拉，回家给我做饭生娃了！所以说鲁迅毫无私心是不对的。

第二个证据，1925年10月，许广平写了两篇抒情散文，一篇是《同行者》，一篇是《风子是我的爱》。

---

① 鲁迅、景宋：《两地书全编·附录》，浙江文艺出版社1998年版，第610页。

② 许广平：《鲁迅回忆录》，作家出版社1961年版，第17页。

在《同行者》中，许广平说："一个意外的机会，使得佢俩不知不觉地亲近起来。……在社会上严厉的戴着道德的眼镜，专唱高调的人们，在爱之国里是不配领略的人们，或者嫉恨于某一桩事，某一方面的，对相爱的佢俩，也许给予一番猛烈的袭击。然而，沐浴游泳于爱之波的佢俩，不知道什么是利害，是非，善恶，只一心一意地向着爱的方面奔驰。"①

在《风子是我的爱》中，许广平说："风子是我的爱，于是，我起始握着风子的手。奇怪，风子同时也报我以轻柔而缓缓的紧握，并且我脉搏的跳荡，也正和风子呼呼的声音相对。于是，它首先向我说：'你战胜了！'……它——风子——既然承认我战胜了！甘于做我的俘虏了！即使风子有它自己的伟大，有它自己的地位，藐小的我既然蒙它殷殷握手，不自量也罢！不相当也罢！同类也罢！异类也罢！合法也罢！不合法也罢！这都于我们不相干，于你们无关系，总之，风子是我的爱……呀！风子。"②

这些文章就一个意思，俺俩就这样爱了，爱谁谁！

鲁迅什么反应呢？12 月，鲁迅写出了散文诗《腊叶》，文中说，自己灯下看《雁门集》，忽然翻出一片压干的枫叶来，这才想起乃是去年的深秋自己捡的一枚病叶，将它摘了下来，夹在这《雁门集》里，"大概是愿使这将坠的被蚀而斑斓的颜色，暂得保存，不即与群叶一同飘散罢"③。许广平说：这枚病叶是鲁迅自况；鲁迅说：《腊叶》，是为爱我者的想要保存我而作的。看意思，鲁迅还是被动的、应付的、保守的：有小许爱我，为了她，我这个病叶也得自我爱惜，不能急着飘散呢。

不管如何被动、保守、应付，好歹鲁迅接受了！

剩下的就是技术问题了。一句话，在老娘和朱安的四只眼睛底下，鲁迅与许广平咋生活呢？长期这样处于地下状态，那是偷情呢，还是通奸呢？公开吧，又如何公开？把原配妻子朱安踢走？那多不好意思；让许广平做小妾？那多委屈革命女青年！即使鲁迅好意思，许广平愿意委屈，朱安也愿意跟许

---

① 许广平："同行者"，载于《许广平文集·第一卷》，江苏文艺出版社 1998 年版，第 3 页。

② 许广平："风子是我的爱"，载于《许广平文集·第一卷》，江苏文艺出版社 1998 年版，第 105 页。

③ 鲁迅："野草·腊叶"，载于《鲁迅全集·第二卷》，人民文学出版社 2005 年版，第 224 页。

妹妹姐妹相称，和平共处，共侍一夫，同尊共荣，那又如何面对公众？毕竟一个是文化旗手，一个是学潮领袖，大家都是有身份的人！

而且，除了技术，他们也许更需要一些时机？

我们拭目以待！

革命形势大好，不是小好

就在鲁迅与许广平私下定情的当口，革命也形势大好中。

11月，被苏联统战后的冯玉祥率领国民军攻占北京，以李大钊为首的中国共产党北方区委和国民党合作，在苏联的指示下乘机于28日发动所谓的“首都革命”，他们高喊“驱逐段祺瑞”、“打死朱深（北洋政府警察总监）、章士钊”的口号，包围了执政府，并占领了警察总局和邮电局等要害部门，他们甚至想打到段祺瑞家里，但由于没有得到冯玉祥及其国民军的支持，未成。但章士钊的家就倒霉了，前后有两拨人马冲进章士钊住宅，遇物即毁，章士钊本人逃往天津。

30日，鲁迅带领女师大60多名学生，从宗帽胡同出发，步行至石附马大街。据刘亚雄的回忆，当时学校大门口有军警守卫，不让学生进去，门口横挂着“国立北京女子大学”的校牌。同学们把扫帚捆在竹竿上，蘸上墨汁，把这个校牌涂掉，军警过来干涉，学生就用墨汁在他们身上洒，吓得军警张皇躲闪，窘态百出。学生们乘势将北京女子师范大学的牌子挂上，然后闯进了学校。①

看样子，不但军警抵抗不过女师大的革命学生，就是女大也不行，虽然她们有三百多学生——按女大的学生宣言，女师大旧学生不满二百人，一百八十人转入女大，被鲁迅这些公知名流维持的女师大不过二十人。结果却是多数输给了少数，女大不得不另迁它址（第二年八月两校才又合并）。同天，女师大学生自治会发布复校宣言，说：“章士钊用非法手段，突然解散我校。……现在他们竟恶贯满盈，潜逃无踪了。我们为了反抗强权，为了伸张

---

① 刘亚雄：“刘亚雄同志谈女师大风潮”，载于《鲁迅研究资料2》，文物出版社1977，第160页。

公理，为了保全人权，不得不恢复女师大；我们为了援助被压迫的同学，与维持正义与人道，我们不得不取消章士钊所办的监狱式的女子大学，而恢复我们国立北京女子师范大学。"①

这话说得，女师大几十个造反师生，成了女大几百个守纪师生的大救星了。

12月1日，许广平等24名造反女将在女师大校门口合影留念，鲁迅为这张照片题词，题名曰《偕行》，题词曰："民国十四年八月一日杨荫榆毁校，继而章士钊非法解散，刘百昭率匪徒袭击，国立北京女子师范大学蒙从未有之难，同人等敌忾同仇，外御其侮。诗云：修我甲兵，与子偕行。此之谓也。既复校，因摄影，以资纪念，十二月一日。"②

这里替许广平多情一次——我觉得，所谓的"修我甲兵，与子偕行"是单独说给许广平听的。许广平再迟钝，读到这句，心里自然会翻起异样的涟漪。

12月31日，段祺瑞改组国务院，章士钊请辞教育总长的申请终于被批准（1926年2月又被老段力邀为执政府秘书长），改由易培基做教育总长。国民党骨干做了教育总长，当然要力主恢复女师大了，之后更以教育总长亲兼女师大校长，鲁迅挚友许寿裳回女师大做了教务长，他们胜了。用韩石山的话来讲，女师大事件中，"鲁迅一派是胜利了，但也充分暴露了他们自身阵容的涣散，力量的脆弱。他们的胜利，不是凭借平日信奉的道德规范，不是凭借民主的理念与程序，更多的是凭着他们的实力与蛮勇。这是他们这一派，在中国教育界的最后的一次胜利。从此以后，法日派在北京教育界的势力，真如鲁迅讥讽章士钊用错了的那个词儿，是'每下愈况'了。"③

问题是法日派不这么看，正兴头上呢。1926年1月13日，鲁迅代表校务维持会欢迎新校长就职，说什么"是本校更进于光明的路的开始"④。

光明个啥呢？学生要给革命党送死了。因为革命党占领了女师大，女师

① 李何林：《鲁迅年谱·增订本·第二卷》，人民文学出版社2000年版，第258页。
② 袁景华：《章士钊先生年谱》，吉林人民出版社2001年版，第189页。
③ 韩石山：《少不看鲁迅，老不看胡适》，陕西人民出版社2012年版，第142页。
④ 李何林：《鲁迅年谱·增订本·第二卷》，人民文学出版社2000年版，第274页。

大自然要做革命的急先锋，正如许广平女师大四年同桌吕云章的回忆，革命党的宗旨就是鼓动学生“制造惨案”呢。[①] 于是第二年，也就是1926年，“三一八”惨案发生！许广平的革命战友、鲁迅的好学生刘和珍君牺牲了，女师大同死的学生，还有杨德群（死前三个月才加入的国民党），两人携手一扫黄花岗没有妇女的空白。

至于许广平本人，如前所述，“三一八”这天，她去看“嫩棣棣”，并说了游行的事；“嫩棣棣”不让她去，所以刘和珍挨弹的时候，她这个“愚兄”正在“嫩棣棣”家里给其抄书呢！

关于鲁迅起诉章士钊的案子，“三一八”惨案后不久，也就是1926年3月23日他收到了裁决书，胜诉；3月31日，国务总理贾耀德签署了给教育总长易培基的训令，撤销对鲁迅的免职处分。

不过，案子胜诉了，其他麻烦来了。先是五个“暴徒首领”，也就是国共两党的李石曾、易培基、李大钊、丁惟汾、徐谦等被通缉，后是4月9日的《京报》刊出一篇《三一八惨案之内幕种种》，文末附有一份48人的黑名单，鲁迅列名第21。[②] 事实上前面那五个“暴徒首领”是公开通缉的，鲁迅等人的名单则更像谣传。但即使是谣传，大家也要躲的。只不过，北京政局变化太快，4月10日，国民军首领冯玉祥发动政变，把自己上次政变扶上台的段执政又赶下台了；4月17日，奉直联军开进北京，冯玉祥的国民军跑了，奉军又按自己的好恶逮记者、抓教授——所谓的好恶，就是奉军进京的目的主要是讨赤，也就是讨亲苏的正合作北伐的国共两党，总之，跟“三一八”惨案本身没有啥直接关系，而鲁迅本人更没有躲的必要，当然了，军阀混战或者说自己心虚，躲躲也是可以的。林语堂躲的当口发现了好的去处，那就是好友林可胜的父亲林文庆在厦门大学做校长，经林可胜联系，林文庆欢迎林语堂前往厦大做文科学长。林语堂邀请鲁迅同往，鲁迅答应了，但他要求林语堂先走，他随后跟进。他没有告诉林语堂，他要等自己的小亲亲许广平毕业，毕业后俩人一块儿走！

1926年5月，林语堂到厦门大学做了文科主任兼国学研究院秘书。经他

---

① 吕芳上：《从学生运动到运动学生》，台湾地区近代史研究所1994年版，第234页。

② 吴海勇：《时为公务员的鲁迅》，广西师范大学出版社2005年版，第268页。

推荐，厦大自7月起聘请鲁迅为文科国文系教授兼国学研究院研究教授。7月底，尚在北京的鲁迅收到了厦大寄来的当月薪水400元，另附100元的差旅费。与此同时，已经毕业的“害群之马”许广平经表叔陈向庭推荐，出任广东女子师范学校训育主任一职。

1926年8月26日，鲁与许同车离京赴沪；又于9月1日，同天分登开往厦门和广州的轮船，他们南下了。这就是传说中的私奔吧？

私奔对于他俩来讲，是最好的选择。只不过，不管是之前的鲁、许两人，还是现在的鲁研界，都喜欢把这次私奔罩上一层政治的色彩：说什么段政府的压迫——人家段4月就下台了，就是没下台的时候，也没见咋压迫你啊；说什么张作霖的黑暗——南下前你们师生朋友间迎来送往、请吃送喝，一片桃红，哪有黑暗的阴影？说什么向往南方的革命——厦门哪里是革命地区啊，要革命怎么着也应该陪着许广平直奔广州。

总之，与其说是北洋政府的压迫，不如说是家里一妻一娘的压迫，恰好“三一八”事件后的政局变动，给他们一个冠冕堂皇的借口，所以走异地，寻异路，去寻求别样的生活，成为他们的最佳选择。这叫曲线救情，也就是离老婆、老娘远远的，小许才能蹭身边。具体技术上怎么操作，他们也没有固定的想法，而且也不好意思一步到位，只有一个大致的约定，就是“分头苦干两年”再说。① 所谓的再说，就是走着瞧。以现在的眼光就是打篮球的三步上篮：北京——厦门——上海，进球！欧了！

问题是，一个闷骚半辈子的文化大师，与一个新潮的大龄学运女生，能分开两年之久吗？

许广平守不住，鲁迅也成了怨男

事实上，两人刚分手，许广平就表示守不住了，而鲁迅也有了一日不见如隔三秋的怨男忧伤。

许广平的信跟在北京大不相同，称呼变成了“my dear teacher”，署名变

---

① 许广平：“欣慰的纪念”，载于《许广平文集·第二卷》，江苏文艺出版社1998年版，第17页。

成了“your H. m”，信中内容更是坦白直率：“临行之预约时间，我或者不能守住，要反抗的”；“晚间妹妹们又领我上街玩，但总是蓦然一件事压上心头，十分不自在，我因想，一年的日子，不知怎么样？”① 回忆录里许广平写的是两年的约定，可这信里却变成一年了。我取信后者。两年，也太开国际玩笑了，不管从哪方面来讲，他们都会速战速决的！

鲁迅的信则牢骚满腹：“未开学之前，却又觉得太闲，有些无聊，倒望从速开学，而且合同的年限早满”；“此地四无人烟，图书馆中书籍不多，常在一处的人，又都是‘面笑心不笑’，无话可谈，真是无聊之至。”② 相对于许广平的坦率直白，鲁迅这是委婉表达吧？

9 月 14 日鲁迅致许广平的信中，透露一个重要信息，就是在上海，老三建人送他上船前，两人谈了许多话：鲁迅与许广平的事，“据说伏园已经宣传过了（怎么这样地善于推测，连我也以为奇）。所以上海的许多人，见我的一行组织，便多已了然，且深信伏园之说。建人说：这也很好，省得将来自己发表。”③ 鲁迅这么说，是想告诉许广平，俺家老三建人也接纳你了吗？

9 月 23 日，许广平致鲁迅的信中，接住了鲁迅希望“合同年限早满”的球，只不过她把球又踢回来了，她问：我亲爱的老师，你为什么希望“合同的年限早满”呢？你是感觉着诸多不习惯，又不懂话，起居饮食不便吗？如果的确对身子不好，甚至有妨健康，则不如失约，辞去的好。然而，你不是要“去做工”吗？你这样的不安，那怎么可以安心做工！你有更好的方法解决没有？或者要我帮助的地方亦不妨通知，从长讨论。④

许广平的意思很明白，我们这样两地干熬着也不是个事儿，亲，你有啥好法没？要从长计议啊！

结果两人计议了 4 个月零 11 天——鲁迅 1926 年 9 月 4 日到的厦门，1927 年 1 月 15 日离开。这期间两人书信不断，相形之下，倒是鲁迅抱怨多了些，

---

① 鲁迅、景宋：《两地书·原信：鲁迅与许广平往来书信集》，中国青年版出版社 2005 年版，第 95 页。

② 同上，第 103 页。

③ 同上，第 105 页。

④ 同上，第 113 页。

不外厦大这边没意思。

比如，国学院请我鲁迅也就罢了，居然还请一个自称只佩服胡适和陈源的顾颉刚之流，顾又推荐很多人，这不都成现代评论派的人了吗？烦死了——你看看，鲁迅哪里遭遇什么政治压迫？全是人事上的好恶。人家现代评论派的、英美式的真正的自由主义者都不烦你，你瞧你烦的！有机会要不要焚了他们的书、坑了他们的人？

比如，住处离便所有一百六十步，天一黑，他就不去便所小便了，就在楼下的草地上了事，后来发现草地上有蛇，虽然大概无毒，但是天一黑，他也不愿意上草地小便了，就解到唾壶里，瞅准外面没人时，从窗口泼下去——厦大的花花草草可有福了，厦大校园风景好，跟当年大师的这种随地小便与空中泼便肯定脱不开干系！我儿子的一个女同学最喜欢厦大，高考时，姑娘准报这个学校，我儿子都想跟着报呢。到时候我给儿子讲讲这个典故！

比如，厦大校长不但尊孔，校风也是有钱才有发言权的，而且还天天撵着大家出科研成果，问履历、问计划、问著作、问成绩——尊孔也不是什么不道德的事，个人信仰；再说人家一个民办私立大学，没有钱咋办呢？就说你自己，没有400大洋的月薪，你去吗？去了还讨厌人家要科研成果。你以为人家民办校长是民国教育总长章士钊，私立大学是民国国立八校，对混饭吃的束手无策，对懒汉用财政拨款干养着啊！

总之，要找厦大的毛病，鲁迅能找出一大堆，但是对大师来讲，这些困难都可以克服，唯独身边缺个啥不能克服，以至于鲁迅给许广平写信说：“有人看见我这许多器具，以为我在此要作长治久安之计了，殊不知其实不然。我仍然觉得无聊。我想，一个人要生活必须有生活费，人生劳劳，大抵为此。但是，有生活而无‘费’，固然痛苦；在此地则似乎有‘费’而没有了生活，更使人没有趣味了。我也许敷衍不到一年。”[①] “我之愿‘合同早满’者，就是愿意年月过得快，快到民国十七年，可惜到此未及一月，却如过了一年了。……总有些无聊，有些不满足，仿佛缺了什么似的。”[②]

---

① 鲁迅、景宋：《两地书·原信：鲁迅与许广平往来书信集》，中国青年版出版社2005年版，第118页。

② 同上，第125页。

当然是缺了许广平。鲁迅信中最多情的表示，估计就是无聊时“默念HM”或“默见某君”了，所以许广平回信中也会表示：“你能静坐默念OO吗？他也喜欢默念，时间是睡不着和早上醒来为多。”①

这就是传说中的相思病吧？

有意思的是，抱怨身边缺个“她”的同时，鲁大师也自我开涮起来了，说：“听讲的学生倒多起来了，大概有许多是别科的。女生共五人。我决定目不斜视，而且将来永远如此，直到离开厦门和HM相见。”②

不知道那五个女生是谁，不过里面肯定不包括萧红。鲁迅这也算是给许广平表的一个态吧，情人眼里出那个啥，除了广平兄，其他女生就不值得他老先生瞅一眼了。

许广平写信说：“厦大情形，闻之令人气短”，广大改名中山大，校长是戴季陶，要不鲁师来广州试试？③

可以试试。私奔了一回，两个人却奔两个裤腿里了。多别扭！

10月15日鲁迅写信说：“我的离开厦门，现在似乎时机未到，看后来罢。其实我在此地，很有一班人当作大名士看，和在北京的提心吊胆时候一比，平安得多，只要自己的心静一静，也未尝不可暂时安住。但因为无人可谈，所以将牢骚都在信里对你发了，你不要以为我在这里苦得很。其实也不然的。身体大概比在北京还要好点。”④ 大师的矜持再次显现，广平兄我虽然想你，但是厦门还是不错的！

10月16日鲁迅的信件却口气大变，原因很简单，他又想起厦大净聘胡适、陈源之流的事了，“所以我现在很想至多在本学期之末，离开厦大。他们实在有永久在此之意，情形比北大还坏。”⑤ 大师这脾气，别说政敌了，看不惯的，一概不能共居一片天空下！

许广平10月18日的信中说，中山大学停一学期再整顿开学，你如有

① 鲁迅、景宋：《两地书·原信：鲁迅与许广平往来书信集》，中国青年版出版社2005年版，第167～168页。

② 同上，第126～127页。

③ 同上，第133页。

④ 同上，第145页。

⑤ 同上，第146页。

意，来粤就事现在设法也是机会。[①] 10 月 22 日的信中说，中山大学全行停学改办，委员是顾孟余、戴季陶、徐谦、朱家骅、丁维汾等，如果他们聘你的话，你不妨试一下，重新制造，未始不佳。我看你在厦门那里实在勉强。[②]

10 月 27 日的信，许广平又把中大与厦大作了比较，说“中大易发展，有希望，因交通便，民气发扬，背后有政府帮助，周围北大毕业人多，势力大，又为各省注意的新校。如下期不在厦大，此处诚意请来，可否一试，但薪未必多于厦大，而生活应酬多且贵，不似厦大的闭关，以旅行的办法设想，一面教人，一面玩，或者可以，且思想上言论界受政府监督完全左倾，共产书与人，在此明目张胆，来此看看也好玩。”[③]

不但许广平在向鲁迅招手，就连“左倾”，共产书与人，都在向鲁迅招手！

不过，可能是提前拿了厦大的高薪，以及不愿意违背林语堂当初的一片厚意，鲁迅在随后的信中表示了“暂不赴粤”，“年底去也还不迟”的意思。[④]许广平对此表示理解：“你暂不来粤也好，我并不决欲耸拥（应该是“怂恿”，不过我觉得许广平错用一个“拥抱”之“拥”，错得真好，贴切）你来，不过听说厦门情形，我怕你受不住人家气，自己独自闷着，无人在旁慰籍耳。”[⑤]

11 月 15 日，鲁迅致信许广平，说中大的聘书终于来了，月薪 280 元，但他最担心的是广州的那个她，前一阵子写信说，可能前往汕头工作，那么他去广州，与现在厦门何异？还有，此后能走什么路，他实在难以下决心，请求许广平“给我一条光”[⑥]。

同天晚上，估计是看了广州《民国日报》有关中大聘鲁迅为文科教授、

---

① 鲁迅、景宋：《两地书·原信：鲁迅与许广平往来书信集》，中国青年版出版社 2005 年版，第 148 页。

② 同上，第 155 页。

③ 同上，第 152 页。

④ 同上，第 156 页。

⑤ 同上，第 177 页。

⑥ 同上，第 196 页。

鲁迅已应允且不日赴粤的消息，许广平致信鲁迅，说你若来中大，一定比在厦大忙，而且中大的薪金教授不外是二三百小洋的月薪。但她表示，若鲁迅来中大，她就待在广州做事；若鲁迅在厦门，她才愿意选择汕头；她要求鲁迅，“最好你有定规，我也着手进行”①。总之，决定权在你手里，你的行动，决定了我的行止，我是你的小星星！

11 月 16 日晚上，许广平致信鲁迅：亲，我这边的工作也干不长了，“你愿否我到厦一次，我们师生又见见再说，依你这七，八，九几天的心情，似乎有一个深了解你的来填一填你的空虚，——否——或者说，另以一杯水，换去一杯酒才能振作起你来，但是，还请你决定一下通知我”；“我好久有一套话，要和你见面商量”；你老觉得别人都对不住你，可是“你敢说天下间就没有一个人矢忠尽诚对你吗？有一个人，你就可以自慰了，你也可以由一个人而推及二三以至无穷了”②。一句话，你有我还不够吗？我去厦门慰安你一下行不？我有好多话要跟你说呢！

11 月 18 日，鲁迅致信许广平，说自己决定要走了，为了林语堂的面子，会坚持到学期结束；至于到何处，一时难定，总之无论如何，年假中总要到广州走一遭，即使无啖饭处，厦门也决不居住的了。关于许广平的工作，他说他会关注一下，看中大女生指导员有没有缺额什么的。③

11 月 20 日，还是鲁迅致信许广平，说 280 元的月薪，我不计较这一层，实收百余元，对我就够用了。④ 看来，鲁迅的心早就飞往广州了，其他的都顾不上了。

除此之外，鲁迅还很难得地在信中表了两回情。一则是：“学期结束也快到了。况且我的心也并不‘空虚’，有充实我的心者在”。一则是：“至于有一个人，我自然足以自慰的，且因此增加我许多勇气，但我有时总还虑他为我而牺牲。并且也不能‘推及一二以至无穷’，有这样多的吗？我倒不要这样

---

① 鲁迅、景宋：《两地书·原信：鲁迅与许广平往来书信集》，中国青年版出版社 2005 年版，第 198 页。

② 同上，第 202 ~ 203 页。

③ 同上，第 206、205 页。

④ 同上，第 207 页。

多，有一个就好了”①。鲁迅这是表示，慰吾心者，广平兄也，我拥有一个广平兄就足够了。

11月22日，许广平写信，专门谈了两个人的关系如何解决的问题。她说，你叫我给你一条光，我自己还是瞎马乱碰，何从有光，何况我不是局外人，还是世人，难免顾虑自己，难于措辞啊。不过事到如此，也没法了，直接跟你说吧——许广平说了一大堆，我这里给她挑出重点吧。

第一，“你的苦了一生，就是一方为旧社会牺牲，换句话，即为一个人牺牲了你自己，而这牺牲虽似自愿，实不啻旧社会留给你的遗产，听说有志气的人是不要遗产的”。

第二，“你自身是反对遗产制的，不过觉得这份遗产如果抛弃了，就没人打理，所以甘心做一世农奴，死守遗产，然而一旦赤化起来，农奴觉悟了，要争回自己的权利……我们是人，天没有叫我们专吃苦的权力，我们没有必受苦的义务。……我们是人，天没有硬派我们履险的权力，我们有坦途有正道为什么不走，我们何苦因了旧社会而为一人牺牲几个，或牵连至多数人”。

第三，“我们打破两面委曲忍苦的态度，如果对于那一个人的生活能维持，对于自己的生活比较站得稳不受别人借口攻击，对于另一方，新的局面，两方都不因此牵及生活，累及永久立足点，则等于面面都不因此难题而失了生活，对于遗产抛弃，在旧人或批评不对，但在新的，合理的一方或不能加任何无理批评，即批评也比较易立足……事实上，遗产有相当待遇即无问题”。

第四，“至于做新的生活的那一个人，照新的办法行了，在党一方不生问题——即不受党责——在生活一方即能继续……而且那么办立时什么都可以做，不必候至民国十七年。但这办法对于家庭——母亲——将有什么影响？应不应该硬做或有什么更妙方法做去，这都待斟酌”。

第五，“上面所说，也是为预防攻击而先找地步解说，如果不因攻击妨及

---

① 鲁迅、景宋：《两地书·原信：鲁迅与许广平往来书信集》，中国青年版出版社 2005 年版，第 208 页。

生活，即可不顾一切，没有问题了”。

第六，“我的话是那么直率，说了有什么煽动的嫌疑？因你向我问，只好照此说去，还愿你从长讨论才好。”①

下面我把这一大堆翻译一下吧。

第一，朱安就是旧社会留给你的遗产，有种的男人谁要遗产呢？

第二，翻身农奴求解放，你得觉悟啊，何况为了一个遗产，牺牲好几人的幸福呢，值吗？

第三，从旧的方面说，抛弃遗产不对，但从新的方面说，也没啥可批评的，事实上，遗产有相当待遇即无问题，不就一个生活费吗？

第四，至于我，按新办法就行了，我们党组织也不管我的，咱也不用等到预定的 1928 年了，那什么，只要你娘不反对就成，如果你娘反对，我们是硬做呢，还是想个更妙的办法呢？你考虑下。

第五，有些考虑也是为了预防别人攻击，如果他们的攻击妨碍不了我们的生活，那我们就可不顾一切了，爱谁谁！

第六，我这人说话直，你可别怀疑我在煽颠，你问了我也没法不说，那什么，还愿你从长讨论为好！

确实是在煽颠。女方不怂“拥”，男方哪敢上啊。

11 月 28 日，鲁迅针对许广平的煽颠，对自己作了深刻的批评与自我批评：“我一生的失计，即在历来并不为自己生活打算，一切听人安排，因为那时预计是生活不久的。后来预计并不确中，仍须生活下去，于是遂弊病百出，十分无聊。后来思想改变了，而仍是多所顾忌，这些顾忌，大部分自然是为生活，几分也为地位，所谓地位者，就是指我历来的一点小小工作而言，怕因我的行为的剧变而失去力量。但这些瞻前顾后，其实也是很可笑的，这样下去，更将不能动弹。第三法最为直截了当，其次如在北京所说则较为安全，但非经面谈，一时也决不下。总之我以前的办法，已是不妥，在厦大就行不通，所以我也决计不再敷衍了，第一步我一定于年底离开此地，就中大教授

① 鲁迅、景宋：《两地书·原信：鲁迅与许广平往来书信集》，中国青年版出版社 2005 年版，第 212 ~ 214 页。

职。但我极希望那一个人也在同地，至少也可以时常谈谈，鼓励我再做有益于人的工作”。那什么，“离开此地之后，我必须改变我的农奴生活”[1]。

鲁迅的信，透漏一个重要的信息，两个人在北京就商量了比较安全的方法，但是不管啥方法，以前的方法不适用了，现在我豁出去了！广平兄你可要在广州等我，翻身农奴，我要求解放了！

11 月 30 日，许广平致信鲁迅，说：“汕头我未答应去，决意下学期仍在广州，日来中央政府移至武昌，我的心又飞去好几次，但一‘默念’，总是决定不去，无论如何，我想抵抗物质压迫，试试看是它胜过我，还是我打倒它。”[2]

这次是许广平表情了。在此之前，鲁迅对许广平做政客、去汕头表示了不屑，但在听说厦大方面不愿意放自己，担心年底辞职不得脱，可能还得在厦大再呆大半年之后，他在 26 日的信中又告诫许广平“这大半年中，不如不以我之方针为方针，而到于自己相宜的地方去”[3]。问题是许广平对自己的分析是：我现在学校教三民主义，就够难了；若改行教国文，我连字都不认识，更难了；做学校的管理职员，又忙得没有休闲时间……总之，进学界，学识不够，不需要学识的，我又嫌忙；进政界，智商不够，我这傻脾气性格也应对不来。那什么，如果你愿意我去中山大学做女生指导，那我就去，我听你的。[4]

我听你的结果，就是许广平这次信中的表白了：汕头俺不去了，俺决定留在广州；你可不知道，国民政府移都武汉，俺的心飞过去多少次，可是一“默念”你，俺心就收回来了——瞧瞧，为了你，俺政治前途与经济前途都放弃了！

学潮女领袖假装不知道，傍上鲁迅，啥前途都会有的，还省了自己打拼！

---

① 鲁迅、景宋：《两地书·原信：鲁迅与许广平往来书信集》，中国青年版出版社 2005 年版，第 220、221 页。

② 同上，第 222 ~ 223 页。

③ 同上，第 214 页。

④ 同上，第 217 页。

鲁迅惹恼了广平兄

可以说，至少在同居前，鲁迅与许广平之间很少发生误会的，恋人之间的生气更是没有的。但是，事情总有例外。这次，鲁迅终于把广平兄给惹恼了。

事情首先是信件往来的落差导致的——厦门、广州，可不比当年的北京同城，当初在北京，基本上是你一来我一往，单线推进，双方不容易产生误会。厦门、广州则不行了，不是一直收不到信，就是一接两三封。一来二去，三来四往，误会就容易产生。还有就是鲁迅本人的优柔寡断和患得患失——你说11月30日的信中人家许广平情都表了：亲，俺留广州等你呢！事后却又收到鲁迅26日那封不要以我方针为方针，你有合适的地方你就去的信，热脸碰个冷屁股，这让许广平有些恼，于12月2日致信鲁迅说：

第一，“所谓‘社会事业’者，不过说破不值一文钱，你愿我终生被播弄于其中而不自拔？而且你还想因此仍忍受旧地方的困苦无生趣之境地以玉成我做‘社会事业’吗？我着实为难，如果我说不肯做‘社会事业’下去，或者会影响到别人行动，我说还是做下去，也不见得有好处，横竖都是为难，我自己没有‘方针’，‘相宜的地方’是找不好，或者有，但现时又不能实现。”（大女生确实恼了，有些赌气呢，我没有合适的地方去，也没有啥方针，我就这了）

第二，“五分之三已如此非人生活，再勉强下去，能保没有发生别的意外吗？单独为‘玉成’他人而自放于孤岛是应当的吗？我心甚乱，措辞多不达意，又恐所说又令你生新的奇异感想，不写几个字，又怕在等看信，我觉得书信的传递实在讨厌，费时而不能达意于万一。”（你成瓷器了啊，我一直小心轻放的。不给你写信，怕你等着看；给你写信，又怕你多想。说什么这一学期已经这样过了五分之三，这种非人生活，你还想继续过啊；你就愿意流放孤岛玉成他人啊，你就不怕中间出个岔子鸡飞蛋打啊）

第三，“广大自然也不是理想的比较可栖身的地方，所以说到你要仍在厦大，我也难以多说。”（中山大学也不理想，你爱来不来，姑奶奶我才懒

得管呢）

第四，“但我仍觉文字不能代表思潮，究竟行止如何，在如果问到我的话，我想还是见面畅谈较得详尽。”（字不尽意，实在不行，咱见个面吧，求您了，老师）①

需要指出的是，许广平这是白恼。因为鲁迅26日后面的信，又都是表示要离开厦大呢。

写于28日发于29日的那封，他郑重其事地向许广平表示，翻身农奴我要求解放了，那什么，广平兄，我再也不敷衍了，第一步我一定于年底离开此地，就中大教授职。我极希望你也在同地，至少也可以时常谈谈，鼓励我再做有益于人的工作。②

写于12月2日夜半并发于夜半（已是3日了）的那封，除了表态年底要上广州中大外，还建议许广平还是教书的好，且自己可以教授她日文，反抗就打手心云云；更重要的是，还难得地表了两下情：第一，你邮来的包裹我已经取来了，你织的背心我已穿在小衫外，“很暖，我看这样就可以过冬，无需棉袍了”。第二，“计算起来，我在此至多也只有两个月了，其间编编讲义，烧烧开水，也容易混过去。何况还有默念，但这默念之度常有加增的倾向，不知其故何也，似乎终于也还是那一个人胜利了”③。

写于12月3日下午的那封，说自己近日吸烟太多，吸得手都有些抖了，想起在北京，因为吸烟之故令你不高兴，心里很难受，感觉自己脾气真坏，那什么，“但愿明年有人管束，得渐渐矫正，并且也甘心被管，不至于再闹脾气的了。”④

12月6日，鲁迅终于收到了许广平12月2日表示恼怒的那封信，他当夜即回信解释说：我有什么“奇异感想”，不就是怕“害马”你做了我的牺牲吗？我可没有叫你混政界终身被播弄于其中的意息，当初仅以为在社会上阅

---

① 鲁迅、景宋：《两地书·原信：鲁迅与许广平往来书信集》，中国青年版出版社2005年版，第224页。

② 同上，第220页。

③ 同上，第225～226页。

④ 同上，第227～228页。

历几时，可以得较多之经验而已；你以为我愿意将“害马”卖掉，自己在孤岛中咀嚼寂寞，就足以自慰自赎了啊。唉，26 日那天信中的话，已过去了，不必多说了，到年底就成我们闲谈的材料了。①

从许广平 12 月 6 日午三时的信中，我们可以发现，大女生拨云见日重开颜了，因为她收到了鲁迅写于28 日发于29 日的那封信和写于 12 月 2 日夜半并发于夜半（已是 3 日了）的那封信，于是恋爱女生的娇憨之态复萌了。

第一，来广州自然是欢迎的，但是以毒攻毒，你得给我讲卫生（不洗脚不叫上床啊）。

第二，不是要教我日文嘛，那好，教人要有方，光“善诱”是不行的，须有相当对待啊（小鲁子你可以跪安了）！

第三，穿上我给你织的背心，就认为很暖，可以过冬而无需棉袍了？真是傻孩子啊，冷了还是要加棉袍、棉袄的，你知道不（他不知道）？

第四，“‘默念增加’，想是日子近了的缘故，小孩子快近过年，总是天天吵几次，似乎如此，你失败在那一个人手里了吗？你真太没出息了”（广平兄成了你过年领的糖豆了？确实没出息）②。

可以说，鲁迅太不了解恋爱女生的心态了，或者说这场爱情攻坚中，虽然许广平一直取进攻之态，但最后是否能打胜仗，还在鲁迅的一念之间，因为鲁迅才是市场销售终端。一句话，他收纳许广平，许广平才算胜仗；他不收纳，许广平就算完败。问题是鲁迅到这个时候了，还跟人家大女生玩客气，表矜持，什么不愿意耽误你前途啊，不愿意你做牺牲啊。啊呸，人家都贴上来了，你收人家不收，一句话的事，你个大老爷们儿就不能主动点？强硬点？只不过，大老爷们儿刚主动一点，有那么一点表示，大女生就顺竿子爬上来了：离了我你还是不能行吧？没出息啊没出息！那什么，以后一切行动听我指挥，想教我日文，就对姑奶奶放尊重点！

从许广平 12 月 7 日晚九时的信中，我们可以发现，大女生收到了鲁迅写于 12 月 3 日下午的那封，更开颜了。她在信中说，你 11 月 26 日那一封，我

---

① 鲁迅、景宋：《两地书·原信：鲁迅与许广平往来书信集》，中国青年版出版社 2005 年版，第 230 页。

② 同上，第 232 页。

收到后于12月2日作复，“因你的信似乎有点变态不安定而故作安定，所以我二日的信也似乎激些，现接最近三信，没问题了，不必挂念，或神经过敏。”①

这算是解释加道歉吧？

总之，厦门与广州之间的信件来往落差及鲁迅的一次患得患失加优柔寡断，引起了许广平的恼怒，但这恼怒现在彻底消解了。还是那句话，许广平是进攻的姿态，但恋爱的主动权始终操控在鲁师手里。大师给点阳光，大女生才能灿烂！在12月12日的信中，我们可以看到大女生对鲁迅所谓不愿他人做牺牲的解释。她说：人不是动物，“这一方出之爱护，那一方出之自动愿意，则无牺牲可言，其实天下间即无所谓牺牲”。一句话，俺愿意牺牲，你个大老爷们儿一直客气什么！有钱难买乐意，你说三尺童子都知道的事，你个三尺多的小孩子反不知道，当记打手心十下于日记本上！②

同天，鲁迅的信难得的如此情趣：“此地冷了几天，但夹袍亦已够，大约穿背心而无棉袍，足可过冬了。背心我现穿在小衫外，较之穿在夹袄之外暖得多，或者也许还有别种原因。我之失败，我现在细想，是只能承认的。不过何至于‘没出息’？天下英雄，不失败者有几人？恐怕人们以为‘没出息’者，在他自己正以为大有‘出息’，失败即胜利，胜利即失败，总而言之，就是这样，莫名其妙。置首于一人之足下，甘心什倍于戴王冠，久矣夫，已非一日矣……”③

信里信外透漏两个意思：第一，贴身穿你织的棉背心，真他妈的暖和啊，冬天真不用穿棉袄了；第二，英雄难过美人关，拜倒于你的石榴裙下，比戴王冠还要甘心十倍！

我似乎听到了许广平咯咯咯的笑声——胜利的笑声，拿下鲁迅，比拿下杨荫榆要爽多了吧？

12月15日，许广平致信鲁迅，说广东女师的训育主任自己不干了，辞职

① 鲁迅、景宋：《两地书·原信：鲁迅与许广平往来书信集》，中国青年版出版社2005年版，第235页。

② 同上，第239页。

③ 同上，第243页。

回家!

确实不用干了，鲁师要来了。

之后就是好消息不断了，12 月 22 日，孙伏园写信给鲁迅：亲爱的老师，我今天见着朱家骅先生了，你不知道，他给你开的工资是月薪 500 大洋哪，且定名为正教授，现在全校就您一个人是这待遇哪；至于许广平君的工作，我也给朱家骅说了，他说若许广平从广东女师辞了，则中大的工作好说，履历我已大约开给他了。[①]

不知是孙伏园的活动，还是鲁迅的身价，或者说广州是革命根据地，中山大学是国民党控制的大学，总之，它最后给鲁迅提供的待遇是：许广平被聘为鲁迅的助教，鲁迅本人月薪大洋 500 元。

鲁迅月薪比厦大高出 100 元，至于许广平的助教，啧啧，组织上知道鲁许关系了吧，这应该是公开的承认与照顾了（怪不得恁多人都愿意靠近组织呢）——许广平给鲁迅的信中说，我问亲戚了，他说中大的文科助教等于挂名，以前是薪水约可百元，也能偷向他校授课，是清闲美缺，二年助教可升讲师，再升……。[②] 这条件，傻瓜才不愿意呢。

1927 年 1 月 18 日，鲁迅打进了广州，入住宾兴旅馆，当晚就去高第街的许家看了许广平。从 1926 年 9 月 1 日分手，到 1927 年 1 月 18 日相见，整整 4 个月零 17 天，情人相见，分外眼绿，只可惜当着许家恁多人的面，俩人也没法亲昵。

第二天，鲁迅入住中山大学大钟楼，作为助理的许广平就每天过来整理打扫房间，亲爱的又在一起了。

可能是被兴奋激的，2 月 4 日，鲁迅、许广平、廖立峨（鲁迅学生）共游了一次越秀山，老夫聊发少年狂，估计是想在小亲亲面前表现自己还不算太老，尚能跳高，鲁迅从高处跳下，可惜天公没有成人之美的意思，让先生跌伤了脚。

鲁迅的推荐下，2 月 20 日，好友许寿裳来中大报到了，做中大预科教授，

---

① 鲁迅、景宋：《两地书·原信：鲁迅与许广平往来书信集》，中国青年版出版社 2005 年版，第 263 页。

② 同上，第 271 页。

并住到了鲁迅的屋里。这家伙，理直气壮地给人当电灯泡。当然，鲁、许现在也需要一个电灯泡。

开学后，鲁迅既做文学系主任，还兼教务长，忙啊，加之前来拜访的客人络绎不绝，鲁迅表示受不了；3 月底，三个人又到校外租房去了，三室一厅，鲁迅、许广平、许寿裳各住一室。这个许寿裳，与其说是电灯泡，不如说是鲁、许二人的掩体呢。有他掩护着，鲁、许二人这小日子过得甜滋滋的，两个人再也不用叫唤无聊了、缺啥了什么的。问题是，继上海的“四一二”事件后，广州又发生了“四一五”事件，眼看着自己亲近的共产党学生一个一个被逮被杀，鲁迅表示受不了；更受不了的是，听文学院院长傅斯年说，他的那个北大同学，鲁迅眼里胡适、陈源之流的顾颉刚也要来中大，气得鲁迅大喊，他来我就走！

4 月 21 日，鲁迅辞去了中山大学的一切职务！中山大学挽了三挽，鲁迅又推了三回！主流学者喜欢说，鲁迅离开中大也是政治问题，国民党镇压共产党呢。鲁迅 1927 年 5 月 30 日致友人的信，直接扇这些学者的脸：“事太凑巧，当红鼻到粤之时，正清党发生之际，所以也许有人疑我之滚，和政治有关，实则我之‘鼻来我走’与鼻不两立，大似梅毒菌，真是倒霉之至之宣言，远在四月初上也。”①

一句话，什么狗屁政治问题，没有，我就是由于个人恩怨，太瞧不得那个红鼻子顾颉刚了才走的。

同居就是同居

6 月 5 日，与鲁迅一块辞职的许寿裳离开了广州，鲁迅与许广平依然居住在租屋里。一者是鲁迅想整理一些译稿，二者是二人还没想好去哪里。9 月 18 日，两人整理东西，准备赴沪。9 月 27 日，鲁迅挽着许广平从广州动身，10 月 3 日到达上海，暂寓共和旅馆；10 月 8 日，两人从共和旅馆搬入景云里

---

① 鲁迅：“书信 · 致章廷谦”，载于《鲁迅全集 · 第十二卷》，人民文学出版社 2005 年版，第 34 页。

23 号，开始了同居的日子。

这总算进球了吧？

不！

也不知俩人咋想的，总之，这种同居起初也不是公开的：鲁迅住二楼，许广平住三楼，更关键的是，鲁迅二楼的住处，放的还是单人床！对外宣称则说许广平是帮鲁迅校对文稿的助手——助手待遇不低，不但住到了鲁家，亲朋好友宴请鲁迅时，也都知道同时邀上许广平作陪，鲁迅的一些学生甚至戏称许广平为师母了。问题是，到了 1928 年 7 月，当在杭州工作的章川岛、许钦文邀请鲁迅、许广平前去杭州游玩时，鲁迅还装模作样地拦住人家许钦文："钦文，你日里有事，尽管走开去做；可是夜里，一定要到这里来睡，直到我们回上海。"许钦文有些蒙，一瞧鲁老夫子住的那店，居然并排摆了三张床。最后的结果是，鲁迅指定许钦文睡中间那张床，他与许广平分睡两边。①

说实话，直到如今，我都不知道鲁老夫子是啥意思。跟许广平同居这么长时间了，在自己最亲信的两个学生面前，装啥呢？再说大家又不是不知道，就是知道，才邀请你俩一块儿出来玩呢。按章川岛的回忆："许钦文曾戏言，鲁迅先生与景宋夫人这次来杭，像是度了蜜月。后来我才知道，鲁迅先生的预备要来杭州玩几天，确是在和景宋夫人结婚时就约定了的，在我的记忆中，他们俩像这次在杭州这样的畅游，也是唯一的一次，确也像一个小型蜜月旅行。而且在鲁迅先生战斗劳苦的一生中，也只有这一次，居然匀出四天的时间来休息了一下。"②

一句话，人家都知道你度蜜月呢，你还装！联想起许钦文之妹许羡苏与许广平的二许之争，难免让人想入非非：难不成鲁老师在人家许羡苏娘家人眼里，还想表演出，我跟许广平没有那层关系吗？对于许广平来讲，原定一星期的游玩，鲁迅则只玩了四天就回上海了；四天的蜜月期，睡觉时中间还横躺了一个许羡苏他哥，这叫哪门子蜜月呢？总而言之一句话，许广平嘴里再叫唤新生活，对于鲁迅这样的老夫子来讲，心里也只能虚成纳妾了！一句

---

① 倪墨炎、陈九英：《鲁迅与许广平》，上海书店出版社 2001 年版，第 124 页。

② 川岛："忆鲁迅先生 1928 年杭州之游"，载于《和鲁迅相处的日子》，四川人民出版社 1979 年版，第 74 页。

话，不好意思，不好意思啊！

1929年，许广平怀孕了。两个人一直避孕来着，奈何海婴这孩子不请自到，这又打乱了他们的计划。所以鲁迅于5月前往北京，探亲兼向母亲汇报。母亲一听自然高兴，但是朱安不高兴，朱安之前就做了一个梦，梦见鲁迅带了个孩子回家，这让她很气愤。但是婆娘狠狠地批评了她，有个孩子有什么不好？于是她也不敢不高兴了，相反，她慢慢认了命并高兴起来，且把海婴当作自己的儿子，自慰死后好歹有个子嗣祭奠她，不至于让她做孤魂野鬼什么的。只不过，海婴没有把自己当她的儿子，鲁迅、许广平也没照顾过她的母亲情愫，直到1947年去世，她也没有见过海婴，海婴也没把她安葬到鲁迅身边；至于祭奠与否，鬼才知道。

鲁迅北京探亲，最先把许广平怀孕的消息告知了许羡苏。许说，她并不以为奇，这是意料中的事。啧，意料个啥呢？迟钝得赛头猪，1929年5月得知许广平怀孕，1930年3月她离开了北京的鲁家，前往大名教书，在大名没有多久，就嫁人了。

有意料的唯有朱安吧。试看俞芳的回忆：

> 我说：“大先生和许广平姐姐结婚，我倒想不到。”大师母说：“我是早想到了的。”“为什吗？”我好奇地问。“你看他们两人一起出去……”“那你以后怎么办呢？”不料这一句话触动了她的心，她很激动又很失望地对我说：“过去大先生和我不好，我想好好地服侍他，一切顺着他，将来总会好的。”她又给我打了一个比方说：“我好比是一只蜗牛，从墙底一点一点往上爬，爬得虽慢，总有一天会爬到墙顶的，可是现在我没有办法了，我没有力气爬了。我待他再好，也是无用。”她说这些话时，神情十分沮丧。①

再有意料你也拦不着不是？你又不是胡适他老婆江冬秀，被老公宠得拿剪刀跟他干——你弄个女人给我试试看，先剪死你孩子，再剪死我自己。朱

---

① 俞芳：“封建婚姻的牺牲者——鲁迅先生和朱夫人”，《我记忆中的鲁迅先生》，浙江人民出版社1981年版，第142页。

安别说剪死自己了，剪孩子都没得剪的。

海婴的报到，让朱安这只蜗牛痛失最后的希望，但却给鲁、许的公开同居带来了希望。随着孩子在娘体内的增大，两个人就没法再扭捏下去了，怀过孕的同志都知道，准妈妈也就是怀孕的前几个月可以做地下党，后面肚子越来越大。你说鲁大师的一个女助手，没嫁人的大姑娘，在鲁大师家鼓着个大肚子出出入入，成何体统？所以两人分头行动，各向自己的亲友汇报去了。

许广平这边，亲人方面，许广平是选择先告诉自己的姑母（正好姑母来上海了），然后由姑母转告她的家人，许广平的考虑是："我的亲人方面，如由她说出，则省我一番布告手续，而说出后，我过数月之行动（当然是指生孩子了）可以不似惊弓之鸟，也是一法。"① 友人方面，许广平是选择给同学写信："老友尚忆在北京当我快毕业前学校之大风潮乎？其时亲戚舍弃，视为匪类，几不齿于人类，其中惟你们善意安慰，门外送饭，思之五中如炙，此属于友之一面；至于师之一面，则周先生（你当想起是谁）激于义愤（的确毫无私心）慷慨挽救，如非他则宗帽胡同之先生不能约来，学校不能开课，不能恢复，我亦不能毕业，但因此而面面受敌，心力交瘁，周先生病矣。病甚沉重，医生有最后警告，但他本抱厌世，置病不顾，旁人忧之，事闻于我，我何人斯。你们同属有血气者，又与我相处久，宁不知人待我厚，我亦欲舍身相报……"②

鲁迅这边，亲人方面，如前所述，鲁迅回京省亲，直接告诉老娘，这个没得说的；友人方面，鲁迅就有意思了。3 月 22 日他致韦素园的信中有所透露，但口气却是这样的：那个啥，川岛到厦门，发现我一个人独居，很骇异，看他的意思，似乎京、沪都在传说，我携了密斯许同居厦门了，气死我了。"其实呢，异性，我是爱的，但我一向不敢，因为我自己明白各种缺点，深恐辱没了对手。然而一到爱起来，气起来，是什么都不管的。后来到广东，将这些事对密斯许说了，便请她住在一所屋子里——但自然也还有别的人。前年来沪，我也劝她同来了，现就住在上海，帮我做点校对之类的事——你看

① 鲁迅、景宋：《两地书·原信：鲁迅与许广平往来书信集》，中国青年版出版社 2005 年版，第 309 页。

② 鲁迅、景宋：《两地书全编·附录》，浙江文艺出版社 1998 年版，第 610 页。

怎样，先前大放流言的人们，也都在上海，却反而哑口无言了，这班孱头，真是没有骨力。”①

看鲁大师这段信，笑死人没商量：我跟密斯许本没那个意思，都是他们的闲话逼的；他们的闲话，我转说给密斯许，并且邀请她同居一屋。当然我还邀了别的人，我们仨同居一屋！前年来上海，我邀请密斯许同来了，帮我做校对。你看看，先前说闲话的那些人，现在反而不说了——晕，事情就是开始时人家才说，生米煮成熟饭，孩子都要出生了，人家还说啥？

行文到这里就该结束了，孩子都有了，我们围观者也该散了。但是我想画蛇添足，对比一下胡适与鲁迅有关牺牲方面的问题。

可以说，当 1919 年鲁迅高喊“爱情是什么东西，我也不知道”时，还没有认识许广平，所以他在文章中说：“然而无爱情结婚的恶结果，却连续不断的进行。形式上的夫妇，既然都全不相关，少的另去姘人宿娼，老的再来买妾”。意思是这些他都不会去做，所以最后发了这样的赌咒：“但在女性一方面，本来也没有罪，现在是做了旧习惯的牺牲。我们既然自觉着人类的道德，良心上不肯犯他们少的老的的罪，又不能责备异性，也只好陪着做一世牺牲，完结了四千年的旧账。”②

同样是牺牲，我们看与鲁迅同样境况的胡适同志是如何说道的。据胡适日记载：1921 年 8 月 30 日上午十点半，他和高梦旦一起去沧州旅馆看望赵元任夫妇，等到十二时这对夫妇才回来，谈了几句他们就走了。“梦旦邀我到消闲别墅（福建馆）吃饭，饭时大谈。他谈起我的婚事，他说许多旧人都恭维我不背旧婚约，是一件最可佩服的事！他说，他的敬重我，这也是一个条件。我问他，这一件事有什么难能可贵之处？他说，这是一件大牺牲。我说，我生平做的事，没有一件比这件事最讨便宜的了，有什么大牺牲？他问我何以最讨便宜。我说，当初我并不曾准备什么牺牲，我不过心里不忍伤几个人的心罢了。假如我那时忍心毁约，使这几个人终身痛苦，我的良心上的责备，

① 鲁迅：“书信·致韦素园”，载于《鲁迅全集·第十二卷》，人民文学出版社 2005 年版，第 157 页。

② 鲁迅：“热风·随感录四十”，载于《鲁迅全集·第一卷》，人民文学出版社 2005 年版，第 338 页。

必然比什么痛苦都难受。其实我家庭里并没有什么大过不去的地方。这已是占便宜了。最占便宜的，是社会上对于此事的过分赞许；这种精神上的反应，真是意外的便宜。我是不怕人骂的，我也不曾求人赞许，我不过行吾心之所安罢了，而竟得这种意外的过分报酬，岂不是最便宜的事吗？若此事可算牺牲，谁不肯牺牲呢？”①

看到了吧，同样是牺牲，两人的高下立判。鲁迅认为自己是牺牲，胡适却觉得，自己无非追求一个心安，婚姻也没啥过不去的，没承想大家认定他是牺牲，这于他真是莫大的便宜！一句话，胡适没有占了便宜还卖乖——婚姻本身就是一种契约，你既然娶人家，就得守约、负责，尽到丈夫的义务！若你破罐子破摔，捎带着把别人也摔了，然后说自己是牺牲，好意思？

连周作人都多次写文章，讥讽他大哥色情心使然，旧文人纳妾呢！相形之下，倒显得我们诸多学人有些龌龊了，什么革命伴侣，什么没有爱情的婚姻不道德，就差说人家朱安同志不革命不道德了。我倒想问问，中国什么时候规定，婚姻必得以爱情为前提了？中国从古至今的传统婚姻功能不就是《礼记·婚义》那两句——婚姻者，合二姓之好，上以事宗庙，下以继后世吗？民间更是把它简化为“嫁汉嫁汉，穿衣吃饭”，这其中哪里有爱情的影子？

恩格斯曾经断言，资本主义灭亡，共产主义诞生之后，人类两性关系将是这么一种状况：第一，结婚自由：“男子一生中将永远不会用金钱或其他社会权力手段去买得妇女的献身；而妇女除了真正的爱情以外，也永远不会再出于其他某种考虑而委身于男子，或者由于担心经济后果而拒绝委身于她所爱的男子。”第二，离婚自由：“如果说只有以爱情为基础的婚姻才是合乎道德的，那末也只有继续保持爱情的婚姻才合乎道德。不过，个人性爱的持久性在各个不同的个人中间，尤其在男子中间，是很不相同的，如果感情确实已经消失或者已经被新的热烈的爱情所排挤，那就会使离婚无论对于双方或对于社会都成为幸事。这只会使人们省得陷入离婚诉讼的无益的泥污中。”②第三，归根结底是两性自由：“两性间的关系将成为仅仅和当事人有关而社会

---

① 胡适：《胡适日记全编·3》，安徽教育出版社 2001 年版，第 451 页。

② ［德］恩格斯：《家庭、私有制和国家的起源》，人民出版社 1972 年版，第 80 ~ 81 页。

无须干涉的私事”①。

问题是，鲁迅那个时候不是共产主义制度，而且老恩只想到经济解放、身体解放与感情解放了，就是没有想到观念解放。比如朱安，她就是回到娘家，鲁迅也给她邮生活费的啊，只是她一回娘家，在传统观念中等于被休，你让她怎么活？

所以老恩的这一套在中国，根本行不通，即使是现在，我们跑步半个世纪了，也没有进入共产主义是不？现在我们不但是社会主义，还是什么社会主义的初级阶段，之所以说初级，就是政府对民众不管不顾的，诸多生存与温饱层面上的问题需要你自己考虑，为了给党国省心，有些女同胞干脆把婚姻当作第二次投胎或者一生幸福之投资了。除此之外，还有主观层面上的东西，离婚可以是幸事，也可以不是幸事，甚至你根本说不清，因为爱情是主观的感觉，更是两个人的感觉，一个说不爱，一个说还爱，旁边再来一个说我也爱……老恩你咋剖断，你幸谁呢？

伟大的第三者？

众多龌龊文章中最奇葩的是这样一篇：《许广平，一个伟大的“第三者”》。②

老实说，光看这标题，就很惊悚。我这人对于“伟大”二字本就有些犯晕，更别提“第三者”的“伟大”了。

好奇之下，悉心研读，发现作者是如此定调的：“拿现在的话说”，许广平是个“敢于横刀夺爱的标准的‘第三者’”，“但即便如此，她也是个伟大的‘第三者！’”为什么呢？一、她帮助鲁迅成就了他那“生命不息，战斗不止”的一生；二、她捎带着成全了自己作为一个女性一生对爱的寻求与坚持；三、社会的进步不可避免需要大量的牺牲，女性往往首当其冲，许广平便是这牺牲者中伟大的一员；四、许广平直到最后去世，也无力改变在鲁迅和朱

① ［德］恩格斯：《共产主义原理》，人民出版社 1955 年版，第 17 页。

② 阿克塞尔：“许广平，一个伟大的‘第三者’”，载于《现代妇女》1996 年第 1 期。

安这对合法夫妻之间，她只是一个伟大的“第三者”这个事实，好在有九年轰轰烈烈的共同生活在，好在有情深意浓的一部《两地书》在，它永远向世人诉说，述说那段惊世骇俗又十分耐人寻味的生命历程……

首先说鲁迅“生命不息，战斗不止”的一生。为方便说话，咱这里截段说。

第一段：从出生（1881 年）到结婚（1906 年），鲁迅虚岁 26，25 年的时光。

第二段：从结婚（1906 年）到遇见许广平（1925 年），鲁迅虚岁 45，与朱安的婚姻已维持 19 年了。

第三段，从许广平“第三者”插足、到上海同居、再到鲁迅死亡（1925 ~ 1927 ~ 1936 年），满打满算也就 11 年的时光。

难不成鲁迅享年 56 岁（咱都按传统说虚岁吧）的一生，就第三段，也就是最后的十年“伟大”，第一段与第二段那四十四年就渺小了不成？何况奠定鲁迅新文化旗手地位的、其一生中最经典的代表作，都是在第二段完成的。有些人拿后十年的创作数量与第二段的比，连许广平都这么说：“从广州到上海以后，虽然彼此朝夕相见，然而他整个的精神，都放在工作上，所以后期十年的著作成绩，比较二十年前的著作生涯虽只占三分之一，而其成就，则以短短的十年而超过了二十年。”①

问题是这种超过，耐不住细琢磨。

其一，鲁迅的第二段，既做中华民国教育部的公务员，还做北京大学、北京女子师范大学等学校的兼职教授，一心三用中，所以他的写作只能是业余的业余。而第三段在上海，他可是转入职业写手状态了，既不用去部里办公，更不用备课上课，何况还配备了许广平这样一个女师大毕业的助手。一句话，不多码些字，闲着干啥呢？不多挣些稿费，咋养家里那几个女人呢？

其二，一个中年作家，四五十岁的年纪，恰恰处于创作的旺盛期，不遵循生物周期高速产蛋，那不憋死吗？

---

① 许广平：“关于鲁迅的生活”，载于《许广平文集·第二卷》，江苏文艺出版社 1998 年版，第 187 页。

其三，数量不代表质量，更不能代表伟大。第二段结束期间，鲁迅为了支持许广平等人领头的学生运动，直骂女师大校长杨荫榆女士“妇姑勃谿”，可他后期，也就是第三段的大量杂文，却充满了“妇姑勃谿”的格调，鸡毛蒜皮琐碎得很，“一个也不宽恕”！

所以我一直偏向于鲁迅的高度是在第二段完成的，第三段顶多是就地打滚了，别说超越第二段了，是否保持了第二段的高度都值得商榷呢！

其次说许广平对爱的寻求与坚持。按我的认识，婚姻与爱情本不是一回事，婚姻意味着合同契约和法律规范，意味着责任和义务，意味着“合二姓之好，上以事宗庙，下以继后世”的功能与绩效。至于爱情，完全是一种主观的不确定性的东西。拿爱情来进犯婚姻，简直可称是一种“侵略”，只有旧式武器的朱安当然抵抗不过配备有新式武器的许广平，之所以没有完全的鸠占鹊巢，那是鲁迅早就画过“三八线”之故。至于“社会的进步不可避免需要大量的牺牲，许广平便是这牺牲者中伟大的一员”就有些扯了。

其一，许广平不与鲁迅同居那十年，鲁迅依然是鲁迅，不会变成鲁慢。而且我向来不认为鲁迅伟大，只信服他对国民性与人性的深刻与洞透。一句话，他是个清醒的绝望者，但并不因绝望而停止呐喊。这本就是启蒙者的本职工作，这要也叫伟大，那中国得有多少伟大啊！严复同志伟大不？梁启超同志伟大不？胡适之同志伟大不？……子孙后代承受得住这庞大的遗产不？更何况历史上这么多伟大，后人却活得越来越渺小，这投入与产出乜严重的不平衡不是？

其二，在这场三角较量中，最大的牺牲不是许广平，而是朱安。鲁迅终身把她当作娘送给自己的一份礼物，这礼物是否拆过包装都值得怀疑，旧氏女人相夫教子之婚姻两大人生价值朱安不可得一；当听说鲁、许已在上海同居后，朱安女士跟人说：“过去大先生和我不好，我想好好地服侍他，一切顺着他，将来总会好的”。“我好比是一只蜗牛，从墙底一点一点往上爬，爬得虽慢，总有一天会爬到墙顶的。可是现在我没有办法了，我没有力气爬了。我待他再好，也是无用”①。甚至朱安死后想葬在丈夫墓旁都没人给她执行遗

① 俞芳：“封建婚姻的牺牲者——鲁迅先生和朱夫人”，载于《我记忆中的鲁迅先生》，浙江人民出版社 1981 年版，第 142 页。

愿，被抛葬在鲁迅母亲鲁瑞的墓旁，想想她之前给婆婆说的“我生为周家人，死为周家鬼”[①]，那堪想实际情形却是“生是周家的活鬼，死是周家的野鬼”！

所以“伟大”什么的，还是打住吧；捧得高，跌得重，不如归入日常伦理呢。按实际的情形，鲁迅本无意，捺不住许广平有心——你说世界上有几个男老师能架住不要名分的女学生的追求？

具体到鲁迅，他本来想陪着母亲与朱安一道牺牲的：“但在女性一方面，本来也没有罪，现在是做了旧习惯的牺牲。我们既然自觉着人类的道德，良心上不肯犯他们少的老的的罪，又不能责备异性，也只好陪着做一世牺牲，完结了四千年的旧账。”[②] 但是跟鲁迅一道南下的许广平却是改革开放精神扯满怀，写信鼓励老师“思想再解放一点，胆子再大一点，步子再快一点！”当然人家原信不是这么说的，而是把朱安比作“遗产”，把鲁迅比作“农奴”，教唆“农奴”翻身求解放，把“遗产”束之高阁，给予“相当待遇”就成了。[③] 至于她自己身为国民党党员，党组织却不管这个（所以我很怀疑国民党闹革命的动机，真的如阿Q所言，抢秀才娘子的床，然后想睡谁就睡谁）。于是，1927年10月，许的“侵略”战争胜利结束，两人在上海同居。

这同居起初也是不公开的，奈何海婴由于意外进了他娘的肚里，总得给人一个交代。对于许广平来讲，无所谓，新女性，组织也不管；对于鲁迅来讲，组织就是家里那个娘，还是个寡娘。鲁迅与胡适都是寡母抚孤的孩子，鲁迅说：“母爱差不多是伟大而盲目的”；胡适说，母亲犹如“放高利债的债主”[④]。总之，母亲一把屎一把尿都是高投入，而孩子对母亲只能是永远还不完的债，这种状况可用我同事跟她婆婆的吵架来衡量一下：男人过年多发了俩奖励，偷偷给了娘一半，大年三十儿一高兴，跟媳妇儿说了，媳妇儿一听就急了，认为那是自己的财产，得跟婆婆要过来。可婆婆更理直气壮，说：别说俩钱了，孩子是我生的，我把他的头割下来当球踢，你也管不着！确实

---

① 张能耿、张款：《鲁迅家世》，党建读物出版社2000年版，第297页。

② 鲁迅：“热风·随感录四十”，载于《鲁迅全集·第一卷》，人民文学出版社2005年版，第338页。

③ 鲁迅、景宋：《两地书·原信：鲁迅与许广平往来书信集》，中国青年出版社2005年版，第212~213页。

④ 蔡登山：《鲁迅爱过的人》，文汇出版社2008年版，第11页。

管不着，所以胡适为了讨母亲的欢心，娶了江冬秀；为了讨母亲的欢心，极力对江冬秀表示“闺房之爱”。

相形之下，鲁迅只做到了胡适的一半，为了讨母亲的欢心，娶了朱安；可是后面的“闺房之爱”他就不给朱安了。所以我一直认为，有些人的解放，表面上是反对包办婚姻，但是却不反对包办婚姻的罪魁祸首——自己的娘，顶多反对另一个牺牲品，自己那个传统的旧式的妻！也叫吃柿子专拣软的捏吧。当然了，心里憋气，有时候对外也指桑骂槐一番，正如蔡登山所言：“因为不能说自己母亲的不是，所以便控诉天下的父母；因为不能指责自己母亲的专横，所以便控诉礼教吃人；正因为不能对自己的母亲发难，因此他们对社会的抨击，就更声嘶力竭、铿锵有力了。”①

不管怎么说，这就是娘。鲁迅给娘说了后，娘一听有女人给自己家传宗接代，何乐而不为？至于朱安，婆婆没有意见，她敢有啥意见？所以，鲁迅与许广平的事儿就这样成了。对外，爱谁谁。正如某些学者给鲁许辩护时的那姿态：大清政权亡了，其法律无效，管不着，无法；北洋政权自身不保，法也不健全，何况咱远在上海，它鞭长莫及，也无法；国民党政权忙着大一统，忙着抗日，更顾不上法，何况许广平还是国民党左派，更管不着，更无法……按这些辩护者的意思，摊上这么好的时代与时机，浑水摸鱼，不亦乐乎？

后来也没啥事。只有三件小事值得提提。

一件是：1936年鲁迅去世后，北京《世界日报》报道时，把许广平称作鲁迅的“爱人”，把朱安称作“妻”② ——我晕，难不成“爱人”是这么来的？以后把老婆称“爱人”的同志可要当心了。

一件是：鲁迅好友许寿裳为撰写《鲁迅先生年谱》，写信给许广平说：“年谱上与朱女士结婚一层，不可不提，希弟谅察。关于弟个人婚事，弟拟依照事实，真书‘以爱情相结合……’”③ 云云。倒是许广平很干脆，回信说：我可不是小气人，“关于我和鲁迅先生的关系，我们以为两性生活，是除当事

① 蔡登山：《鲁迅爱过的人》，文汇出版社2008年版，第15页。

② 同上。

③ 倪墨炎、陈九英：《许寿裳文集·下卷》，百家出版社2003年版，第790、791页。

人之外，没有任何方面可以束缚……不必要有任何的俗套。我们不是一切的旧礼教都要打破吗?”所以甭写什么“以爱情相结合，成为伴侣”了，直接写成“……与许广平同居”。最后许寿裳在“许广平”之前加了个“番禺”，在“许广平”之后加了个“女士”①!

一件是：1937 年，朱安授权许广平处理“鲁迅全集”，信是这样写的：“闻先夫鲁迅遗集全部归商务印书馆出版，姐甚赞成。所以一切进行以及订约事宜等，即请女士就近与该书馆直接全权办理为妥。”此外，朱安还把自己的图章寄往上海交付许广平使用。② 看到了吧，朱安称许广平为“女士”，称鲁迅为“先夫”，鲁迅的版权，归根结底得朱安授权。一句话，夫还是人家朱安的，鲁、许只算同居。

问题是啥叫同居？按他们所处的那个新旧交替、旧的走了新的未建，方便浑水摸鱼的时代，男女们退可守，进可攻。保持旧氏婚姻，可谓是厚道好人；休掉旧妻另换新妻，那叫革命解放；旧妻不扔新妻照纳，既继承了旧时代的妻妾制，还可兼革命解放与厚道好人之两极好评。可是对于这些新式女性，世人总要忍不住嘀咕，尔们到底算啥呢？所以，相对于“伟大爱情”的说法，还有学者判定鲁、许犯了“重婚罪”甚至“通奸罪”。

说鲁许犯“重婚罪”的，是我的师兄张耀杰，他说鲁、许乃“法律意义上的事实重婚”；还说：“一名严谨理性的现代学者尽管可以不从道德意义上做出肯定或否定的价值评判，甚至可以在以人为本的人性层面上给予充分宽容及美好礼赞，却不可以从现代法律的意义上一笔抹杀已经存在的事实重婚”③。师兄这是一箭三雕，指出评价鲁、许婚姻可从道德、人性、现代法律三个层面着眼。

说鲁、许“通奸者”，就有意思了。葛涛在自己的文章中，替朱安谋划，说朱安若想起诉离婚的话，可以《中华民国民法·亲属编》中的一些条款起诉鲁、许，比如：与人通奸者；夫妻之一方受他方不堪同居之虐待者；夫妻

---

① 许广平：“〈鲁迅年谱〉的经过 ”，载于《许广平文集·第二卷》，江苏文艺出版社 1998 年版，第 382 页。

② 张能耿、张款：《鲁迅家世》，党建读物出版社 2000 年版，第 296 页。

③ 张耀杰：“评鲁迅爱过的人”，载于《中国政法大学学报》2008 年第 5 期，第 153 页。

之一方以恶意遗弃他方在继续状态中者。[1]

第一、第三条款好理解，中间那个条款就不好理解了，什么叫“不堪同居之虐待”？周楠本理解为殴打、性虐、饿冻等；[2] 但我认为，如果性虐算是热虐待的话，那么相应的，它还应该有个冷虐待，就是夫妻不同房。事实上这个《中华民国民法·亲属编》还真有一个条款规定“夫妻互负同居之义务”，那么不“负”者，就算犯法。所以我认为葛涛之所以把这条列给朱安，也是这个意思。不过让周楠本表示气愤的，却是葛涛所列另一款：“与人通奸”！

多么难听、多么恶心啊！

其实周楠本不用恶心。人家葛涛也是好心，在文章的最后，抒了很长的一段情呢：

“昔时人已没，今日水犹寒”。鲁迅和许广平的结合在鲁迅生前就饱受一些正人君子的非议和攻击，进入20世纪90年代，随着鲁迅走下神坛，陆续有一些学者教授再次攻击鲁迅和许广平的结合。当这一波的喧嚣逐渐平静下来之后，一些鼓吹自由民主的人士又在21世纪初捡起了这个老话题，难道我们的正人君子就不能对鲁迅和许广平“具有了解之同情”吗？难道我们的学者教授就不能不紧盯鲁迅和许广平的私生活吗？难道我们的自由民主人士就不能以自由和民主来理解鲁迅和许广平吗？鲁迅为中华民族留下了丰厚的文化遗产，我们审视鲁迅不能仅仅局限于他的私生活和花边新闻，不仅要思考鲁迅的问题也要思考鲁迅的当下意义，这才是我们面对鲁迅的“正路”。[3]

至于周楠本，也抒情了，最后喊了这么一句：“法律保护的是：天赋人

---

① 葛涛：“回到历史语境审视鲁迅与许广平的关系—兼与张耀杰先生商榷”，载于《鲁迅研究月刊》2009 年第 5 期，第 57 ~ 58 页。

② 周楠本：“论鲁迅婚姻所涉及的法律问题——驳‘重婚’及‘与人通奸者’说”，载于《中国文学研究》2010 年第 2 期，第 11 页。

③ 葛涛：“回到历史语境审视鲁迅与许广平的关系——兼与张耀杰先生商榷”，载于《鲁迅研究月刊》2009 年第 5 期，第 61 页。

权，不是：社会陋习！”①

这情抒得好！

一、中国现在还盛行同居、二奶、重婚、通奸等，算不算自由民主、天赋人权？我们要不要给予“了解之同情”呢？

二、既然现在还盛行同居、二奶、重婚、通奸等，那么研究鲁迅私生活和花边新闻，不正是体现鲁迅研究的当下性，给大家的实践提供理论指导和模范样板吗？

三、我都被他们搞懵了，同居、二奶、重婚、通奸若是自由民主、天赋人权，那一夫一妻制当是独裁专制、社会陋习了？嗯，根据历史发展的螺旋性，说不定未来社会真的会朝这个方向发展呢，最原始的东西会变成最现代性的东西，比如由原始群婚到妻妾成群，再到完全的自由交配！现代就是原始，复古就是进化！

法律、道德、公序、良俗都是有时代性的，剥离这些时代性去讨论，确实有些高蹈，但是不得不承认，再剥离时代性，做人的良知与底线还是共通的；食色，性也，本就是日常伦理、人性使然，从古到今，也没啥质的变化，可是有些人非得赋予它种种冠冕堂皇的理由，还自由民主、天赋人权，这是说西门庆和他的女人们吗？数伟大人物，还看《金瓶梅》？

比这更酸的情还有，说：“鲁迅的保全朱安，许广平的胸怀宽广，则令人敬佩，他们甚至是开创了一种新的两性相处模式；既坚守爱情，也尊重婚姻。他们以一种前驱的姿态，矗立在二十世纪的婚恋舞台上，这种探索，对于当代两性的相处，都可谓颇具启发意义。”②

创啥新，又启啥发呢？

不就是一妻一妾吗？而且对许广平来讲，开始就意味着结束。从上海同居开始，她在鲁迅面前，也就迅速地转型为老妈子兼女秘书了：生孩子做饭，抄文章待客，再三想出去找个工作，也都被鲁迅给拦下了，至于上学时的那种学生运动领袖的精气神儿、“害马”范儿，更是被鲁迅消灭得只剩下贤妻良

① 周楠本：“论鲁迅婚姻所涉及的法律问题——驳‘重婚’及‘与人通奸者’说”，载于《中国文学研究》2010年第2期，第12页。

② 伊北：《爱恨都已倾城：私房阅读民国女子》，万卷出版公司2010年版，第14页。

母的境地了。所以，最开始是许广平收编、统战鲁迅，但是一旦进入实质的同居生活，就是鲁迅收编、驯服“害群之马”了！

对许广平来讲，幸也，不幸也？

1934 年 12 月，鲁迅赠给许广平一部《芥子园画谱》，并在扉页上题下一首诗：

十年携手共艰危，以沫相濡也可哀。
聊借画图怡倦眼，此中甘苦两心知。

更多的是许广平心知吧。试看她的回忆：

我们初到上海的时候，住在景云里的最末一幢房子里。有一天，差不多是深秋，天快暗了，他还在那里迷头迷脑，聚精会神，拿着笔在写不完地尽写尽写。我偶然双手放在他的肩上，打算劝他休息一下，哪晓得他笔是放下了，却满脸的不高兴。我那时是很孩子气，满心好意，遇到这么一来，真像在北方极暖的温室骤然走到冰天雪地一样，感觉到气也透不过来地难过。稍后，他给我解释：“写开东西的时候，什么旁的事情是顾不到的，这时最好不理他，甚至吃饭也是多余的事。”这个印象给我是非常之深刻的，从此处处更加小心，听其自然了。①

虽然许广平说得好听，为了让鲁迅休息一下云云，事实上两人刚刚同居，她感觉自己有些受冷落倒是真的。两手放鲁迅肩上，对老爷们儿来讲不外是性骚扰——爷们儿正干正事呢，这不是把人往邪路上引吗？不是鲁迅吃饭多余，而是许广平想搞些情调都多余。总之，鲁迅的不高兴，太伤小娘们的自尊了。从此在他写作时，她再也不去打扰，天一晚，自己就一个人识趣地先上床睡了。鲁迅也知道小娘子被自己冷落了，所以有时会陪在旁边，抽一支或两支烟，不知是这老爷们儿烟瘾发达，还是她睡瘾发达，总之，常常是鲁

① 许广平：“鲁迅先生与家庭”，载于《欣慰的纪念》，人民文学出版社 1981 年版，第 107 ~ 108 页。

迅第一支烟还未抽完，那边的小娘子已鼾声大起。这时他就轻轻走开，重新写自己的战斗檄文去了。①

关于生气，许广平说，因为自己不加检点地不知什么时候说了话，使他听到不以为然了，或者恰巧他自己有什么不痛快，在白天，人事纷繁，和友朋来往，是毫不觉得，但到夜里，两人相对的时候，他就沉默，沉默到要死。最厉害的时候会茶、烟也不吃，像大病一样，一切不闻不应。这一切搞得许广平痛苦万状："为了我的过失吗？打我骂我都可以，为什么弄到无言！如果真是轻蔑之极了，那我们可以走开，不是谁都没有勉强过谁吗？"②

鲁迅不高兴时，还会半夜里喝许多酒，在许广平看不到的时候，更会跑到空地去躺下。这些情形，许广平见过不止一次。他常对许广平说："我们的感情算好的。"但许广平可是体会到了，他对一切人可以不在意，但对爱人或者会更苛求，以至于许广平感叹："我同情他，但不知此时如何自处，向他发怒吗？那不是我所能够。向他讨饶吗？有时实在莫名其妙，而且自尊心是每个人都有的，我不知道要饶什么。抑郁，怅惘，彷徨，真想痛哭一场，然而这是弱者的行径，不愿意。就这样，沉默对沉默。"③

一半天之后，鲁迅气消了，会跟许广平解释说："我这个人脾气真不好。"许广平回曰："因为你是先生，我多少让你些，如果是年龄相仿的对手，我不会这样的。"鲁迅说："这我知道。"④ 有时候，鲁迅会抱歉似地对许广平说："做文学家的女人真不容易呢，讲书时老早通知过了，你不相信。"许广平对曰："世间会有百听百从的好人的吗？我得反抗一下，实地研究研究看。"⑤

鲁迅老年得子，海婴当然也愿意跟父亲玩耍，但许广平夹在中间就为难了。她需要察言观色，看看他是否急要做事，再看海婴是否到了适可而止的机会；如果错过了机会，或者不晓得他在忙于工作，或者以为他们父

---

① 许广平："鲁迅先生的日常生活"，载于《欣慰的纪念》，人民文学出版社 1981 年版，第 83 页。
② 同上，第 84 页。
③ 同上，第 84 页。
④ 同上，第 84 ~ 85 页。
⑤ 许广平："鲁迅先生的日记"，载于《欣慰的纪念》，人民文学出版社 1981 年版，第 18 页。

子间正玩得高兴，不好蓦然叫开，等之又等，才由她开口叫海婴到别处玩的时候，这个做父亲的竟然会埋怨说："把小孩交给我领了几个钟头了。"许广平为此感叹说："在同小孩玩的时候他是高兴的，我又不敢打断他们兴致——再把小孩叫开，但是走后他马上又珍惜时间的浪费，他是这样的克制着，为了和爱子周旋都觉得太过长久了。这更使得我在彷徨无主中度着日常的生活。"①

有两个词儿用得太好了："彷徨无主"、"日常生活"。可以说，傍了鲁迅这样的主，你只能彷徨无主；守着鲁迅这样的主，你只能这样日常了。学运领袖？害群之马？章士钊对付不了的妖怪？杨荫榆招架不住的妖精？放马给鲁迅看看，收了——不知许广平是否能想起1923年12月，鲁迅给她们女师大做的那次著名的讲演"娜拉走后怎样"。在那次讲演中，鲁迅的答案是："娜拉或者也实在只有两条路：不是堕落，就是回来。"② 所谓的堕落，据说是进妓院；所谓的回来，不用说就是回家，继续给男人做傀儡式的家常女人了。对于自己的家常女人之地位，许广平满意吗？

答案是否定的！

1939年，鲁迅逝世的第三年，许广平写文章说："我不知道自己属于那一种女性。我想，大约是有一点旧头脑，有一点新思想，融合起来的一个东西。这东西——像我似的——也许被一些人所满意，如她的对手方面就是，然而在她本身则是不满意的。"③

都有哪些不满意呢？试看许广平的自述：

我私意除了帮助他些琐务之外，自己应当有正当职业，再三设法，将要成功了，但是被他反对了好几次。他说："如果你到外面做事，生活方法就要完全两样，不能像这样子，让我想想再说。"这样于事情就搁起来了。遇到另

① 许广平："鲁迅先生与海婴"，载于《欣慰的纪念》，人民文学出版社1981年版，第137页。

② 鲁迅："坟·娜拉走后怎样"，载于《鲁迅全集·第一卷》，人民文学出版社年2005年版，第166页。

③ 许广平："从女性的立场说'新女性'"，载于《许广平文集·第一卷》，江苏文艺出版社1998年版，第109页。

外的机会，我又向他提起做事，他说："你做事这些薪金，要辛苦一个月，看人家面孔，我两篇文章就收来了，你还是在家里不要出去，帮帮我，让我写文章吧。"这样的结论，迫得我好似一个希特拉的"贤妻"，回到家庭，管理厨房和接待客人，以及做他的义务副手。后来再做了母亲，成天给家庭的一切闹昏了。

我不愿意浪费一文钱，在他的辛苦劳役换来的仅有的生活费，我不应该无故分润。我克制自己；穿的是粗旧衣服，有似村妇，和摩登的化妆品绝缘，除了两餐饭食，我没有更多的零用，因为我自己不需要。我们不交际，不和亲戚往来，我自己没有世俗所好的一切嗜好。有时一同去看电影，这是唯一的娱乐了，就这样地生活着。

他的工作是伟大的，然而我不过做了个家庭主妇，有时因此悲不自胜。[1]

1941年，许广平又写文章讥讽英国的女性问题，特别是所谓的二战后应由丈夫发给妻子酬金的问题，在她看来，不但提高不了女人的社会地位，相反，妻子成了丈夫的雇佣奴仆。有英国女议员认为，丈夫付酬给妻，还可能减少分居与离婚问题，因为女人大半宁愿与好饮者或不道德者相处，也不愿意与小气鬼相处。这让许广平嗤之以鼻，大骂这是"资本主义社会下被豢养的狗的态度"，"甘愿度妓女式的生活"！而她最喜欢的是社会主义国家苏联的女性地位，说："妇女在政治上、经济上、文化上、社会上得到真正平等，她们不但在宪法上得到保障，而且实际上都解放了。这里没有谁想到分人家的酬金，只是无论谁，都在职业上发展，再不是家庭里的囚徒，丈夫的豢养者。这才是妇女解放的楷模。"[2]

看来，义务给鲁迅做助手、做家庭妇女，她不乐意，"悲不自胜"；让鲁迅给她开工资，她更不乐意，那成了"狗"或者"妓女"了。而她喜欢的，就是女人自己出去找工作。可惜，鲁迅死后她才能走出这一步。

---

① 许广平："从女性的立场说'新女性'"，载于《许广平文集·第一卷》，江苏文艺出版社1998年版，第110～111页。

② 许广平："妻的酬金问题"，载于《许广平文集·第一卷》，江苏文艺出版社1998年版，第125～126页。

还是1941年，许广平写文大骂国民党元老朱家骅，就因为这人在国民党占领江山后开始纠偏了，说什么过去有些做妇女运动的，以为家庭是妇女的桎梏，要做到使妇女离开她的家庭，才算是妇运成功，这是一种错误，中国的社会组织，是家庭作单位，国家的构成，是以家庭作基石，而且，妇女人人出来参加政治活动是不必要的，甚至有害的……云云。许广平深感恶心的是，朱大人你可是我们“三一八”运动的领袖，这会儿你出来冒充什么妇女问题专家，不就是想把我们女人重新赶回家里吗？①

再次证明，许广平对想把女人圈在家里的男人深恶痛绝！只不过这怨气不能对着鲁迅发泄，幸好有朱家骅当她的出气筒了！

以后，很多“三八”节的时候，许广平都会写文发声，表达自己的女性独立、解放之意见。

有意思的是，几乎与许广平发牢骚的同时，革命圣地延安也有一个女人在发牢骚，她就是尽人皆知的被毛泽东亲自赋诗称作“昨日文小姐，今日武将军”的丁玲女士，于1942年写了一篇《“三八节”有感》。可能是丁玲的“三八”有感思想深刻，也可能是由于她身处革命圣地延安；可能是许广平乃鲁迅之如夫人，更可能是由于她身处敌占区的孤岛上海，总之，许广平的牢骚没有惹出问题，倒是丁玲的牢骚在延安整风时遭遇了严厉批评，被搞得灰头土脸。当然，这已是政治话题，而不是女性话题了。

苟日新，日日新。鲁迅与许广平的两性关系，随着时代的发展，将永远是个能产生新意的话题。当然这也是另外的话题了。正如鲁迅致许广平书信中的某些结束语，“时候已经不早，非结束不可。止此而已罢。”②

参考文献：

[1] 蔡登山．鲁迅爱过的人．上海：文汇出版社，2008

[2] 许广平．许广平文集·第一卷．南京：江苏文艺出版社，1998

---

① 许广平：“贡献于全国妇女教育会议”，载于《许广平文集·第一卷》，江苏文艺出版社1998年版，第129、131～132页。

② 鲁迅、景宋：《两地书·原信：鲁迅与许广平往来书信集》，中国青年版出版社2005年版，第69页。

[3] 许广平．许广平文集·第二卷．南京：江苏文艺出版社，1998
[4] 许广平．欣慰的纪念．北京：人民文学出版社，1981
[5] 许广平．鲁迅回忆录．北京：作家出版社，1961
[6] 鲁迅，景宋．两地书·原信：鲁迅与许广平往来书信集．北京：中国青年出版社，2005
[7] 鲁迅，景宋．两地书全编·附录．杭州：浙江文艺出版社，1998
[8] 鲁迅．鲁迅全集·第一卷．北京：人民文学出版社，2005
[9] 鲁迅．鲁迅全集·第三卷．北京：人民文学出版社，2005
[10] 鲁迅．鲁迅全集·第十一卷．北京：人民文学出版社，2005
[11] 鲁迅．鲁迅全集·第十二卷．北京：人民文学出版社，2005
[12] 鲁迅．鲁迅全集·第十五卷．北京：人民文学出版社，2005
[13] 李何林．鲁迅年谱·增订本·第二卷．北京：人民文学出版社，2000
[14] 鲁迅研究室．鲁迅研究资料 2. 北京：文物出版社，1977
[15] 鲁迅研究室．鲁迅研究资料 3. 北京：文物出版社，1979
[16] 俞芳．我记忆中的鲁迅先生．杭州：浙江人民出版社，1981
[17] 川岛．和鲁迅相处的日子．成都：四川人民出版社，1979
[18] 倪墨炎，陈九英．许寿裳文集·下卷．上海：百家出版社，2003
[19] 倪墨炎，陈九英．鲁迅与许广平．上海：上海书店出版社，2001
[20] 张能耿，张款．鲁迅家世．北京：党建读物出版社，2000
[21] 伊北．爱恨都已倾城：私房阅读民国女子．北京：万卷出版公司，2010
[22] 胡适．胡适日记全编·3. 合肥：安徽教育出版社，2001
[23] 周作人．周作人集外文．海口：海南国际新闻出版中心，1995
[24] 陈西滢．西滢闲话．北京：人民文学出版社，2000
[25] 章士钊．章士钊全集·第 5 卷．上海：文汇出版社，2000
[26] 袁景华．章士钊先生年谱．长春：吉林人民出版社，2001
[27] 梁实秋．梁实秋自传．南京：江苏文艺出版社，1996
[28] 韩石山．少不看鲁迅，老不看胡适．西安：陕西人民出版社，2012
[29] 吕芳上．从学生运动到运动学生．台北：台湾地区近代史研究所，1994
[30] 吕云章．吕云章回忆录．上海：龙文出版社，1990
[31] 吴海勇．时为公务员的鲁迅．桂林：广西师范大学出版社，2005
[32] 曹聚仁．鲁迅评传．上海：复旦大学出版社，2006
[33] 葛涛．鲁迅的五大未解之谜：世纪之初的鲁迅论争．北京：东方出版社，2003
[34] [德] 恩格斯．家庭、私有制和国家的起源．北京：人民出版社，1972
[35] [德] 恩格斯．共产主义原理．北京：人民出版社，1955

[36] 阿克塞尔．许广平，一个伟大的“第三者”．现代妇女，1995（1）

[37] 葛涛．鲁迅与朱安的“包办婚姻”不是合法的吗？——兼答鲁迅和许广平犯有“通奸”罪吗？．中华读书报，2010年2月3日

[38] 葛涛．回到历史语境审视鲁迅朱安的关系——兼为朱安讨一个公道．博览群书，2010（8）

[39] 葛涛．回到历史语境审视鲁迅与许广平的关系——兼与张耀杰先生商榷．鲁迅研究月刊，2009（5）

[40] 张耀杰．评鲁迅爱过的人．中国政法大学学报，2008（5）

[41] 周楠本．论鲁迅婚姻所涉及的法律问题——驳“重婚”及‘与人通奸者”说．中国文学研究，2010（2）

[42] 周楠本．鲁迅触犯了〈婚姻法〉吗？．鲁迅研究月刊，2009（3）

[43] 周楠本．鲁迅的婚姻．鲁迅研究月刊，2009（6）

[44] 余锦廉．许羡苏在北京十年·上．鲁迅研究月刊，2007（6）

[45] 余锦廉．许羡苏在北京十年·下．鲁迅研究月刊，2009（10）